Rosmarie Welter-Enderlin

Paare – Leidenschaft und lange Weile

Für Rudolf, Barbara, Stefan

HERDER spektrum

Band 5290

Das Buch

Ein „Klassiker" der modernen Paarberatungs-Literatur – neu bearbeitet und aktualisiert. Drei Dutzend Paare kehren Jahre nach einer gemeinsamen Krise und anschließenden Paartherapie zu ihrer Therapeutin, Welter-Enderlin, zurück und erzählen ihr, wie sie ihre damalige Krise im Rückblick verstehen und wie sie sich seither entwickelt haben, auch jene, die sich getrennt habent. Ihre ehemalige Therapeutin macht an diesen Beispielen anschaulich, wie Menschen in und nach Krisen ihre Lebensläufe neu definieren und damit neue Wege finden können, statt unbeweglich in der Opferrolle zu verharren. Jedes Paar hat seine eigene Kompetenz und lernt Wege zu finden in der Auseinandersetzung mit seinen historischen und biografisch gewachsenen inneren Leitbildern und äußeren Strukturen. Krisen gehören zu jeder lebendigen Partnerschaft, wenn die Liebe nicht zur leeren From erstarren soll. Sie sind Vorboten von fälligem Wandel, für den das Paar eigentlich dankbar sein kann.

Die Autorin

Rosmarie Welter-Enderlin, geboren in Uster/Kanton Zürich, Studium der Psychologie an der University of Michigan, Ann Arbor (USA), Master of Social Sciences/Social Work; Paar- und Familientherapeutin in eigener Praxis; Gründerin und Leiterin des Ausbildungsinstitutes für Systemische Therapie und Beratung in Meilen/Zürich; Lehrbeauftragte für Psychologie an der Universität Zürich. Bei Herder: *„Wie aus Familiengeschichten Zukunft entsteht" „Deine Liebe ist nicht meine Liebe"*.

Rosmarie Welter-Enderlin

Paare – Leidenschaft und lange Weile

Die Kunst des Lebens zu zweit

HERDER

FREIBURG · BASEL · WIEN

Lizenzausgabe, neu bearbeitet und aktualisiert.

Mit freundlicher Genehmigung der
© R. Piper GmbH & Co. KG, München.
Titel der Originalausgabe:
„Paare – Leidenschaft und lange Weile.
Frauen und Männer in Zeiten des Übergangs"

Gedruckt auf umweltfreundlichem,
chlorfrei gebleichtem Papier

Alle Rechte vorbehalten – Printed in Germany
© Verlag Herder Freiburg im Breisgau 2003
www.herder.de
Satz: Dtp-Satzservice Peter Huber, Freiburg
Herstellung: fgb · freiburger graphische betriebe 2003
www.fgb.de
Umschlaggestaltung und Konzeption:
R·M·E München / Roland Eschlbeck, Liana Tuchel
Umschlagmotiv: © Photonica
ISBN 3-451-05290-3

Inhalt

Vorbemerkungen

Wir können nur erkennen, was wir wissen.

Dies, liebe Leserin und lieber Leser, ist kein Ratgeberbuch. Weil wir nur erkennen und beeinflussen können, was wir wissen, ist mein Anliegen, Ihnen mit diesem Buch Wissen zu vermitteln, über Sie selber und über Ihre Lebenswelt. Wenn es gut geht, ergeben sich für Sie daraus Möglichkeiten, die eigene Situation aus vielfältigen Perspektiven neu zu verstehen und dabei Handlungsfreiräume zu öffnen. Die Entscheidung jedoch, im eigenen Leben Freiräume zu nutzen und wie dies zu tun wäre, liegt bei Ihnen selber. Im besten Fall wird dieses Buch Sie dazu ermutigen.*

Schon lange hat mich die Frage bewegt, wie Paare, die in Krise bei mir in Therapie waren, danach gemeinsam oder getrennt weiterleben. Ich wollte von rund drei Dutzend „Ehemaligen" wissen, wie sie die Anstöße und Erkenntnisse aus den gemeinsamen Stunden in ihren Alltag übersetzt haben. Fast alle haben mir geantwortet; die meisten kamen anschließend zu einem Gespräch. Ich habe so viel von ihnen gelernt, dass ich ihre Erfahrungen weitergeben möchte an andere – aus der Praxis, für die Praxis. Die befragten Frauen und Männer erzählen, wie sie in ihrer Beziehung in Engpässe geraten sind, was sie daraus gemacht und wie sie sich seither entwickelt haben. Sie berichten, was ihnen auf ihrem Weg geholfen hat und was schwierig war. Als ihre ehemalige Therapeutin und als teilnehmende Beobachterin erzähle ich ihre Geschichten weiter und unterlege ihnen die Folie meines Wissens sowie einer langen Lebens- und Berufserfahrung. Der erste Teil des Buches bezieht sich auf dieses Allgemeine als Rahmen für das Einmalige der Paarporträts im zweiten Teil, die alle von kritischen inneren und äußeren Übergängen handeln.

* Die Kapitel dieses Buches sind in sich geschlossen. Sie können ohne weiteres einzeln gelesen werden.

Je mehr Erfahrung ich mit Paaren in schwierigen Lebenslagen habe, desto weniger weiß ich, was gut ist für sie, und finde das in Ordnung, solange ich ihnen behilflich sein kann, ihre eigenen Lösungen zu finden. Ich werde Ihnen mit diesem Buch also keinen Dietrich in die Hand geben, welcher das Schloss von Liebenden öffnet, die vielleicht gerade den Schlüssel dazu verloren haben. Was ich hingegen anbiete, ist eine Fülle von Innenansichten von Paaren, die durch Krisen und Erschütterungen ihre eigenen, einmaligen Schlüssel wieder gefunden oder neu geschmiedet haben. Aus der Perspektive der befragten Frauen und Männer werde ich im dritten Teil des Buches auf ihre Hauptanliegen kommen, welche sie mir über alle Milieu-Unterschiede hinweg genannt haben.

Landkarten des Erkennens

Paarkrisen können unter vielerlei Aspekten betrachtet werden. Der nahe liegendste ist der rasche soziale Wandel, den wir in den letzten Jahrzehnten erlebt haben, in den Städten und auf dem Land, als Mobile und als Sesshafte. Unsere Vorstellungen von Liebe, Ehe und Familie sind von verwirrender Vielfalt. Zum uralten Paradoxon der Liebe, unserer Sehnsucht nach Verbindlichkeit und „langer Weile" auf der einen Seite und nach der Leidenschaft, die nur sich selber meint, auf der anderen, kommen neue Ungewissheiten im Verhältnis von Frau und Mann. „Die einzige Revolution dieses Jahrhunderts" hat Max Frisch den Aufbruch der Frauen genannt. Aber es ist eine unfertige Revolution voller Widersprüche und Ängste, die sich niederschlagen in den Krisen von Paaren, Familien und den übrigen gesellschaftlichen Institutionen, deren Strukturen weit beharrender sind als unsere Visionen. Jene, die von diesen Strukturen profitieren, haben wenig Interesse an Wandel, und wer aus ihnen auszubrechen sucht, zahlt dafür seinen oder ihren Preis. Dennoch sind nicht alle Milieus gleichermaßen betroffen von diesen Widersprüchen. Zwischen traditionellen und progressiven Lebensformen existieren unzählige Varianten, von denen in den Paarporträts die Rede sein wird.

Die These von Paarkrisen als Folge gesellschaftlicher Übergänge muss ergänzt werden durch die Frage, wie individuelle Frauen und Männer darauf antworten. Das heißt, wieso sie bestimmte Lebensformen wählen (oder in sie hineinrutschen) und andere ausschließen und auf welche Weise sie sich mit ihren unterschiedlichen Biographien und Wechselfällen ihres gemeinsamen Lebens auseinander setzen. Zu fragen ist weiter, wie Paare die voraussehbaren und die unvorhersehbaren Übergänge im Leben zu zweit verstehen und damit zurechtkommen. Und wie sie im Gespräch immer wieder die zu ihnen passende Wirklichkeit schaffen – oder aber den Status quo durch Schweigen, Rückzug und andere Machtmittel einfrieren. Ganz besonders interessierte mich, wie ein Paar über Verantwortlichkeiten und Privilegien, Familien- und Berufsarbeit, Geld und eigene „Räume" verhandelt und wer welche Entscheidungen stärker beeinflusst.

In der Verschränkung der unterschiedlichen Erfahrungen von Frau und Mann mit ihrer gemeinsamen Welt als Paar suchte ich zu verstehen, was sie sich aus dem gemacht haben, was die Verhältnisse ihnen auf den Weg mitgaben. Ich wollte erfahren, wie sie ihre unterschiedlichen Lebensthemen zu einer gemeinsamen Geschichte verweben, in denen ihre eigenen Anliegen weiterleben können. Oder wie der eine oder andere Lebensentwurf vom gemeinsamen verschluckt wird und erst durch Krisen wieder ans Licht gelangt.

Wenn Lebensformen und Lebensstil nicht mehr fraglos vorgegeben sind durch Geburt und Zugehörigkeit zu einem bestimmten Milieu, müssen Beziehungen laufend verhandelt werden. Auch wir selbst, die Beraterinnen und Berater, stehen als Privatpersonen zur Verhandlung offen. Wir müssen reden und „kommunizieren" über unser Innerstes. Aber wer von uns kann das schon, wo sollten wir es denn gelernt haben? Wenn Liebe verhandelbar wird, ergeben sich zwar weite Möglichkeiten, von denen Paare aus den älteren Generationen nicht zu träumen wagten, weil sie vor lauter Arbeit und Existenzkampf gar nicht dazu kamen, sich zu überlegen, wie sie ihr privates Leben gestalten wollten. Aber die Luft wird dünn und das Atmen schwierig, wenn Liebe vorwiegend durch das Reden über Gefühle produziert werden muss ohne Verankerung im vielleicht monotonen, aber verbindlichen Alltag. Zum Fliegen in der Höhenluft gehören die Angst vor dem Fallen und die Anstrengung, täglich neu ja oder nein sagen zu müssen zum anderen, weil in den individualisierten Lebensformen nichts festgeschrieben werden darf. Wie sie mit diesem Dilemma zu leben gelernt haben, erzählen die befragten Paare. Mich interessierte dabei nicht so sehr ihre jeweils einmalig-kreative Lösung, sondern vielmehr, wie Frauen und Männer trotz aller Verunsicherungen in der privaten und der öffentlichen Welt bezogene und respektvolle Alltäglichkeit zu praktizieren versuchen.

Von wem erzählt dieses Buch?

Es sind gewöhnliche Frauen und Männer mit gewöhnlichen Privilegien, nicht ganz Arme, aber auch nicht ganz Reiche, die mir geschrieben und erzählt haben. Sie leben einerseits in *unterschiedlichen Welten*, zum Beispiel als Mittelständische, im Milieu der Angestellten, der Facharbeiterinnen und Facharbeiter, als Geschäftsleute oder als Akademikerinnen und Akademiker. Ausnehmend viele der befragten Paare sind sozial mobil, das heißt sie haben auf dem zweiten Bildungsweg den Stand ihrer ursprünglichen Ausbildung überflügelt. Es gibt aber auch viel *Verbindendes* bei denen, die hier erzählen. Das Leiden zum Beispiel, mit dem sie in Therapie kamen, ist eher unspezifisch, weil es alltäglich ist und selten mit dramatischen Symptomen daherkommt, wie sie z. B. in psychiatrischen Lehrbüchern beschrieben sind. (Depressive Verstimmungen wie auch psychosomatische Erkrankungen rechne ich zum Alltag.) Es geht ihnen im großen Ganzen gut, im kleinen Ganzen aber oft gar nicht gut. Sie gelten also keineswegs als „Fälle", und wenn doch, kommen sie eher in der zeitgenössischen Literatur vor, wo ich beim Schreiben mit Wonne geräubert habe.

Darf man in einer Epoche, die von wirtschaftlichen Krisen, politischem Unrecht, von Umweltzerstörung und Hungersnöten geschüttelt wird, das kleine Elend dieser eigentlich Privilegierten überhaupt beschreiben? Die Antwort fällt mir nicht leicht. Was ich hier mitzuteilen habe, ist das, was ich kompetent und aus einer Innenperspektive überhaupt weiß. Weil ich überzeugt bin, dass das Außen mit dem Innen zu tun hat, schreibe ich also hier über das formlose Leiden der relativ Privilegierten. Ich glaube nicht, dass alles, was auf der Weltbühne geschieht, zu Hause begonnen hat. Aber ich bin überzeugt, dass nur selbstsichere Menschen, die verstehen wollen, die lieben und sich geliebt fühlen und aufrecht durchs Leben gehen, „menschliche" Politik machen, im Kleinen wie im Großen. Von ihnen handelt dieses Buch.

Ein weiteres Gemeinsames der hier Erzählenden ist, dass sie über ihren angestammten Boden hinausgewachsen sind, die Klumpen aus diesem Boden jedoch an ihren Schuhen in die neue Welt mittragen. Es sind Klumpen, die möglicherweise ihr munteres Fortschreiten zu immer neuen Horizonten behindert haben, aber nicht nur zu ihrem Schaden. Bei den erzählenden Frauen und Männern handelt es sich um die Generation der zur Zeit meiner Befragung 35- bis 50-Jährigen, mit einigen Ausnahmen nach oben und nach unten. Ihre Paartherapie lag im Schnitt sechs Jahre zurück. Diese Auswahl war zwar von mir nicht beabsichtigt, aber dennoch nicht zufällig, denn es ist eine Altersgruppe, welche auffallend häufig in Paartherapie kommt. Sie gehört zu einer Generation, die einiges erlebt hat an gesellschaftlichem Wandel mit all seinen Widersprüchen. Auf die eine oder andere Weise sind alle der hier Erzählenden berührt worden von den Leitbildern der fünfziger Jahre, welche die stummen genannt werden, aber auch von denen ihrer Gegenwelt, 1968 und danach. Obwohl viele der hier zu Worte kommenden Frauen und Männer die Nachkriegszeit, die als das „Goldene Zeitalter der Familie" beschrieben wird, nicht bewusst erlebt, sondern durch Erziehung mitbekommen haben, schlagen die entsprechenden Leitbilder in den meisten Biographien durch. In Krisenzeiten werden sie aktiviert. Die damalige Blütezeit der Kleinfamilie, geprägt von „offiziellem Patriarchat und heimlichem Matriarchat" – der Mann gilt draußen viel, aber drinnen wenig, die Frau gerade umgekehrt – war an der Entstehung ihrer Träume beteiligt, ob sie sich daran erinnern oder nicht. In ihren unbewussten Vorstellungen von Liebe, Sexualität, Elternschaft, Treue und Untreue wirken diese Bilder kräftig weiter und stehen im Widerspruch zu den neuen Visionen von Partnerschaft zwischen Frau und Mann.

Der Gegenentwurf zum „Goldenen Zeitalter der Familie" aus den siebziger Jahren, der als das neoromantische Beziehungsideal bezeichnet wird, ist geprägt von individualisierten Glücks- und Heilserwartungen an die Liebe von Paaren, die sich aus verbindlichen sozialen Bezügen gelöst haben. „Zerschlagt die Kleinfamilie" hieß die damalige Devise. Mit dem Ideal ewiger Verliebtheit in einer offenen Zweierbeziehung sollten die „kleinbürgerlichen" Erwartungen an Verbindlichkeit und Gemeinschaft – bis dass der Tod euch scheidet – überwunden werden. Im Wunsch nach ewiger Liebeskindheit, nach ständig neuer Ekstase, spielen diese Ideale bei vielen Paaren heute eine Rolle. Wenn das Ideal nicht erfüllbar ist, heißt das dann „Liebe auf Zeit". Aber unter dem Glanz von Individualismus, Narzissmus und sexueller Freiheit leben die Sehnsüchte weiter: „Gemeinschaft ist wichtiger als Individualität" oder „Die Frau ist das Herz, der Mann der Kopf der Familie, und alles andere ist nicht normal." Die Sehnsucht nach der langen Weile* der Beständigkeit läuft also der Lust auf die Kurzweil der Leidenschaft nebenher. In Paarkrisen zeigt sich dieser Widerspruch, und keine(r) weiß so recht, woher er kommt und wie man mit ihm umgehen könnte.

Wie sie mit solch eingebauten Widersprüchen leben, wie sie improvisieren im Alltag und an den Widersprüchen manchmal sogar gedeihen, erzählen die Paare in meiner Untersuchung. Ihre Geschichten sind nie bloß Paargeschichten, es sind immer auch Geschichten von einmaligen Frauen und Männern, geprägt von

---

* „Lange Weile" meine ich im Sinne von „langem Atem" in der Auseinandersetzung mit Paarkonflikten. Gleichzeitig beinhaltet der Begriff auch die Idee, dass zu einer dauerhaften Beziehung ein Stück „Langeweile" gehört als Gegenstück zu romantischer Liebe, deren einzige Grundlage das Gefühl von Verliebtheit ist.

12

einmaligen Lebensentwürfen in Zeiten allgemeiner Übergänge. Ich habe viel gelernt von den Erfahrungen der hier zu Worte kommenden Frauen und Männer und *danke ihnen herzlich* für die ungezählten und unbezahlten Stunden, die sie in das Schreiben und Erzählen investiert haben. Meine Hoffnung ist, dass daraus vielfältige Möglichkeiten des Verstehens und Handelns für jene erwachsen, die als Liebende wie auch als ihre Beraterinnen und Berater gangbare Wege im Gestrüpp der wunderbaren und schrecklichen Vielfalt modernen Lebens suchen.

Teil I

Gesellschaftliche Übergänge

Kapitel 1
Das moderne Reden von der „Paarbeziehung"

Es wäre unvorstellbar gewesen, dass meine Mutter oder mein Vater je das Wort Beziehung in den Mund genommen hätten, schon gar nicht in Form von „Paarbeziehung". Wie es kommt, dass ihre Tochter heute täglich mit diesem Begriff hantiert, will ich als Einleitung zu diesem Buch erzählen.

Wohl redete man in meiner Kindheit von Paaren. Von den „Pärlein", wenn sie Verlobungssträuße aus unserem Blumenladen geschickt bekamen und auch noch, wenn sie später bei uns die Hochzeitsdekoration bestellten. Vom „Ehepaar", wenn sie Eltern wurden und vielleicht der frisch gebackene Vater Rosen kaufte für die junge Mutter. Von da an waren sie dann Familie Meier oder Familie Müller, manchmal mit dem Zusatz der Berufsbezeichnung des Mannes oder dem Namen ihres Wohnortes. Vom Paar war dann wieder die Rede, wenn eines das andere verlor. „Es", als Mitglied eines Ganzen, nicht „sie" oder „er". Der Dialekt machte die Verhältnisse klar, das Wir erwies sich darin dem Ich überlegen. In der Schule wurde diese Erfahrung bestätigt. Wir lernten, dass „man" nie einen Satz mit „Ich" beginnen dürfe. Das Ich war auch hier dem Wir untergeordnet.

Geschichtenerzählen als Selbstvergewisserung

Über Beziehungen wurde also zu Hause nie geredet, auch nicht über die eigenen. Dafür wurden Geschichten erzählt. Bei Tisch, wo Mutter, Vater, fünf Kinder, eine Großtante, ein Lehrling und eine Haushaltlehrtochter und wechselnde Gehilfen täglich zusammen aßen, die Meistersleute oben am Tisch, wie es sich seit Jahrhunderten so gehörte. Ununterbrochen, scheint mir heute, und manchmal überwältigend dicht. Wer keine Geschichte hatte, erfand eine. Die kleinen Abenteuer in der Schule oder auf dem Schulweg zum Beispiel konnten, wenn wir sie farbig und dramatisch genug erzählten, Zuhörerschaft finden, manchmal Lachen auslösen und eine angespannte Stimmung besänftigen. Ich habe damals intuitiv verstanden, wie wunderbar das Erzählen als Besänftigung des Alltags dienen kann. Dass daraus einmal ein Beruf würde, konnte ich nicht ahnen. Wohl aber wusste ich, dass Geschichtenerzählen tröstet, dass aus Geschichten Möglichkeiten sprießen und dass Geschichten den Menschen ein Gefühl der Zugehörigkeit vermitteln.

Früheste Erinnerung: Großtante Lisette im langen schwarzen Rock mit geblümter Schürze am Küchentisch neben Mutter beim Gemüseputzen. Der Postbote bringt die Lokalzeitung, das Kind setzt sich zwischen die beiden Frauen auf die Küchenbank, Tante Lisette überfliegt die Todesanzeigen und beginnt zu erzählen. Die Lebensläufe der Verstorbenen nehmen Gestalt an, sie werden zu Figuren vor dem Hintergrund einer Geschichte, die bis ins letzte Jahrhundert reicht. Unter jedem Grabstein liege ein Stück Weltgeschichte, sagte sie manchmal. Tante Lisette, um 1870 geboren als Arbeiterkind im Zürcher Oberland, war eine Schwester von Vaters Mutter. Sie erzählte von Hungersnöten und wie sie manchmal monatelang nichts anderes aßen als Kartoffeln. In meinen Nacherzählungen auf dem Schulweg wurde Gras aus den Kartoffeln. So arm seien sie gewesen, dass sie Gras essen mussten! Geschichten werden ja nie in ihrer Urform weitererzählt, sie werden ausgeschmückt oder bagatellisiert, je nach dem Ort, wo erzählt wird. Auch diese Erfahrung gehört heute zu meinem Beruf. Wenn Menschen mir erzählen, hat jedes Familienmitglied eine andere Geschichte, selbst wenn sie während Jahren miteinander unter demselben Dach lebten. Meine Schwestern und Brüder erzählen dasselbe Ereignis selbstverständlich ganz anders als ich. Geschichten kopieren nicht Wirklichkeit, sie erschaffen sie. Die Art und Weise, wie wir Erlebtes und Gefühltes in Sprache fassen, wirkt auf die Realität zurück, weil Sprache ordnet, was vorher unbestimmt und diffus war. Die „Versprachlichung" von Erfahrung durch Erzählen schließt immer vielfältige Perspektiven von Wirklichkeit in sich: verengende „So ist es" oder erweiternde „So könnte es sein" – als Blick auf neue Möglichkeiten.

Das Wort Beziehung fiel also in meiner Kindheit nie. Ich erinnere mich auch nicht, dass man mich als Kind je gefragt hätte, wie es mir gehe oder wie ich mich fühle. Auch die Eltern untereinander fragten sich das nicht. Jeder wusste, wie es ihm selber und dem anderen ging, man lebte und arbeitete ja zusammen. Als später mein erster Freund, ein „Studierter", ins Haus kam und beim Eintreten fragte „Wie geht es Ihnen"; waren Vater und Mutter verlegen. Ich fand seine Höflichkeit interessant, aber distanzierend. Es sagte mir auch nie jemand „ich liebe dich", als ich ein Kind war. Aber ich wusste es. Ich erlebte es beim Zusammensitzen am Familientisch, wenn Vater abends den Fortsetzungsroman aus dem Wochenblatt vorlas. Ich wusste es, wenn er uns Kinder der Größe nach für eine Fotografie hinter dem Haus aufreihte und nebenbei sagte: Kinder, ihr seid mein ganzer Reichtum, ohne euch könnte ich diesen Laden zumachen. Das sichere Gefühl, dass wir gebraucht wurden und dass unsere Eltern stolz waren, dass wir neben unserer Mitarbeit im Geschäft klaglos und sogar gerne zur Schule gingen und ihnen damit Ehre machten, bedeutete für mich Liebe. Ich hatte keine Ahnung, dass Eltern ihren Kindern sagen müssen, dass sie sie lieben ... Viel später erst, als ich als Studentin in Amerika mit meinem Mann am Tisch einer jungen Akademikerfamilie saß, hörte ich zum erstenmal eine Mutter zu ihrem Fünfjährigen vor uns Fremden sagen „I love you Brian". Ich war verwundert und verwirrt, dass etwas so Selbstverständliches wie Elternliebe Worte brauchte.

Im Nachhinein denke ich, dass es in der Familie meiner Kindheit tatsächlich wenig über Beziehungen zu reden gab, wie in vielen anderen damals auch. Wir waren eingebettet in Tradition, wir hatten unseren klar definierten sozialen Ort im Rahmen des Dorfes und des Gewerbes, und wir lebten in abgesteckten Grenzen, die von den Jahreszeiten, vom Wetter und ganz besonders vom mageren Einkommen diktiert waren. Arbeit und Leben, Reden und Handeln waren identisch. Eine heile Welt war das nicht. Aber sie war überschaubar und von Tag zu Tag voraussehbar. Sogar in den Ritualen des Essens: Am Freitag gab es Käse- und Obstkuchen und jedes Mal ein Festessen, wenn im Frühjahr das erste Gemüse aus dem Treibbeet auf den Tisch kam oder im Juni die ersten Erdbeeren. Es gab aber neben solchen Freuden auch schwere existenzielle Sorgen in der Zeit nach dem Zweiten Weltkrieg sowie eine ständige Angst vor der Überschuldung des Geschäfts, die ich als Älteste wohl zu früh mitbekam. Und es gab das nie ausgesprochene Wissen darum, dass unsere Eltern in mancher Weise unter ihren Möglichkeiten lebten: Auch das war nichts Besonderes. Andere Eltern schienen in der gleichen Lage zu sein. Meine Mutter hatte keinen Beruf erlernen können, und mein Vater musste, fraglos, das Geschäft seines Vaters übernehmen, als dieser früh starb. Beide hätten gerne etwas anderes gemacht aus ihren vielfältigen Talenten, und diese Sehnsucht nach Wissen, Bildung und einem individuell gestaltbaren Lebenslauf vermittelten sie uns Kindern.

Es wird in diesem Buch oft die Rede sein von den Bildern über sich selber und die Welt, welche Frauen und Männer aus ihren Herkunftsfamilien mitnehmen in die eigene „Paarbeziehung". Ich bin meinen Eltern dankbar, dass sie mir zugetraut haben, die Sehnsüchte, die sie sich in ihrem Leben selber nicht erfüllen konnten, in mein Leben zu übersetzen. Mir scheint, dass der bittere Teil dieser Wünsche, dass nämlich dem Kind das Gefühl vermittelt wird, an Stelle seiner Eltern leben und erfolgreich sein zu müssen, in familienpsychologischen Theorien zu einseitig beschrieben wird. Natürlich kommt das vor, und es kann eine Zwangsjacke ohnegleichen sein. Manchmal tragen Menschen eine solche aber lange über die Zeit hinaus, da ihre Eltern sie ihnen mit der Erwartung verpassten, es im Leben weiter zu bringen als sie und ihre Aufträge zu erfüllen. Vermutlich kommt es entscheidend darauf an, auf welche Weise die Visionen der Eltern an ihre Kinder vermittelt werden, als Chance oder als Zwang. Wir wurden, wie ich mich erinnere, als Kinder nie gefragt, ob wir die Schulaufgaben gemacht und welche Noten wir geschrieben hatten. Aber unser bildungshungriger Vater wollte täglich von mir wissen, was ich in der Schule gelernt hatte. Er fragte es für sich selber, voller Neugier und Lust, von mir zu lernen und das Wissen mit mir zu teilen, das er sich selber aus Büchern und Zeitschriften laufend aneignete, nicht als Kontrolle.

Von Brüchen und Übergängen

Wenn ich meine Erfahrung mit „Familie" im Rahmen fragloser Kontinuität beschreibe, wo man sich erzählte, aber nicht über Gefühle und Beziehungen redete, so stimmt das für die Zeit meiner Kindheit. Aber bereits in den alten Familiengeschichten war Wandel, waren Brüche angelegt. Auch in der Geschichte des Großvaters auf der väterlichen Seite gab es solche Brüche. Als Bauernsohn hatte er bei seiner Tätigkeit als Lehrer in einer Gesamtschule so viele Pflanzen im Schulzimmer gezogen und mit ihnen experimentiert, dass er weggeschickt wurde. Darauf fing er mit seinem Sohn eine kleine Gärtnerei an, welche unsere Familientradition begründete. Sie hat nicht einmal hundert Jahre gedauert. Denn es gab in unseren Geschichten diese Sehnsucht nach Weiterkommen und Verwandlung. In ihnen lag das Versprechen, dass auch wir es weiter bringen und einmal nicht so hart und für so wenig Anerkennung arbeiten müssten wie unsere Eltern, wenn wir unser Glück selber in die Hand nehmen würden.

Wurzeln und Flügel

Ich erinnere mich an eine geheime Angst während der Kindheit, einmal alles verlassen zu müssen, was ich gern hatte und was mir Beständigkeit und das Gefühl von Wurzeln gab. Meine Angst war berechtigt. Von Jahr zu Jahr zeigten sich mehr Veränderungen in unserem Umfeld. Die Neubauten, der Verkehr, die Hektik umbrandeten das alte Haus und die Treibbeete wie eine Insel. Schließlich wurde unser Haus durch einen Brand zerstört, gerade als wir Kinder die Flügel ausbreiteten. Das frühere Dorf wurde zum Vorort und zur Schlafstadt. Die Verheißungen des modernen Lebens und das Versprechen unseres Vaters, dass Bildung mit Lebensfreude und Wohlstand verbunden sei, hatten uns eingeholt. So kam es, dass ich widersprach, als ich eine Lehre als Gärtnerin machen sollte. Heimlich, denn ich wusste, dass es ein Zeichen von Schwäche war, fremde Hilfe zu beanspruchen, ging ich in die Sprechstunde der Berufsberaterin, die es seit kurzem im Dorf gab. Sie ermutigte mich zum Besuch des Gymnasiums. Wieder ein Bruch in der Familientradition, dem später auch meine Brüder folgten. Die Geister, die Vater gerufen hatte, wurde er nicht mehr los.

Unser Nicht-reden-Können wurde schließlich zum Problem; es passte nicht mehr, als sich uns Wahlmöglichkeiten eröffneten, welche Diskutieren und Verhandeln nötig gemacht hätten. Von ähnlichen Erfahrungen erzählen Frauen und Männer in diesem Buch, die ebenfalls ihre Kindheit in vorgezeichneten Bahnen erlebt haben, an deren Ende plötzlich Landschaften aufgingen, zu welchen die alten Landkarten nicht mehr passten. Lieben und arbeiten, wie Sigmund Freud es als Merkmal gesunder Menschen beschrieben hat, genügen auf einmal nicht mehr.[1] Es muss geredet und verhandelt werden, nicht bloß in der Geschäftswelt, sondern auch in Familien, sobald Lebensläufe individuell gewählt werden können.

Zum Reden über die Gestaltung des Lebenslaufs gehört das Reden über Möglichkeiten von Beziehungen, die so genannte Kommunikation, ein anderes Wort, das ich erst als Erwachsene gehört habe. Die meisten Paare kommen in die Therapie, weil sie es schwer haben mit ihrer „Kommunikation". Das Geschichtenerzählen verknüpft zwar Vergangenheit, Gegenwart und Zukunft und vermittelt die große Linie. Angesichts der Öffnung zu vielfältigen Lebensformen zeigt sich erst recht die Notwendigkeit, sich seiner Geschichte zu versichern. Aber für die alltäglichen Vereinbarungen braucht es „die Kommunikation", das Reden über sich selber und seine Anliegen, im Dialog mit Lebens- und Arbeitspartnern. Die entsprechende Selbstthematisierung verweist auf die momentanen Anliegen eines Menschen, während das Geschichtenerzählen uns mit dem Fluss der Zeit verbindet. Eine Balance zu finden zwischen beidem, Erzählen und „Verhandeln", ist eines der Anliegen von Paarberatung.

Prägend für meine Berufswahl, die ich eher als Zufall denn als Wahl beschreiben würde, war die eigene Lebenssituation als Heranwachsende in einer Epoche des ungetrübten Glaubens an Fortschritt und Wohlstand. Meine Blindheit für die Verflechtung meiner persönlichen Situation mit Kultur und Gesellschaft zeigte sich im typisch weiblichen Lebensentwurf. Ich hätte gerne Medizin studiert, aber ich wurde Sozialarbeiterin, weil ich weder das Geld noch den Mut dazu hatte, die erste Akademikerin in der Familiengeschichte zu werden. Erst als ich, bald 30 und mit einem Mann verheiratet, der mehr Lust an Wandel als an Sesshaftigkeit hatte, in die USA einwanderte, wagte ich mich an ein Hochschulstudium. Die Aufbruchzeit von 1968 hatte begonnen.

Es folgten Jahre des Balancierens zwischen Studium, zwei kleinen Kindern und Beruf in einer internationalen Universitätsstadt im mittleren Westen von Amerika. Wir lebten karg, aber dafür eingebettet in ein Netz von Gleichgesinnten, voll Begeisterung über das Aufbrechen der alten Strukturen. Mit chronischer Übermüdung auch, wollten wir doch alles auf einmal nachholen, was wir bis dahin verpasst hatten. Damals lernten wir, Beziehungen zu „hinterfragen", Gefühle in Worten auszudrücken, das bisher Selbstverständliche zu problematisieren und unseren Kindern zu sagen, dass wir sie lieben. Selbstdarstellung und Selbstthematisierung gehörten inzwischen zum Alltag der Mittelschicht.

Unsere Hoffnung war, unsere Kinder dieselbe Verwurzelung erfahren zu lassen, wie wir sie bekommen hatten, und ihnen dennoch zuzumuten, schon in frühen Jahren mit Veränderungen zurechtzukommen. Das hieß für sie, tageweise von einer Nachbarin betreut zu werden, mit Kindern unterschiedlicher ethnischer Herkunft und mit zwei Sprachen gleichzeitig aufzuwachsen. Der praktische Teil dieses Lebensstils war im damaligen Rahmen einfach; es gab vielfältige „Inseln" in der Gemeinschaft mit anderen jungen Familien. Meine Schuldgefühle als Mutter und Berufsfrau entstanden erst, als wir wieder in den traditionellen Strukturen in der Schweiz lebten.

Ob die Geister der Moderne, die wir riefen, uns glücklich gemacht haben? Glücklicher, als wenn wir sesshaft geblieben wären? Ich kann die Frage nicht beantworten. Wir hatten wohl einfach die Nase im Wind und folgten dem Zeitgeist, mit all seinen Folgen … Aber es ist eine Frage, die mich in diesem Buch beschäftigen wird. Wieviel eigenen Boden unter den Füßen und wie starke Wurzeln in der Gemeinschaft braucht der Mensch, wenn er mit dem Individualisierungsprozess unserer Zeit zurechtkommen will? Wo finden Paare zwischen gestern und morgen diesen Boden? Wo finden sie Wurzeln, die nicht bloß Luftwurzeln sind, und wie können sie gleichzeitig ihre Flügel erproben?

Die sanften und unsanften Übergänge, die einerseits in den Veränderungen im gesellschaftlichen Umfeld und anderseits in den Unterschieden der individuellen Lebensentwürfe von Mann und Frau und in diffusen Rollenvorstellungen angelegt sind, sind Thema dieses Buches. Auch die eigenen Erfahrungen in einer langen Ehe sind mit dem Thema dieses Buches verknüpft. Der Begriff der „sanften und unsanften Übergänge" stammt von einem Bild, das mein Mann in kritischen Zeiten für mich gemalt hat. Unsere Beziehung – ich werde das Wort „Paarbeziehung" in meinem Text verwenden, auch wenn ich es „handschweißhemmend"[2] finde – spannt sich über mehrere Jahrzehnte. Eine Epoche, in der sich unsere Vorstellungen über Frauen, Männer, Kinder, Liebe und Arbeit grundlegend gewandelt haben, doch die Strukturen in Familie und Gesellschaft weitgehend dieselben geblieben sind. Die mit diesem Spannungsfeld verbundenen Erschütterungen lassen mich meine Arbeit anders verstehen als zur Zeit meiner Ausbildung. Immer wieder mussten wir auch im eigenen Leben lernen, als Paar auf dem hohen Seil zu balancieren und mit dem jederzeit möglichen Absturz zu rechnen. Nicht Normalität, sondern Erfindungsgeist und Improvisation waren gefragt. Wunderbar! Aber woher nimmt der Mensch die Energie, seine Welt immer wieder neu zu erfinden? Wer oder was trägt sie und ihn, wenn der ersehnte sichere Hafen von Liebe und Familie selber von Stürmen bewegt wird und nicht mehr selbstverständlich alle Sicherheit und Geborgenheit zur Verfügung stellt, die auch so genannte moderne Menschen brauchen? Wo gibt es Inseln zum Auftanken für Frau und Mann, wenn das Wir immer nur vorübergehend Insel und Nährboden sein kann? Wie leben andere Paare in einem solchen verbindlichen Provisorium?

Paare in der Beratung

Mit diesen Fragen kommen Frauen und Männer zu mir in die Beratung, die als Paar mit den widersprüchlichen Vorstellungen von „romantischer Liebe" einerseits und „Tod der Familie" anderseits zu leben versuchen und dabei in Konflikte und Krisen geraten. Ich habe nie fertige Lösungen für sie bereit, aber wir entwickeln gemeinsam fast immer Szenarien dafür, wie sie ihr Leben zwischen Ich und Wir, zwischen Leidenschaft und langer Weile, zwischen gestern und morgen gestalten könnten, ohne sich in die Tragödien von Übergangskrisen zu verlieben oder sie zum Normalzustand einzufrieren. Mich interessiert bei solchen Begegnungen brennend, wie Menschen und Situationen zu dem geworden sind, was sie sind, und wie sie aus dem Gewordenen Zukunft gestalten können.

Die Frauen und Männer, welche hier ihre Geschichten erzählen, haben es nicht unbedingt geschafft, wie das puritanische Wort dafür heißt, fraglos zufrieden zu werden. Aber als Menschen, die den Mut hatten, aus den Verstrickungen eines oft leidvollen, sich endlos wiederholenden „Paar-Tanzes" auszusteigen, indem sie eine Dritte dazu baten, haben sie Mut und großen Ernst daran bekundet, dass ihr Leben runder werden solle.

Meinen Auftrag als Therapeutin beziehungsweise Beraterin* sehe ich darin, den mich konsultierenden Paaren und Familien zu ermöglichen, von ihrer alltäglichen Froschperspektive in die Vogelperspektive zu wechseln, damit sie die Unterschiede zwischen dem, was ist, und dem, was werden kann, erkennen. Erkennen geschieht in meinem Verständnis durch Zuhören und Verstehen sowie im alltäglichen „Paartanz". Ein einmaliger Schrittwechsel, eine winzige, vielleicht zufällige Veränderung, der gelobte Flügelschlag eines Schmetterlings, kann neue Erfahrungen bewirken und Welten in Bewegung setzen. Manchmal läuft es in der Paartherapie auch umgekehrt: Ich ermutige Frauen und Männer zu neuen Schritten, ohne dass sie oder ich wissen, wo-

* (Ich werde die Begriffe Beratung und Therapie im folgenden austauschbar benützen.)

raus der alte Tanz bestanden hat. Auch auf diese Weise können für sie neue Erfahrungen entstehen, dass sie gelassen ihren eigenen Weg wieder unter die Füße nehmen. Jahre später, wenn das Neue sich etabliert hat und jemand mit Fragen zu ihnen kommt, merken sie dann manchmal, worin der Unterschied zwischen dem Vorher und dem Nachher in ihrer Krise bestanden hat.

Ab und zu ist das Erproben neuer Schritte aber auch mit der Erfahrung verbunden, dass die Schrittwechsel bei aller Anstrengung und allem guten Willen immer wieder zu mehr desselben führen. Es werden darum in meinem Bericht auch einige Frauen und Männer zu Wort kommen, die während oder nach der Therapie den Entschluss gefasst haben, aus dem gemeinsamen Tanz auszusteigen. Sie werden von Erleichterung und neu gefundener Lebensfreude, aber auch von Schmerz und Wut erzählen.

Mit diesem Buch will ich die Tradition der Neugier, des Fragens und der vorläufigen Antworten aus meiner Biographie weiterführen – mit Ihnen als Lesende zusammen, welche ich unterwegs vermute, wie ich es selber bin. Ich schreibe aus der Perspektive der professionellen Beobachterin und einer am Beschriebenen vielfältig beteiligten Frau. Die Grenzen zwischen meinem Denken, Schreiben und alltäglichen Leben sind fließend – wie man das uns Frauen sozusagen als natürliche Eigenschaft zuschreibt. Der Vorteil dieser Lage ist, dass ich selber verankert bin in der Improvisation von Liebe, Familie und Beruf. Der Nachteil ist, dass mir keine wissenschaftliche Infrastruktur mit Assistentinnen und Assistenten zur Verfügung stand, welche die Fülle der erhaltenen Antworten zu diesem Buch aufbereiten halfen. Dafür bin ich vernetzt mit Familie, Freunden, Freundinnen und Kollegen, welche diesen Mangel durch ihre Anregungen und liebevolle Begleitung wettmachten.

▨ Anmerkungen

[1] Erikson, E. H.: Identität. Jugend und Krise. New York 1968.
[2] Strauß, Botho: Über Liebe, Geschichten und Bruchstücke. Stuttgart 1989, S. 15.

Kapitel 2
Liebe und Ehe in Zeiten des Übergangs:
Kreative Vielfalt oder Dauerkrise?

Zu diesem Kapitel: Wie die alten Bilderbuchvorstellungen von Liebe, Ehe und Familie unter dem Firnis des sozialen Wandels der letzten Jahrzehnte lebendig geblieben sind. – Was uns die so genannte Moderne an Versprechungen und Wahlmöglichkeiten gebracht hat und wo sie uns als Liebende mit unserer Sehnsucht nach Wurzeln und nach Flügeln, Sicherheit und Leidenschaft im Regen stehen lässt.

„Seine Ehe ist nicht ihre Ehe" und wie es kommt, dass Männer im Durchschnitt zufriedener verheiratet sind als Frauen. – Die unterschiedlichen Lebenswelten von Frau und Mann lassen sich zu einem Teil biologisch begründen. Sie werden im Alltag von Paaren durch Kultur, Sprache und soziale Strukturen laufend reproduziert. Aber der Aufbruch zu neuen Ufern durch die Bewegung der Frauen lässt sich nicht rückgängig machen, selbst wenn sie zur Zeit stagniert.

Ideen zur Bedeutung von verbindlichen Paarbeziehungen als Kontrast zur „Liebe auf Zeit". – Mein persönliches Verständnis von Paartherapie: Karikatur moderner Verstiegenheit oder Aufklärung?

„Es ist schlimm genug, dass man jetzt nicht mehr für sein ganzes Leben lernen kann. Unsere Vorfahren hielten sich an den Unterricht, den sie in ihrer Jugend empfingen; wir aber müssen jetzt alle fünf Jahre umlernen, wenn wir nicht ganz aus der Mode kommen wollen." Eine typische Klage über den raschen Wandel der Zeiten und Werte. Oder doch nicht? Der Satz stammt aus den „Wahlverwandtschaften" von Johann Wolfgang Goethe und wurde 1808 geschrieben. Den Hinweis darauf verdanke ich Peter Bichsel.

Wenn ich in diesem Kapitel vorerst die historischen und gesellschaftlichen Rahmenbedingungen der folgenden Paarporträts skizziere, will ich daran denken, dass einer schon vor bald 200 Jahren die Raschlebigkeit seiner Zeit beklagte. Dennoch vermute ich, dass die Erkenntnis, dass es schon damals so war, für uns Heutige kaum Trost bietet. Denn die meisten von uns erleben die dauernden Umbrüche in unseren Sinn- und Lebenswelten hautnah und als Belastung. Wir müssen zusehen, wie vertraute Landschaften zubetoniert werden, wir lesen in der Zeitung von globalisierten Katastrophen, und in der privaten Welt erfahren wir, dass die besten Freunde, deren Ehe wir bisher als lebendig und gut einschätzten, sich scheiden lassen. Kein Wunder also, dass unsere Sehnsucht nach der alten Zeit, die wir gern als die gute bezeichnen, uns Bilder von Ehe und Familie träumen lässt, in welcher Liebe in einem gemeinschaftlichen Wir aufgehoben ist, das dennoch weitmaschig genug bleibt für die Entwicklung des Ichs.

Warum soll ich im Zusammenhang mit den folgenden Paarporträts überhaupt ihre gesellschaftlichen Rahmenbedingungen skizzieren, wenn doch alles im Fluss ist und rascher und verwirrender Wandel schon lange einfach zum Leben gehört? Es gibt einen Satz aus der Geschichte der Frauenbewegung, welcher mich seinerzeit beim späten Erwachen zu meiner weiblichen Identität getröstet hat: „Das Persönliche ist politisch". Wo bleibt der Trost? Ich kann das große Ganze doch kaum beeinflussen! Aber wenn ich die Zusammenhänge meines Lebens besser verstehe und durchschaue, muss ich das Scheitern von persönlichen Utopien und neuen Lebensformen an den Strukturen von Politik, Wirtschaft und Gesellschaft nicht mehr bloß meiner eigenen Unfähigkeit oder der meines Partners/meiner Partnerin zuschreiben. Das finde ich tröstlich. Zu wissen, dass gesellschaftliche Bedingungen hineinwirken in unsere Sprachregeln und damit in unsere Gefühle, scheint mir besonders wichtig, wenn von Liebe und Familie die Rede ist. Ich kann mich dadurch leichter als Teil begreifen statt als alleinige Ursache von Gefühlen und Handeln. Das bedeutet Entlastung von moralischem Druck in den Krisen des „ganz gewöhnlichen Chaos der Liebe"[1], wie die Situation moderner Paare bezeichnet wird. Trost liegt für mich aber auch in der Wut, welche das Erkennen von Zusammenhängen des persönlichen Scheiterns mit strukturellen Bedingungen in Lebensenergie wider die Resignation verwandeln kann.

Es geht mir im Folgenden darum, das gewohnte Bild von Paar, Ehe und Familie zu differenzieren und zu verknüpfen mit der Vielfalt von Lebensformen, wie sie sich in den letzten Jahrzehnten entwickelt haben. Gesellschaftliche Entwicklungen fallen aber nicht vom Himmel, weshalb ich sie verbinde mit wirtschaftlichen und soziokulturellen Veränderungen und besonders mit den modernen Vorstellungen von gleichberechtigten Paarbeziehungen. Die alten Geschichten von Liebe und Ehe ändern sich durch den Wandel im Verhältnis der Geschlechter, dem ich in diesem Buch aus meiner eigenen Erfahrung besonderes Gewicht beimesse.

Weiter will ich fragen, was Ehe und Familie unter den gegenwärtigen gesellschaftlichen Bedingungen für einen Stellenwert haben. Fragen möchte ich auch, warum es vielleicht doch schwieriger geworden ist als zu anderen Zeiten, als Paar verbindlich zusammenzubleiben. Am Schluss werde ich unter dem Aspekt von „Paartherapie im gesellschaftlichen Wandel" einen Krisenbegriff einführen, der nicht dem üblichen, an individuellen Defiziten orientierten, entspricht.

Unsere Tendenz zu Bilderbuchvorstellungen von Ehe und Familie

Noch jedes Mal erlebe ich Neugier und Freude an der Vielfalt menschlichen Lebens, wenn ein Paar oder eine Familie zum ersten Mal in meine Praxis kornmt. Die Neugier hat damit zu tun, dass sich zwar in den drei letzten Jahrzehnten viel verändert hat in bezug auf Liebesformen, aber unter dem scheinbar Neuen doch so viel an Tradition weiterlebt, dass ich mich nie auf genormte Vorstellungen abstützen kann. Das macht mich weit offen, manchmal unsicher und bereit zu staunen, mit wieviel Energie Frauen und Männer um positive Formen ihres Zusammenlebens ringen. Meine ursprüngliche Ausbildung bezog sich auf die Familienbilder der Nachkriegszeit, die sich bis in die siebziger Jahre erhalten hatten. Die damit verbundene Idee einer naturgegebenen Rollenverteilung der Geschlechter machte Mütter für alles verantwortlich, was in der Familie schief ging (selbst wenn sie berufstätig waren); Väter hingegen wurden als Versager beschrieben, wenn sie ihre Ernährerrolle nicht erwartungsgemäß erfüllten. Diese Definition „gesunder" Paare und Familien war lange Zeit das Leitbild von Forschung und Psychiatrie.

Formen des Zusammenlebens, die ihm nicht entsprachen, wurden pathologisiert oder vom Begriff Familie ausgeschlossen. Während die Paar- und Familientherapie Klientenfamilien oft fraglos als „Naturreservat" zur Reproduktion der bestehenden Ordnung betrachtete, verteufelten progressive Therapiemodelle die Familie ebenso fraglos als Ursache von individueller Pathologie. Die Beschuldigung der Eltern füllte Bücher und brachte Generationen „unbegabter Mütter" (und einiger unbegabter Väter) das Gruseln bei.

Wie kommt es zu solchen Klischee-Vorstellungen?

„Familie" wird in der bürgerlichen Tradition des 19. Jahrhunderts verstanden als ein Haushalt mit Vater, Mutter und Kind(ern), unterwegs in ihrem Lebenszyklus mit dem Ziel, dieselbe Familienform in der nächsten Generation zu reproduzieren. Dass es sich hier um ein Bilderbuchmodell handelt, zeigt die Tatsache, dass es heute in den meisten westlichen Ländern der gelebten Wirklichkeit von weniger als der Hälfte der Bevölkerung entspricht. Dieses Idealbild, das nach wie vor Orientierung für viele– besonders für konservative Politiker – ist, entspricht den realen Verhältnissen also schon lange nicht mehr. Und es hat ihnen nie entsprochen. Dennoch ist es als Wunschvorstellung und Sehnsucht auch bei jüngeren Paaren erstaunlich stabil, wie auch die vorliegende Untersuchung zeigt. Das bedeutet nicht, dass dieses Ideal, bei dem der Gatte in die Welt hinauszieht und sich im Lebenskampf bewährt, während die Gattin das bergende Heim für ihn und die Kinder pflegt, sich zu anderen Zeiten in der Geschichte nahtlos auf gelebten Alltag hätte übersetzen lassen. Schon im 19. Jahrhundert war das Ideal nur Schein, auch und gerade im Bürgertum, mit dessen Vorstellungen sich allerdings auch Arbeiterfamilien bis in dieses Jahrhundert hinein auseinander zu setzen hatten. Wenn sie sich, wie es in den nachfolgenden Porträts von Paaren aus diesem Milieu deutlich wird, in ihren Vorstellungen von Liebe und Ehe weitgehend denen des

Bürgertums angeglichen haben, dann taten sie dies unter Preisgabe einer reichhaltigen, ihrer eigenen Lebenssituation entspringenden Kultur.

An solche Vielfalt ständig ineinander greifender und nicht linearer Entwicklungen ist zu denken, wenn von *„dem"* Paar und *„der"* Familie die Rede ist. Es hat sie als festen Typus nie gegeben, wohl aber Paare und Familien, die in flüssigen Lebensformen versucht haben, Grundlagen für das Zusammenleben von Eltern und Kindern zu entwickeln. Das geschieht mit dem Anliegen, einerseits einen Rahmen von Vertrautheit und Stabilität zu schaffen und anderseits Familienmitgliedern autonomes Handeln und das Gefühl persönlicher Identität zu vermitteln.

Offenbar sind also sowohl unsere zeitgenössischen Lieblingsbilder als auch die Katastrophenszenarien von der bürgerlichen Kleinfamilie als „Hafen in einer herzlosen Welt" oder von der stabilen vorindustriellen Großfamilie oder der postmodernen Anti-Familien-Familie das, was sie sind: Landkarten. Landkarten in unseren Köpfen, welche nicht einfach im Maßstab 1:1 Lebenswelten beschreiben. Woran können wir uns aber orientieren, wenn es *das* Paar und *die* Familie nicht gibt?

Soziale Übergänge verlangen wandelbare anstelle normierter Familienbilder

Ausgehend von den demographischen Entwicklungen scheint es sinnvoll, die Veränderungen in den Familienbildern in ihrer gesamtgesellschaftlichen Perspektive zu verstehen und loszulösen von idealen Modellen. Statt eindeutiger also vielfältige und mehrdeutige Vorstellungen: Woraus bestehen sie? Was sind ihre Chancen, was ihre Krisen? Sind die hier zu beschreibenden Paarkrisen das „Privileg" der arrivierten Mittelschicht, sind sie der Maßlosigkeit der Selbstverwirklichungs-Ideologie moderner Frauen oder dem unsichtbaren Lebensentwurf der Männer zuzuschreiben, welche beruflichen Erfolg über emotionale Bezogenheit stellen?

Wenn ich mich in der eigenen Welt und in jener meiner Klientinnen und Klienten umschaue, beobachte ich ähnliche

Krisen bei Paaren in unterschiedlichen Schichten und Lebensphasen, oft *nach der Geburt des ersten Kindes* und am häufigsten in der *Lebensmitte.* Gerade dort, wo Frauen sich für eine traditionelle Familienform entschieden und das Aufgeben ihrer Berufstätigkeit ursprünglich als Privileg eingeschätzt haben, scheint die Paarkrise in der Lebensmitte programmiert. Männer reagieren oft mit Zorn oder Panik, wenn die Frau gegen die bisherige Rollenverteilung verstößt: aktiv, indem sie die Flügel ausbreitet und sich ein eigenes Leben in oder außerhalb der Familie aufbaut, oder passiv, indem sie sich affektiv-sexuell verweigert oder krank wird. Umgekehrt verstehen Frauen die Welt nicht, wenn ein Mann, dem sie vielleicht jahrelang den Rücken freigehalten haben, damit er sich im Beruf verwirklichen konnte, in der Lebensmitte plötzlich eine eigene Wohnung sucht und dort mit einer jüngeren Frau „neu anfangen" will.

Bis hinein in das private Zusammenleben eines Paares und in die Art, wie Frau und Mann fühlen und handeln, wirken die Veränderungen in den soziokulturellen Bedingungen. Zu den natürlichen Übergangskrisen, welche Paare während ihres gemeinsamen Lebens und ihrer unterschiedlichen individuellen Entwicklungen zu bewältigen haben, kommen die Übergänge in den gesellschaftlichen Rahmenbedingungen. An die Stelle eines eindeutigen tritt ein schillerndes Verständnis von Liebe und Ehe. Es lässt sich mit folgenden gesellschaftlichen Entwicklungen begründen: 1. die Individualisierung und die individuelle Konstruktion von Lebenslagen, 2. das Zeitalter des Narzissmus.

1. Die Individualisierung von Lebenslagen geht einher mit der Auflösung traditioneller Milieus: Familienbeziehungen werden personenzentriert und sind nicht mehr in überdauernde Arbeits- und Lebenszusammenhänge eingebettet. Der soziale Wandel fiel aber nicht einfach vom Himmel. Er wurde hervorgerufen durch die wirtschaftlichen und gesellschaftlichen Veränderungen, die bis ins 18. Jahrhundert zurückreichen. Konnte man noch vom Mittelalter sagen, dass ein- und dasselbe soziale Leben Haus, Hof und Gemeinde durchzog, so differenzieren sich mit zunehmender Komplexität der Gesellschaft einzelne Lebensbereiche, die ihre eigenen Sinnwelten oder Glaubenssysteme entwickeln. „Für das Individuum entsteht damit auch die Notwendigkeit ständiger Orientierungsleistungen zur Selbstvergewisserung und zur Bestimmung seines sozialen Ortes, den ihm seine ‚Identität' nun nicht mehr fraglos gibt."[2]

Der wichtigste Ort, an welchem Identität und Individualität entwickelt und gepflegt werden kann, ist die Privatsphäre des Paares, der Familie und des Freundeskreises. Wie in diesen privaten Welten Individualität gefördert werden kann, ist jedoch weitgehend offen. Allgemein anerkannte Entwürfe dafür gibt es nicht. Was ein standesgemäßes, gutes Leben ist, dafür gab es zu anderen Zeiten klare Vorstellungen, die abgestützt waren durch eine alltägliche und eine religiöse Sinnwelt und Praxis. Demgegenüber werden von Menschen heute Kreativität im Entwickeln eines eigenen Lebensentwurfs, einer beruflichen Laufbahn sowie in der Herstellung laufender „offener Kommunikation" zwischen Partnern gefordert. Das bedingt Fähigkeiten, welche die meisten von uns in ihrer Geschichte kaum lernen konnten. Die Diskrepanz zwischen den hohen Individualisierungszielen und unserer geringen Erfahrung damit, wie sie erreicht werden könnten, hat Konsequenzen für Paarbeziehungen. Nichts darf für immer festgelegt sein, Wirklichkeit soll täglich neu gestaltet werden. Im Widerspruch zu dieser Vorstellung von ewigem Wandel steht seltsamerweise die Idee, dass der anfängliche Zustand romantischer Verliebtheit von Dauer sein muss. Weil aber niemand so richtig weiß, wie das bewerkstelligt werden kann, steht die Beziehung ständig zur Diskussion.

Die gestiegenen Ansprüche an die eigene – besonders die weibliche – Selbstverwirklichung werden zum Problem, wenn ein Paar Kinder will. Ist das Planen „eigener Inseln" für das Paar schon mühsam genug, wenn Mann und Frau je eine eigene Karriere wollen, so werden die Probleme fast unlösbar, wenn Kinder mit ihren Ansprüchen dazukommen. Sie lassen sich ja nicht einfach in den Alltag „einprogrammieren". Zu Anfang der Paarbeziehung, noch vor der Heirat, träumen viele davon, das traditionelle Milieu, in welchem sie aufgewachsen sind, zugunsten einer neuen Lebensform zu verlassen. Sobald sie aber Kinder haben, realisieren viele von ihnen, dass die Frau in ihrem Beruf keine anständig bezahlte Teilzeitarbeit findet, während vom Mann ein über hundertprozentiger Arbeitseinsatz geleistet werden muss, will man den früheren Lebensstandard einigermaßen beibehalten. Diesen ungeplanten und unerwünschten Rückfall in die Beziehungsmuster der Kleinfamilie – die Frau im Haus und der Mann in der Arbeitswelt – werde ich in einem besonders umfangreichen Kapitel dieses Buches beschreiben, weil sehr viele Paare deshalb in Krise geraten. In der Lebensform der „Familienehe" werden Individualisierungsansprüche meistens vom Mann im Beruf gelebt, während die Frau darauf verzichtet. Die Aussicht der Frau, durch ihren Mann das Einkommen und Prestige zu gewinnen, das ihr selbst vorenthalten ist, bedeutet dann, dass sie unmerklich in eine Form von Versorgungsehe gleitet, welche sie so gar nicht wollte. Dass Frauen bei diesem Arrangement ihren Männern den Rücken freihalten und sie gleichzeitig hinter den Kulissen unauffällig zu lenken versuchen, damit sie sich wenigstens in deren Erfolg sonnen können, passt oft zu den Kindheitserfahrungen beider. Für den im Beruf engagierten Mann bewährt sich das Arrangement in den ersten Jahren der „Familienehe" fast immer. Krisen treten für ihn, ausgelöst durch den Aufbruch seiner Frau oder durch Einbrüche in der Arbeit, eher gegen die Lebensmitte auf.

Fazit: Die Tendenz zur Auflösung traditioneller Milieus liegt zwar im Zeitgeist der letzten Jahrzehnte und wird von vielen Paaren zugunsten des Ideals der Individualisierung bzw. der Liebesehe übernommen. Im Alltag aber, vor allem wenn sie Kinder wollen, wird ihnen der Traum oft zum Alptraum. Die versprochene Wahlfreiheit des Individualisierungs-Modells mit der Ermutigung zu besserer Ausbildung der Frauen und einer flexibleren Rollenverteilung wird von den Zwängen der Arbeitswelt und einer Gesellschaft, die Familien ohne Unterstützung im Regen stehen lässt, unterlaufen. Dass häufiger die *Frau* den Verlust des ursprünglich gemeinsamen Traums einer gleichwertigen Partnerschaft beklagt, ist nicht zufällig. Sie verfügt einerseits über die Sprache – nicht zuletzt dank dem Mut der Frauen in der über hundertjährigen Frauenbewegung –, ihren Zorn zu artikulieren.

Anderseits hat sie, vor allem nach der Familienphase, bei der bestehenden Rollenverteilung weit mehr zu verlieren als ihr Mann, der meist fest verankert ist in seiner Welt. Natürlich sehe ich – die Porträts von Paaren werden es deutlich machen – auch Männer, die sich in der Lebensmitte aus ähnlichen Rollen-Arrangements lösen. Aber sie tun es fast immer mit einer „neuen Frau", die das Ideal, welches die eigene Partnerin nicht leben konnte, nun verwirklicht – nicht zuletzt, weil sie auf Kinder verzichtet.

Das bedeutet: Die meisten jungen Paare stecken in derselben Zwickmühle zwischen „modernen" Vorstellungen und „traditionellen" Zwängen. Aber die Öffentlichkeit kümmert sich noch wenig um sie, und die hohen Scheidungsziffern werden kaum in Verbindung gebracht damit, dass die meisten Ehen an den Spannungen zwischen Partnerschaft, Kindern und Beruf zerbrechen.

2. *Narzissmus:* Die Entwicklung der Individualisierungs-Tendenz ist auf der Beziehungsebene gekennzeichnet durch neoromantische Ideale. Feste Vereinbarungen sind verpönt, das Leben soll täglich neu erfunden und frisch verhandelt werden. Solche Beziehungsvorstellungen, ähnlich jenen in der historischen Epoche der Romantik, wurden durch die 68er Generation der bürgerlich-patriarchalen Ehe entgegengesetzt. Aus ihren Ideen resultierte die Eingrenzung auf ein Leitbild, in welchem die Geschlechterbeziehung, als quasi mystische Verschmelzung von zwei Liebenden, zum Ersatz wird für Religion. Sie ist eine Möglichkeit zur Wiederverzauberung der Welt in der Kälte des rationalisierten Alltags. Dass das entsprechende Ideal der Frau-Mann-Beziehung als „Wohlfahrtsanstalt" zur Befriedigung sämtlicher affektiver Bedürfnisse allerdings brüchig ist, haben Psychotherapeutinnen und –therapeuten längst festgestellt, sein Scheitern aber leider oft einseitig den so genannten persönlichen „Defiziten" von Frauen oder Männern angelastet und als neurotische Beziehungsunfähigkeit bezeichnet.

Das narzisstische Ideal sieht vor, dass durch die Einsicht in die Zusammenhänge unseres Lebens und die Anwendung von medizinischem, psychologischem und technischem Wissen die

Lebensqualität des Einzelnen laufend verbessert werden kann. Das Bild des Menschen heißt: Ich bin nicht Opfer, sondern Täter, ich bin meines Glückes Schmied. Die Überzeugung, dass das, was man im Paaralltag tut, jederzeit „stimmen" und zur Befindlichkeit jedes Partners „passen" muss, bedingt eine stete Reflexion und intensiven Dialog zwischen Mann und Frau, Eltern und Kindern. Mit verstärkter Selbstbeobachtung geht die *Beziehungsbeobachtung* einher, das ständige Einnehmen einer Außenposition zu sich selbst und zum Gegenüber. Zum narzisstischen Ideal gehört der Kult von „Gefühligkeit" und Subjektivierung im Beziehungsalltag. Eine neue Moral der Authentizität im quasi therapeutischen Umgang miteinander, verbunden mit der ständigen Aufforderung zu Offenheit und Echtheit im Reden über die Beziehung ist gefragt. Gefühle müssen dargestellt und nach ihrer psychologischen Tiefe und Echtheit bewertet werden.

Damit kein Missverständnis entsteht: Diese Kultur hat ganz offensichtlich ihr Gutes als Gegenpol zu früheren rigiden Zuweisungen vorgefasster Rollen mit ihren von Kirche und Staat diktierten Verhaltensmustern. Sie wird darum von Menschen, die in repressiv-traditionellen Strukturen aufgewachsen sind, als wichtiger Schritt ihrer Befreiung beschrieben. Leider scheint die neue Gefühlskultur mit neuen Zwängen verbunden zu sein. „Die rationale Einsicht in Zusammenhänge schlägt unversehens in Pflicht und moralische Haltung um."[3] „Sag doch nicht immer *man*, rede endlich von dir selber!" kann genau so einengend wirken wie das frühere Verbot, über sich selber und eine Beziehung zu reden.

Mir scheint, dass das Reden zur Selbstvergewisserung und zur sozialen Verankerung vor allem für jene wichtig ist, die in aufgelösten Strukturen des Übergangs oder in Rollen leben, welche mit Uneindeutigkeit verbunden sind. Das betrifft vorwiegend Frauen. Das Recht des Schweigens war noch immer das Recht der Mächtigen, und Sprache und Sprachgebrauch müssen deshalb über individuelle und geschlechtsabhängige Aspekte hinaus in ihrer sozialen Gebundenheit verstanden werden. Im Kapitel „Kommunikation, Intimität und Sexualität" werde ich auf diese Idee näher eingehen.

Vorerst aber will ich festhalten: Nicht alle Paare in allen Milieus sind gleichermaßen betroffen von den Tendenzen des Individualisierungsprozesses mit seiner Illusion der Wahlfreiheit und dem Anspruch, sein Glück selber zu basteln. Es sind vor allem die Mobilen und sozial Aufsteigenden sowie jene, die als „Gebildete" oder „Alternative" gelten, welche für die Tendenzen des Zeitgeistes besonders empfänglich sind. Aber der Zeitgeist weht nicht flächendeckend, und unter dem so genannten Neuen leben die alten Sehnsüchte nach fragloser Orientierung und nach Wurzeln weiter. Die Vorstellung, „jeden Tag ein Neuer zu sein",[4] vermischt sich mit dem Bedürfnis nach Verbindlichkeit und Gemeinschaft, bis dass der Tod euch scheidet. Ich *und* Wir anstelle des „Wir-losen Ichs"[5] sind nach wie vor gefragt. Meine Untersuchung zeigt das deutlich und im Gegensatz zu den Zeitgeist-Seismographen aus Wissenschaft und Medien, die offenbar lieber die Farbigkeit und Dynamik der individualisierten Liebe darstellen.

Dass das Leben in den skizzierten Widersprüchen nicht nur anstrengend ist, sondern vielfältig und wachstumsfördernd sein kann, wird sich in den Erzählungen der befragten Paare zeigen. Das richtige Maß an Identitätskonstanz zu finden, ohne Erstarrung und tödliche Langeweile, und auch das Alltägliche der Liebe lieben zu lernen, scheint die Hoffnung der meisten Paare zu sein, welche sich „durchwursteln" im verbindlichen Provisorium ihrer Beziehung.

Seine Ehe ist nicht ihre Ehe

Es gibt eine Fülle von Untersuchungen zur Frage der ehelichen Zufriedenheit. Einer davon entstammt der Titel zu diesem Abschnitt, in dem ich der Frage nachgehe, warum das so ist. Meine Befragung verweist darauf, dass Männer und Frauen eine Paarbeziehung völlig verschieden erleben, seine Ehe also nicht dasselbe bedeutet wie ihre. Alle mir bekannten Forschungsprojekte zu diesem Thema belegen außerdem, dass die *eheliche Zufriedenheit bei den Männern größer ist als bei ihren Frauen.* Ich war selber überrascht, als ich beim Überblick über die Antworten auf meine Fragen, die sich auf die Einschätzung der ehelichen Zufriedenheit beziehen, feststellte, dass auch hier die Männer sich als wesentlich zufriedener beschreiben als ihre Frauen.

Obwohl die meisten Frauen erzählen, dass sie seinerzeit voller Enthusiasmus eine auf Dauer angelegte Paarbeziehung eingegangen sind und geheiratet haben, während Männer eher von ihrer Zwiespältigkeit und Angst vor dem Verlust ihrer persönlichen Autonomie berichten, zeigen Frauen in einer Ehe oder verbindlichen Paarbeziehung weit häufiger Zeichen von chronischem Stress. Sie fallen auch im statistischen Durchschnitt mit mehr psychischen und körperlichen Symptomen auf als unverheiratete Frauen oder verheiratete Männer. Frauen neigen eher als ihre Partner zu Selbstunsicherheit, psychosomatischen Erkrankungen und Depressionen, am häufigsten, wenn sie in traditionellen Familienformen leben, und ganz besonders um die Zeit der Lebensmitte. Beispiele für die Verwundbarkeit von verheirateten Frauen mit Kindern in dieser Lebensphase kommen auch in meiner kleinen Untersuchung unerwartet häufig vor. Womit könnte das zu tun haben? Könnte es auch damit zusammenhängen, dass Frauen bei ihren Antworten „Schwächen" wie psychosomatische Erkrankungen eher zugeben als Männer?

Es scheint, dass Frauen weit mehr als Männer den Veränderungen im Spannungsfeld von Tradition und Modernisierung ausgeliefert sind. Ihre persönliche Biographie ist belastet von vielerlei Widersprüchen und Brüchen. Auf der einen Seite werden junge Frauen angehalten, „etwas aus sich zu machen", einen Beruf zu erlernen und sich auf eigene Füße zu stellen. Auf der anderen Seite werden sie nach wie vor daraufhin erzogen, sich verantwortlich zu fühlen für andere und das Wohlbefinden anderer wichtiger zu nehmen als ihre eigene Entwicklung. Sie werden damit auch zugänglicher als Männer für mitmenschliche Probleme. Kinder, Freundinnen und Freunde, vor allem aber die Angehörigen der älteren Generation wenden sich weitaus häufiger an die Frauen als an die Männer in der Familie, wenn sie von sich erzählen wollen oder wenn es ihnen schlecht geht. In Therapien bezeichne ich diese weibliche Erfahrung jeweils als den

„Fliegenfänger-Effekt". Wie seinerzeit im Haus meiner Eltern die altmodischen, mit Leim überzogenen gelben Wachspapier-spiralen die Fliegen anzogen, scheinen viele Frauen mit ihrer „Durchlässigkeit" gegenüber Menschen die Probleme ihrer Umgebung auf sich zu ziehen. Männer werden davon viel häufiger verschont. Sie haben ja „richtig" zu arbeiten, sie sind nicht zuständig für die Beziehungsarbeit.[6]

Bleiben Frauen zu Hause in der Rolle der Familienfrau und genießen es anfänglich, die hundert Dinge zu tun, welche für eine angenehme Atmosphäre sorgen, erfahren sie mit der Zeit, dass ihre Arbeit wenig gilt und als selbstverständlich betrachtet wird. Sie erleben auch, dass sie in der isolierten Lage der Mutter und Hausfrau „ausgeschlossen sind vom Strom des Lebens", wie eine von ihnen schreibt. Folgen sie hingegen dem zeitgemäßen Anspruch oder dem starken eigenen Bedürfnis, Familie und Beruf zu verbinden, leiden sie häufig unter der Doppelbelastung und dem schlechten Gewissen, es weder daheim noch in der Arbeit „richtig" zu machen. Auch aus den eigenen Reihen kommt der Ruf nach der Superfrau, die fröhlich für ihre Familie sorgt und zugleich mit Eleganz eine berufliche Laufbahn meistert.

Besonders belastend ist die Erfahrung, dass die meisten Männer berufstätiger Familienfrauen in der Theorie zwar gerne bereit sind, sie bei der Hausarbeit zu unterstützen, in Wirklichkeit aber die hundert Einzelheiten, welche damit verbunden sind, ihren Frauen überlassen. Auch für diese Situation gibt es Bestätigung aus großangelegten Untersuchungen. Eine in den USA[7] erschienene verweist darauf, dass in Paarbeziehungen lebende berufstätige Frauen mit und ohne Kinder im Durchschnitt einen ganzen Monat mehr arbeiten im Jahr als ihre Männer, weil sie neben der Berufsarbeit 80 % der Hausarbeit allein besorgen. In der Arbeitswelt fühlen sich Frauen oft nicht richtig zu Hause, da diese mehrheitlich von Männern geprägt ist. Ihre Löhne betragen im Durchschnitt in den westlichen Ländern immer noch bloß 60 bis 70 % der Männerlöhne für gleichwertige Arbeit. Das bedeutet zusätzliche Anstrengung für weniger Anerkennung. Da sich Frauen, zumindest während der Kleinkinderphase, selten voll im

Beruf engagieren können, trifft sie dort eine zusätzliche Benachteiligung. Als Resultat werden so für Frauen, auch wenn sie trotz Familie einen Fuß im Beruf behalten, gebrochene Biographien angelegt.

Männliche und weibliche Entwicklung

Warum reproduziert eine neue Paarverbindung so oft die alten Vorstellungen und die alten Verhältnisse zwischen Frauen und Männern? Mit dieser Frage steche ich in fast jedem meiner Arbeitskontexte ins Wespennest, denn sie betrifft ein Thema, das innerhalb einzelner Fachgebiete erforscht wurde und dadurch eher mit wissenschaftlichen Teilergebnissen als mit Erklärungsansätzen belegt ist, welche vielfältige Aspekte miteinander verknüpfen. Es geht um die Frage nach dem Verhältnis von Biologie, Kultur und Gesellschaft, die Frage also, was an den als „typisch" männlich oder weiblich beschriebenen Merkmalen und Verhaltensweisen stammesgeschichtlich angelegt ist und was durch die so genannte Sozialisation erzeugt wird. Ich werde mich hüten, in diese polarisierende Debatte einzugreifen, jedoch von meiner systemisch-ganzheitlich orientierten Interessenslage als Paartherapeutin die Erkenntnisse zusammenfassen, die mich in der Praxis leiten.

Ich gehe davon aus, dass stammesgeschichtlich angelegte Unterschiede zwischen Frauen und Männern selbstverständlich vorhanden sind. Es ist nützlich zu wissen, dass bereits die frühe Entwicklung von Jungen und Mädchen unterschiedlich verläuft, indem zum Beispiel Jungen motorisch aktiver sind und räumlich mehr auskundschaften als Mädchen, diese aber im Durchschnitt wesentlich früher reden und über Sprache Beziehungen aufnehmen als die Jungen. Im Rahmen meiner therapeutischen Arbeit interessiert mich weniger, was mögliche biologisch bedingte Unterschiede zwischen Frauen und Männern sind, als wie diese mit Unterschieden umgehen und zu ihrer Verflüssigung oder Verfestigung beitragen. Dass zum Beispiel nur Frauen gebären und Männer nicht sicher sein können, ob sie Vater eines erwarteten Kindes sind – kann diese Tatsache allein die Unterschiede in

ihren Lebensbedingungen, ihrer Rollenverteilung und den Macht-
verhältnissen in Familie und Gesellschaft begründen? Wenn die
Frage nach dem Unterschied im Zusammenleben der Geschlechter auch unter den Aspekt des „Geschlechts als sozialer Konstruktion" verstanden wird, müssen wir Antworten suchen auf
die Frage, was Menschen sich aus den angelegten Bedingungen
machen. Das bedeutet nicht, dass Biologie und Sozialisation ge-
geneinander ausgespielt werden, wie das folgende Zitat belegt:[8]

„Obwohl der Vielfalt an Möglichkeiten der Menschwerdung in solch
zwiefach umweltlicher Wechselbeziehung offenbar physiologische
Grenzen gesetzt sind, entfaltet der menschliche Organismus in seinen
Reaktionen auf die Umweltkräfte, welche auf ihn einwirken, eine
außerordentliche Elastizität. Besonders klar zeigt sich das in der
Flexibilität seiner biologischen Konstitution gegenüber der Vielfalt
kultureller Bedingungen, denen sie ausgesetzt ist. Für die Völker-
kunde ist es ein Gemeinplatz, dass die Arten und Weisen, Mensch zu
werden und zu sein, so zahlreich sind wie die menschlichen Kulturen.
Menschsein ist sozio-kulturell variabel. Mit anderen Worten: Eine biologische Natur des Menschen, die als solche sozio-kulturelle Gebilde
und ihre Mannigfaltigkeit bestimmte, gibt es nicht."

In der Welt zu Hause sein
Zur Bedeutung von Ehe und Familie in unserer Zeit

Warum ist eine Paarbeziehung qualitativ etwas so anderes als
die meisten anderen menschlichen Beziehungen, und warum ist
ihre Auflösung ein so großer Verlust, eine so schmerzliche Erfahrung? Warum ist zum Beispiel Scheidung nach wie vor mit so
viel Zwiespältigkeit belegt? Wenn Scheidung auch seit langem
„staatlich geschützt" ist, eine Paarbeziehung also aufkündbar
wird, bleiben Paare dennoch als Eltern in unaufkündbarer Beziehung miteinander verbunden, selbst wenn sie sich als Liebende
trennen. Ihre Beständigkeit im Wechsel wird dann für die Kinder
überlebenswichtig. Aber wie ist solche Beständigkeit möglich in
einer Zeit raschen äußeren Wandels? Wie können – auch wenn
keine äußere Trennung erfolgt – die inneren Trennungen des

zu jeder lebendigen Paarbeziehung gehörenden Entflechtungsprozesses geschehen, ohne dass die Beziehung daran zerbricht?

Mit einem Menschen verbindlich zusammenzuleben, verheiratet oder unverheiratet, alleinerziehend oder mit einem nichtleiblichen Elternteil der eigenen Kinder, bietet eine Möglichkeit, in der Welt zu Hause zu sein, Kontinuität im raschen Wandel zu erleben und zu vermitteln. Was aber sind die Quellen dieser Konstanz, wenn der Mensch nicht mehr fraglos zu einer Gemeinschaft gehört, sondern sie sich selbst immer wieder neu erschaffen muss? Die tiefe Sehnsucht nach Geborgenheit und Verschmelzung, die zu den allerersten Erfahrungen im menschlichen Leben gehört, die Sehnsucht nach Wiederverzauberung in einer entzauberten Welt, gehört zu jeder Liebesbeziehung genauso wie die Angst vor dem Verlust individueller Grenzen. Dass zu Anfang, im Gefühl von Verliebtheit, die Grenzen verschwimmen und die Wurzeln in den gleichen Blumentopf gesetzt werden, ist wunderbar. Wenn dann im Laufe der individuellen und gemeinsamen Entwicklung die Wurzeln gelockert und zum Teil in andere Nährböden gesetzt werden, ohne dass deswegen der gemeinsame Blumentopf gesprengt wird, kann die moderne Vielfalt zum Wachstum einer Beziehung führen, ohne dass ihr Gefäß zerbricht. Die Balance zwischen den Polen Verschmelzung und Autonomie, Nähe und Distanz, bleibt dann nicht an eine „ewig gültige" Rollenverteilung gebunden, sondern kann immer wieder neu verhandelt und eingependelt werden. Allerdings können solche vielfältigen Wahlmöglichkeiten für diese und gegen jene Lebensform, mit Kind oder ohne Kind, auch so überwältigend sein, dass Menschen Entscheidungen unendlich hinausschieben. Im freien Zusammenleben von jüngeren Paaren ist das häufig der Fall. Vor lauter Verwirrung über die offenen Möglichkeiten entscheidet dann manchmal der Zufall, was existentielle Entscheidungen wie Trennung oder die Geburt eines Kindes betrifft. Auch davon wird in einer Paargeschichte die Rede sein.

„Auf Liebe und Sympathie aufgebaute Lebensformen sind notwendigerweise zerbrechlicher als die auf sachlicher Notwendigkeit und

Zwang beruhenden einer vergangenen Zeit. Wir müssen heute etwas völlig Neues erlernen: soziale Beziehungen, die auf Liebe, Zuneigung, Sympathie beruhen, eine gewisse Verbindlichkeit zu geben, eine relative Dauer zu verschaffen. Das ist sehr schwer".[9]

Liebe und Ehe als verbindliches Provisorium also – wie bewältigen Paare diesen Gegensatz? Die Erzählungen jener, die in Krise gerieten und dafür Hilfe suchten, werden zeigen, dass die meisten anfänglich blind waren dafür, wie sehr ihre als einmalig erlebten privaten Gefühle und Verhaltensmuster abhängig sind von allgemeinen Bedingungen. Im Gegenteil: Die Idee persönlicher Zuständigkeit für ihre Gefühle und ihre Alltagsbewältigung zwingt Paare geradezu, den sozio-kulturellen Rahmen zu bagatellisieren. In einer Welt, in der die öffentlichen Institutionen zunehmend als „äußerst mächtige und fremde Welt dem Individuum gegenübertreten" (9 op. cit.), werden Liebe und Familie die wichtigste Möglichkeit, Lebenssinn und Identität, Handlungs- und Gestaltungsfreiräume zu finden. Dieser Prozess geschieht weitgehend durch das Gespräch, die „Kommunikation" zwischen Frau und Mann. Wenn dieses Gespräch fließt, auch über Jahre hinweg, werden beide in eine dauernde Verwandlung eintreten, die ihr Bild von sich selber und von ihrer Welt immer wieder verändert. Zu dieser Forderung nach dauernder Verwandlung der Beziehungsgestalt gehört aber ebenso dringend die Forderung nach der Weiterentwicklung individueller Identität, welche nur zum Teil aufgehoben sein kann in der Paarbeziehung. Genauso, wie der Ablösungs- und Differenzierungsprozess des Einzelnen von seiner Herkunftsfamilie Voraussetzung dafür war, dass zwei Einzelbiographien „umgeschrieben" werden konnten zu einer Paarbiographie, muss im Lauf der Ehe ein schrittweiser Ablösungsprozess der Partner voneinander geschehen, ohne dass dabei die gemeinsame Biographie verloren geht.

Solche Erfahrungen machen verstehbar, warum die Krise oder gar Auflösung einer auf Verbindlichkeit angelegten Beziehung für die Beteiligten den *vorläufigen Zusammenbruch einer Welt* bedeuten, die bei allen täglichen Spannungen sinnstiftende und stabilisierende Aspekte hatte. Ich möchte einen Schritt weitergehen und dafür plädieren, dass die Krisen in Ehen und Familien und die zunehmende Scheidungs-Anfälligkeit weder mit zunehmendem Egoismus – Narzissmus ist nicht dasselbe wie Egoismus! – noch mit der Missachtung von Liebe und Familie zu tun haben. Im Gegenteil! Paare trennen sich nicht deshalb, weil ihnen Liebe und Familie unwichtig geworden sind, sondern weil sie ihnen so wichtig sind, „dass sie sich nicht mit weniger als einer völlig zufriedenstellenden Übereinstimmung mit dem jeweiligen Partner begnügen wollen" (9 op. cit.). Ehe und Familie sind in dieser Sicht – ideologisch, nicht faktisch – etwas absolut Privates, Selbstverantwortetes.

Glück als Wahlmöglichkeit und als Leistungsanspruch: Wer es nicht schafft, ist selber schuld

Kein Wunder also, dass jenen, die dem Ideal untreu werden, den Geschiedenen, Alleinlebenden oder -erziehenden, denen, die in Zweit- oder Drittfamilien leben, das Gefühl, versagt zu haben, zu schaffen macht. Ein Gefühl, das sie nicht selber „erfunden" haben. Meine Erfahrung mit ihnen zeigt, dass es neben den alltagspraktischen Problemen vor allem dieser Widerspruch ist, der sie belastet: Einerseits sind Trennung und Scheidung und die Wahl vielfältiger Familienformen akzeptiert, aber anderseits werden jene, die von diesen Möglichkeiten Gebrauch machen, subtil oder weniger subtil diskriminiert. Das zeigt sich auch im sozialwissenschaftlichen Klassifizierungs-Repertoire. „Stieffamilien", „Eineltern-"oder „unvollständige Familien" sind Konstrukte, welche zumindest für die Betroffenen signalisieren, dass sie nicht der Norm entsprechen. Vielleicht handelt es sich hier um ein Übergangsproblem. Der Vorteil, dass solche „anderen" Lebensgemeinschaften überhaupt untersucht und beschrieben werden[10], mag darin liegen, dass sie aus dem Dunkel der Anonymität auftauchen und gezeigt wird, mit welcher Energie – und mit wie wenig gesellschaftlicher Unterstützung – Lebensformen entwickelt werden, welche in punkto Lebendigkeit und Flexibilität die von konservativen Politikern hochgelobte bürgerliche

Familie oft in den Schatten stellen. Es ist zu hoffen, dass auch sie in Zukunft einfach als Familien definiert werden.

Paare in Zweitehen, die mit ihren Kindern eine „gemischte" Familienform leben, bekommen manchmal Magenschmerzen vor lauter Anstrengung, sowohl ihre neue Zweierbeziehung zu pflegen als auch den Kindern einen festen Boden in der bewegten Landschaft von Kommenden und Gehenden, alten und neuen Loyalitäten zu vermitteln. Kein Wunder, dass gerade bei ihnen die Paarbeziehung oft von Krisen geschüttelt wird.

Dort, wo die Vorurteile gegenüber geschiedenen Erwachsenen abgebaut sind, bestehen sie leider nach wie vor gegenüber den Kindern: „Vaterlose Kinder", die bei ihren allein erziehenden Müttern leben, werden nach meiner Erfahrung, z. B. von Lehrerinnen und Lehrern, als besonders gefährdet eingeschätzt und mit einer sich selbst erfüllenden Prophezeiung belastet. Ihre geschiedenen Eltern spüren, dass sie im Glashaus sitzen, und geben sich solche Mühe, alles richtig zu machen, dass ihnen vor lauter Anstrengung oft keine Energie mehr bleibt zum kreativen Nützen freigewordener Spielräume. Solange Scheidung und Alleinerziehung rechtlich akzeptiert, moralisch und wirtschaftlich aber bestraft werden, wird die Lüge von der heilen Familie „als Keimzelle des Staates" immer wieder entlarvt.

Mein Verständnis von Paartherapie: Karikatur oder Chance?

Paartherapie hat Konjunktur. Das erfüllt mich mit zwiespältigen Gefühlen. Die Klinifizierung und Psychologisierung des Alltags und die mit dem Modernisierungsprozess verbundene emotionale Erhitzung familialer Binnenwelten finde ich zum Ersticken. Wenn das Anliegen der Individualisierung umschlägt in eine Therapiekultur des persönlichen Alltags, „ich bin dein Helfer und du bist meiner, und wenn wir uns begegnen, ist das schön, wenn nicht, analysiere ich dich und du mich …" bekomme ich Atemnot. Wozu denn Paartherapie, wo liegen ihre Möglichkeiten? Ich denke: in der Verbindung zwischen beidem, der Kontinuität der Tradition und den Wandlungsmöglichkeiten im Modernisierungsprozess.

Wenn die persönliche Biographie nicht mehr eingebettet ist in fraglose Tradition, sondern laufend entworfen und verhandelt werden muss, setzt das voraus, dass ich mich auf mich selber beziehen lerne. Es bedeutet, dass ich zuerst bei mir selber merken muss, was ich will, bevor ich darüber mit meinen Nächsten „verhandle". Und es bedeutet, dass dieses „zu mir selber kommen" meistens nicht mittels eindeutigem, rationalem Denken geschehen kann, sondern ein sprachlich diffuses Suchen im Sinne von Versuch und Irrtum bedeutet, an dem ich andere teilnehmen lasse. Da aber liegt das Problem: Die wenigsten von uns sind in einer Kultur aufgewachsen, welche Übungsfelder vermittelt hat für geduldiges Bei-mir-selber-Sein sowie geduldiges Zuhören, wenn das Gegenüber sich selber sucht und langsam findet im lauten Probedenken. Ungeduldiges „sag doch endlich, was du willst" oder „so emotional kannst du doch nicht sein" oder „so sag doch endlich, wie du fühlst", spiegelt solchen Erfahrungsmangel. Es verhindert, dass zwei sich „mit-teilen", indem sie etwas (nicht alles!) von sich selber mit dem anderen teilen und durch das laufende Zwiegespräch mit der Zeit eine gemeinsame Welt erzeugen, in der sie zu Hause sind.

Was die meisten Paare bestens können, ist hingegen das gegenseitige Interpretieren und Analysieren im Namen von Verstehen: „Du tust das ja bloß, weil …" oder „Du müsstest dich mal mit deiner Mutter befassen …" oder „Hast du eigentlich schon bemerkt, dass du immer…" Ich nenne dies das Reden in Sprechblasen, weil es so gut zu den Sprechblasen in den Comics über Zweierkisten passt und weil es in den luftigen Höhen von psychologischen Abstraktionen und Interpretationen stattfindet. Viele Paare müssen dieses Reden in Sprechblasen zuerst verlernen, bevor ihnen ein konstruktives Zwiegespräch in der Verbindung mit alltäglichem Handeln möglich wird.

Paartherapie heißt in meinem Verständnis also schlicht, dass ich mich einem Paar als Dritte zur Verfügung stelle und in jeder Stunde Bedingungen zu schaffen suche, die den beiden ein

„Zwiegespräch mit den Füßen auf dem eigenen Boden" ermöglichen als Voraussetzung für das Experimentieren mit neuen Möglichkeiten. Als Dritte bin ich jedoch kein unbeschriebenes Blatt, sondern begegne einem Paar mit einem bestimmten Menschenbild, das aus meiner eigenen Geschichte, aus therpeutischen Konzepten und ethischen Überzeugungen zusammengesetzt ist. Meine Sichtweise wird als systemische bezeichnet. Das bedeutet, dass ich Menschen und ihre Probleme in ihrer Verflechtung mit physischen, psychischen und gesellschaftlichen Bedingungen und Vorstellungen verstehe und nicht als „Klumpen" persönlicher Merkmale. Ich habe den Traum längst ausgeträumt, durch Wissenschaft oder therapeutische Kunst ließe sich eines Tages feststellen, welche Art von Persönlichkeit oder Paarkonstellation bessere oder schlechtere Entwicklungschancen habe. Das sagt sich so leichthin, und doch erfahre ich fast täglich, dass uns Therapeuten und Therapeutinnen solche Fähigkeiten in Form eines „Röntgenblicks" zugeschrieben werden – nicht zuletzt in den Eheberater-Witzen. Das Klassifizieren und Diagnostizieren von Menschen kann zwar die Illusion von Wissenschaftlichkeit nähren, aber Anlass zu Wandel ist sie selten. Die Wirklichkeit, wie sie von den hier erzählenden Paaren erlebt und beschrieben wird, kann nicht durch einen Röntgenblick von außen, sondern nur im Dialog mit ihnen erfahren werden.

Damit will ich aber auch nicht behaupten, Therapie sei genau das, was auch im Treppenhaus eines Mietshauses geschehe: miteinander reden. Zur Professionalität von Therapie gehört, dass sie in einem vereinbarten Rahmen geschieht, durch welchen die Anliegen an uns genau abgesteckt werden. Und es gehört eine Aus- und Weiterbildung dazu, welche Professionelle befähigt, im Spezifischen das Allgemeine zu erkennen und unseren Klienten nutzbar zu machen. Die Fähigkeit, sich emotional mit Menschen einzulassen und dennoch immer wieder aus einer Außenperspektive die Muster zu erkennen, welche sie selber nicht wahrnehmen können, ist die Essenz therapeutischer Wirksamkeit.

Zu meinem Menschenbild gehört, dass ich mich mehr an menschlichen Ressourcen als an den Defiziten orientiere, also mehr Freude an den „Speisekammern" im Unbewussten und in der Biographie von Menschen habe als an den „Leichen im Keller". Das bedeutet aber nicht, dass dieser Blick auf das Positive jenen auf Unrecht, Schuld und Gewalt verstellt. Im Gegenteil. In der Auseinandersetzung auch mit den dunklen Stellen der eigenen Geschichte ist Wandel möglich, kann Wut oder Trauer in Lebensenergie verwandelt werden.

Bei allen Konflikten im Dickicht vielfältiger und widersprüchlicher Erwartungen bin ich immer wieder überrascht, mit welcher Energie Frauen und Männer um die Entwicklung lebbarer Beziehungsformen ringen. Es scheint tatsächlich, dass sie sich in einen „kollektiven Suchprozess nach der personalen Liebe"[11] begeben haben. Selbst dort, wo sich solches Ringen durch psychische oder körperliche Symptome manifestiert, ist es möglich, diese als Vorboten von anstehenden Veränderungen zu entziffern. Dabei komme ich nicht umhin, mich selbst immer wieder zu fragen, was meine therapeutischen Anliegen sind: Aufklärung mit dem gemeinsamen Ziel, dass Menschen ihre persönliche und gesellschaftliche Situation durchschauen und damit neue Handlungsfreiräume entdecken und nutzen? Oder Lebenshilfe mit dem Ziel, ihnen Anweisungen und praktische Ratschläge für die Lösung ihrer Probleme zu geben und zu zeigen, was richtig und falsch ist? Rezepte zum guten Leben also? Die meisten Menschen kommen mit dem Anliegen in Therapie herauszufinden, was wahr, richtig oder falsch ist, wer daran schuld ist, dass es Probleme gibt. So sind sie erzogen, so suggeriert es das individualistische Ideal mit dem Glauben an die Machbarkeit von Glück. Sie in dieser Annahme zu unterstützen hieße, zum bestehenden noch mehr Leistungsdruck hinzuzufügen, ihnen als „Musterschüler und Musterschülerinnen" noch mehr Vernunft beizubringen. Darum versuche ich, mit Frauen und Männern, die zu mir kommen, jeweils eine Vereinbarung auszuhandeln, die vorsieht, dass ich sie im Finden neuer Perspektiven unterstütze und sie mit langem Atem in einem zeitlich begrenzten Rahmen, mit Fragen, Experimenten und Anregungen, begleite. Ich übernehme Verantwortung für den Prozess, nicht für den Inhalt ihrer Entscheidungen. Mein Anliegen dabei ist die Stärkung von Autonomie aller Beteiligten. Dass auch ein

Stück „Lebenshilfe" durch das Finden eigener Lösungen mit dieser Form von Therapie verbunden ist, hoffe ich.

Natürlich färbt meine Lebens- und Berufserfahrung auf mein therapeutisches Verhalten ab. Spielerisches Denken – im Konjunktiv der Phantasie statt im Indikativ der Realität –, Handeln im Sinne von Versuch und Irrtum, Freude an Vielfalt und Vieldeutigkeit statt an „Wahrheit" sowie Neugier darauf, wie etwas werden könnte, erleichtert meine Arbeit. Ein Stück weit vertrete ich mit der Idee, dass Wirklichkeit zur Verhandlung offen steht, wohl selber das Ideal der Individualisierung. Allerdings ohne die Meinung, dass jeder, der nicht glücklich ist, selber schuld sei. Denn zu jeder Therapie gehört auch der nüchterne Blick auf die Grenzen des Machbaren. Das widerspricht dem – vielleicht doch etwas adoleszenten – Ideal von Autonomie im Sinne des Narzissmus: entweder „Ich bin fähig, die Welt täglich neu zu erschaffen" oder „Ich bin absolut unfähig und machtlos". Wenn dann, wie letzthin in der Schluss-Sitzung einer Paartherapie, mir jemand sagt: „Sie haben mich ermutigt zu leben, statt weitere Therapien auf mich zu nehmen", so freue ich mich.

Ob Paare zusammen bleiben oder nicht, ob sie als Alleinerziehende oder Wiederverheiratete ihr Leben von Grund auf neu gestalten oder nicht, ist nicht meine Entscheidung. Ich weiß eigentlich nie, was richtig ist für sie. Aber ich nehme immer an, dass die gegenwärtige Krise für sie mehr bedeutet als das Leiden am modischen „Familien-Katzenjammer": nämlich eine Chance, anstehende Lebensprobleme so zu verstehen und zu lösen, dass vielfältigere, reichere Möglichkeiten daraus entstehen und sie damit ein weiteres Stück Mündigkeit erwerben. Dass dazu auch Blicke in den Abgrund von Wut, Angst und Trauer über Verpasstes gehören, dass neben den Möglichkeiten auch Grenzen klar werden, ist schmerzhaft, aber unvermeidbar.

◼ *Anmerkungen*

[1] Beck,Ulrich und Elisabeth Beck-Gernsheim: Das ganz normale Chaos der Liebe. Frankfurt am Main 1990.

[2] Brose, Hanns-Georg und Bruno Hildenbrand: Vom Ende des Individuums zur Individualität ohne Ende. Opladen 1988 sowie Lüscher, Kurt, et.al.: Die postmoderne Familie. Konstanz 1988.

[3] Hermann, Gabriele: Zeitalter der Selbstbeobachtung, in Züri-tip, Tages-Anzeiger Zürich, 21.7.1989.

[4] Salinger, J.D.: Der Fänger im Roggen. Köln 1982.

[5] Elias, Norbert: Über den Prozess der Zivilisation. Bern, München 1969.

[6] von Roten, Iris: Frauen im Laufgitter. Zürich 1991 (Nachdruck).

[7] Hochschild, Arlie R. und Anne Machung: Der 48 Stundentag. Wien, Darmstadt 1990.

[8] Berger, Peter L. und Hansfried Kellner: Die Ehe und die Konstruktion der Wirklichkeit. In: Zs. Soziale Welt 16, Eine Abhandlung zur Mikrosoziologie des Wissens, 1965, S. 220–235.

[9] Schenk, Herrad: Freie Liebe – Wilde Ehe. Über die allmähliche Auflösung der Ehe durch die Liebe. München 1987.

[10] Krähenbühl, Verena, Hans Jellouschek, Margret Kohaus-Jellouschek und Roland Weber: Stieffamilien – Struktur, Entwicklung, Therapie. Freiburg i. Br. 1986.

[11] Jellouschek, Hans: Lebens- und Liebesformen im Wandel. Unveröffentl. Manuskript.

Kapitel 3
Von Paarkrisen und ihrer Bewältigung: Die Befragung von Frauen und Männern nach der Therapie

Hier geht es darum, was für Frauen und Männer an meiner Befragung teilgenommen haben, was ihre Erfahrungen damit waren und welche Annahmen meinen Fragen zugrunde liegen. Es sind folgende:

1. Das Erzählen von Geschichten rekonstruiert Wirklichkeit und öffnet neue Perspektiven.

2. Krisen im Lebenszyklus verstehe ich als Vorboten von Wandel.

3. Partnerwahl und „Paarmythos" enthalten Leitmotive individueller und gemeinsamer Entwicklung.

4. Die Auseinandersetzung mit dem „Chor hinter den Kulissen" der eigenen Herkunft wird durch Paarkrisen herausgefordert.

Als Überleitung zu den Geschichten einzelner Paare stelle ich anschließend ein Raster von sechs möglichen Konstellationen vor.

Im Sommer 1990 habe ich an insgesamt drei Dutzend heterosexuelle Paare, die zwischen 1975 und 1989 bei mir in Paartherapie waren, einen Bogen mit 12 Hauptfragen verschickt. In Kapitel 8 findet sich ein von einem Paar ausgefüllter Fragebogen zur Illustration.

27 Frauen und 26 Männer haben meine Fragen schriftlich beantwortet und dazu, je nach Bedürfnis, ausführliche Geschichten geschrieben. Zwei Frauen und ein Mann haben allein, ohne ihre Partner geantwortet. Die eine der beiden Frauen lebt mit ihrem Mann zusammen, während die anderen einzeln Antwortenden inzwischen geschieden sind. *Zusätzlich* zum Ausfüllen des Fragebogens machten später 7 Paare sowie 3 Frauen und ein Mann Gebrauch von den angebotenen Gesprächsterminen. *Anstelle* von schriftlichen Antworten erklärten sich *5 Paare* zu einem Interview bereit sowie 3 Frauen, welche inzwischen alle getrennt oder geschieden sind. Bei diesen auf Video aufgezeichneten Gesprächen benützte ich den Fragebogen als Gesprächsleitfaden. Insgesamt bekam ich also Rückmeldungen von *33 Paaren*.

Von den insgesamt 66 antwortenden Frauen und Männern leben *54 noch als Paare zusammen. 6 Paare sind inzwischen geschieden oder haben sich „intern" getrennt,* indem sie zwar verheiratet geblieben sind, aber getrennt wohnen. Es ist anzunehmen, dass von jenen, die gar nicht geantwortet oder eine Antwort auf später verschoben haben (also 5 Paare), zwei inzwischen getrennt sind. Auf einen Nachfolgebrief an sie habe ich entsprechende Hinweise von ihnen bekommen. Dieses Ergebnis entspräche dem Erfahrungsdurchschnitt in meiner Praxis, dass nämlich *etwa ein Fünftel aller Paare, die in Therapie kommen, sich entweder trennen oder scheiden lassen.* Ob dieses Ergebnis gut oder schlecht ist, will ich hier nicht bewerten.

Die Auswertung der Fragebogen erfolgte zusammen mit Barbara Welter, damals Studentin der Sozialwissenschaften; die Videos wertete ich allein aus. Das bedeutet, dass meine therapeutische Perspektive sowohl in den Fragestellungen als auch in der Auswertung der Antworten durchgängig wirksam ist, was von einem strengen, quantitativ wissenschaftlichen Standpunkt aus natürlich fragwürdig ist. Da ich aber bereits als Therapeutin Teil der beschriebenen Paarbeziehungen geworden war und außerdem hier an Geschichten als Erfindung von Wirklichkeit interessiert bin, vertrete ich die qualitative wissenschaftliche Tradition. Die in meiner Fragestellung enthaltenen Annahmen sollen klar werden, weshalb ich mich eingehend mit meinen eigenen Ideen über menschliche Probleme und Wandel befassen werde.

Erfahrungen der Paare mit dem Beantworten meiner Fragen

Die meisten Paare, auch voneinander getrennt lebende, berichten, dass sie meine Fragen (siehe dazu Kap. 7) zwar individuell beantworteten, ihre Antworten jedoch später miteinander austauschten und dabei spannende und oft auch entspannende Gespräche führten. Mit zwei Ausnahmen haben alle ihre Erfahrungen mit den Fragen als hilfreich, anregend oder „wie eine gute Therapiestunde" bewertet. Ein sozialwissenschaftlich Gebildeter unter ihnen kritisierte die Komplexität meiner Fragen. Er verwies darauf, dass sie wieder einmal ein typisches „Mittelschicht-Vorurteil" einschließen. Als Angehörige dieser Schicht und Vertreterin der Überzeugung, dass alle unsere Theorien, auch die so genannt wissenschaftlichen, geprägt sind von den Interessen der Fragenden sowie vom Kontext der Befragung, kann ich dieser Kritik nur beipflichten. Wer sich über Paare und Familien in den Elendsquartieren einer europäischen Großstadt oder in einem schweizerischen Bergtal informieren möchte, ist hier am falschen Ort. Ich habe mich jedes Mal besonders gefreut, wenn ausgerechnet von denen, die über das geringste Maß an formeller Bildung verfügen, lebendige, ausführliche und für mich neue Geschichten kamen.

Vielleicht sind unsere Vorstellungen von der Schicht-Spezifität sozialer Konstruktionen in unserer Zeit doch eher Kopfgeburten, zumindest was jene Menschen betrifft, die eine Beratung in Anspruch nehmen? Vielleicht bezieht sich die private Orientierung bei den befragten Menschen aus der Schweiz, aus Deutschland und aus Österreich doch mehr auf Generation als auf Schichtzugehörigkeit. Das heißt nicht, dass ihre jeweils einmaligen Lebensgeschichten identisch sind. In ihnen spiegeln sich wesentliche Unterschiede über die Art und Weise, wie Paare leben und Sinn suchen. Aber die widersprüchlichen modernen Ideen von der Wichtigkeit des individuellen Lebensentwurfs und der gleichzeitigen Sehnsucht nach Verbindlichkeit berühren wohl alle auf irgendeine Weise.

Meine Auseinandersetzung mit der überwältigenden Fülle, den ungefähr 800 Seiten Gedanken und Geschichten zu meinen Fragen, begann, als ich versuchte, anhand meines ursprünglichen Frage-Kompasses die Erfahrungen der Befragten zu einem Ganzen zu fügen. Die nachfolgenden Gespräche mit ihnen ergaben Antworten auf neue Fragen, die mir erst beim Lesen der ausgefüllten Fragebogen kamen. Das ist der Nachteil und gleichzeitige Vorteil, wenn Klienten die Annahmen ihrer Beraterinnen und Berater überprüfen. Sie sagen einem deutlich, wo man ins Schwarze getroffen hat, aber auch, wo man auf dem Holzweg war. Ich werde versuchen, das, was die erzählenden Paare mich lehrten, in dieses Buch einzubauen, indem ich möglichst viel davon im Originalton wiedergebe.

Wer kommt überhaupt in Paarberatung, und wer machte bei der Befragung mit?

Stimmt es, dass es vor allem die „Gebildeten" oder die so genannten „Alternativen" sind, wie die gängige Vorstellung lautet? Obwohl ich in einer Privatpraxis arbeite, bestätigt sich das Vorurteil nicht. Von den 33 Paaren, welche an der Befragung teilgenommen haben, gehören 11 zu der Gruppe, bei welcher Mann und Frau eine Berufslehre oder Anlehre gemacht haben, wobei die Männer in dieser Gruppe eher als die Frauen eine Zusatzausbildung aufweisen. Bei den Frauen sind es 3 von 11, die als Verheiratete noch eine Fortbildung absolvierten, übrigens alle als Folge der Paarkrise. Bei 15 Paaren haben die Männer eine akademische Ausbildung in Naturwissenschaften, Sozialwissenschaften oder als Ingenieure. Ihre Frauen haben als gelernte Sekretärinnen, Krankenschwestern, Sozialpädagoginnen usw. zuerst eine Lehre oder Berufsmittelschule absolviert, auf eine mögliche Fortbildung nach der Heirat aber durchwegs verzichtet. Auch hier wurden einige Frauen durch die Krise motiviert, eine Fortbildung aufzunehmen. Bei 7 der antwortenden Paare haben beide, Frau und Mann, eine abgeschlossene akademische Ausbildung. 4 Frauen unter ihnen sind voll berufstätig, 3 in Teilzeit.

Nota bene: Wenn wir das Spannungsfeld zwischen Frauen und Männern in einer Paarbeziehung verstehen wollen, kommen wir nicht darum herum, zur Kenntnis zu nehmen, dass das Ideal der Gleichwertigkeit – als Voraussetzung für die Wahl eines eigenen Lebensentwurfs – bereits an ihrer unterschiedlichen Schul- und Berufsausbildung zerbricht. Sogar dort, wo diese ursprünglich gleich war, wie zum Beispiel bei zwei Paaren, wo Frau und Mann dieselbe Verkaufslehre machten, laufen ihre beruflichen Entwicklungen völlig auseinander, sobald sie Kinder haben. Während der Mann aufsteigt und ein großes Geschäft leitet, sinkt seine Frau als „Aushilfe" mit stundenweiser Arbeit auf die unterste Lohnstufe und hält ihm zu Hause für den Aufbau seiner Laufbahn den Rücken frei, ohne Lohn. An solche Ungleichheiten in den Bedingungen von sozialem Status, Lohn, Anerkennung und Einflussmöglichkeiten ist zu denken, wenn von der unterschiedlichen Ehezufriedenheit von Frauen und Männern mit ihrem Leben als Paar die Rede ist. Die gängige Frage, wie Frauen Familie und Berufslaufbahn kombinieren können, wirkt dann beinahe zynisch.

26 Paare von den 33 in meiner Untersuchung haben zwischen einem und fünf *Kindern,* drei davon aus je früheren Ehen. 7 der befragten Paare sind kinderlos, bei 5 von ihnen ist die Kinderlosigkeit geplant, 2 haben sich noch nicht für oder gegen Kinder entschieden.

Was sind das für Menschen, die in eine Paarberatung kommen? Ich kann diese Frage, die mir immer wieder gestellt wird, nicht generell beantworten. Meine Mutter meinte damals, als ich mit dieser Arbeit begann: „Es sind die schlechtesten Früchte nicht, woran die Wespen nagen..." Nach meiner Erfahrung kommen jene Menschen zu mir, welche nicht zufrieden sind mit Mittelmäßigkeit, weder bei sich noch in ihrer Beziehung, sowie jene, die genug Phantasie haben, dass sie Visionen haben, wie ihr Leben verwandelt werden kann in mehr Vielfalt und Farbigkeit. Ich mag die so genannten Unzufriedenen und die, welche auf der Suche sind, mehr als die Satten und hoffe, dass in den Porträts, welche ich skizzieren werde, etwas von diesem Gefühl spürbar wird.

Zu den Annahmen hinter meinen Fragen:

1. Geschichten erzählen als Rekonstruktion von Wirklichkeit und Öffnen von Perspektiven

Was man nicht erklären kann, muss man erzählen

Ich gehe davon aus, dass menschliche Identität wesentlich strukturiert wird von Interaktions- und Sinnfindungsprozessen in Familien und familienähnlichen Beziehungen. Die Subjektivität des Modernisierungsprozesses stellt hohe Anforderungen an das Individuum, sich seiner sozialen Zugehörigkeit zu vergewissern, weil Paar- und Familienbeziehungen nur in wenigen Milieus noch geprägt sind von fraglosen Normen. Ich verwende für diese Situation den Begriff des „verbindlichen Provisoriums". Soziologen bringen die mit diesem Anspruch verbundene Überlastung in Verbindung mit der Erfahrung, dass etwa ein Drittel der Bevölkerung der westlichen Welt in ihrem Leben bereits eine psychische Krankheit durchgemacht hat.

Auf einem solchermaßen schwankenden Boden bekommt unser Verstricktsein in Geschichten eine besondere Bedeutung, sowohl als Möglichkeit von Verankerung wie auch als Ermutigung zum Aufbruch. Wenn ich auf Familiengeschichten zurückgreifen kann, in welchen beides angelegt ist, das Festhalten und das Loslassen, verlieren kritische Übergänge etwas von ihrem Schrecken. Das Erzählen davon schafft die Voraussetzung für ständig notwendige Verwandlung im rasch fließenden Strom der Zeit. *Geschichten erzählen ermöglicht gleichzeitig Kontinuität und Wandel.* Im Begriff des Fließgleichgewichtes sind beide Aspekte aufgehoben, das Festhalten und das Loslassen als Voraussetzung dafür, dass wir weder in tödliche Erstarrung verfallen noch vom Chaos überwältigt werden.

Das „Selbst" ist in dieser Sichtweise ein zwischenmenschliches Phänomen: Es gibt so viele Selbst, wie wir einander Geschichten über uns und andere erzählen. Als die befragten Männer und Frauen, angeregt durch meine Fragen, ihre Geschichten erzählten, haben sie damit für sich selber Sinnzusammenhänge und neue Handlungsmöglichkeiten erzeugt. Kein Wunder, dass die meisten von ihnen diesen Prozess zwar als anstrengend, aber auch hilfreich beschrieben. Indem sie erzählen, denken Menschen über ihre Lage nach und nehmen gleichzeitig Abstand von ihr. Auf diese Weise bleiben sie nicht länger als Gefangene im Netz ihrer Geschichte(n) verstrickt, sondern stricken diese weiter. Das meine ich, wenn ich davon ausgehe, dass das Erzählen der eigenen Geschichte sowohl Sinnzusammenhänge im Gewordenen als auch Perspektiven für Neues erzeugt.

„Wenn wir von menschlichen Eigenschaften reden, so mag die letzte Grundlage dafür sein, dass die Geschichten von Anbeginn eine Wachstumsrichtung haben, dass in jeder Geschichte schon die zukünftige Geschichte mitangelegt ist, dass die vergangene Geschichte die zukünftige hervortreibt, aus sich heraussprießen lässt."[1]

2. Krisen als Vorboten von Wandel

Erzählen bedeutet nicht einfach Abbildung, sondern Neuordnung von Wirklichkeiten. Es geht aber dabei nicht um „die" Wirklichkeit als Begründung, warum ein Leben so und nicht anders geworden ist. Zeichen von Stress sind daher in meiner Sicht als *Vorboten anstehenden Wandels* zu verstehen, nicht als Quittung für „nicht richtig gelebtes Leben". Es sind ja nicht die Übergänge im Lebenszyklus an sich, welche „kritisch" sind, sondern die Art und Weise, wie Menschen sie bewerten und mit ihnen umgehen. Als erste Vorboten von Veränderungen versagen zum Beispiel die gewohnten Handlungsmuster. Eine Gewohnheit wie die, dass eine Frau ihren Mann beim Autofahren mit Hinweisen auf Gefahren irritiert oder ein Mann bei Einladungen jeweils mit anderen Frauen flirtet, kann jahrelang toleriert werden. Dann, quasi über Nacht, wird das entsprechende Muster zwischen den beiden zum Kristallisationspunkt heftiger Konflikte. Typischerweise greift der eine oder andere der beiden dann auf Lösungen zurück, die schon einmal wirksam waren, und verwendet sie ad hoc, ohne weitere Diskussion. Er bringt ihr Rosen, oder sie schweigt während der restlichen Autofahrt. Aber diese ad hoc-Muster bewirken meistens mehr desselben: mehr Irritation, mehr Dissonanz. Als letzter Schritt der Eskalation erfolgt der Zusammenbruch des Vertrauten. Nicht selten schlägt in dieser Phase Hilflosigkeit in Aggression oder Depression um. Wenn inmitten des Chaos und der Verzweiflung nichts mehr geht, kann auf noch nie erreichter Ebene plötzlich Neues entstehen, als Kipp-Effekt. Verhaltensmöglichkeiten können aufgehen, die bisher nicht vorstellbar waren. Natürlich können auch beide verharren in Chaos oder Erstarrung. Mit der Zeit kann als Kompromiss zwischen „Festhalten und Loslassen" ein Symptom entstehen:

Sie trinkt heimlich zu viel Alkohol, er leidet an Bluthochdruck, sie verbündet sich mit den Kindern, er nimmt diesen den Fernseher weg.

In dieser Situation von Erstarrung, manchmal mit deutlicher Symptomatik, sehe ich die meisten Paare in Beratung. Wenn sie später im Rückblick die Krise beschreiben, die sie in die Therapie brachte, tun sie es jetzt mit einer Außenperspektive, die ihnen auf dem Tiefpunkt des damaligen Einbruchs fehlte. Aber erst durch den Zusammenbruch des Vorherigen wurde Neues möglich und Handlungsmöglichkeiten erweitert. Statt, wie so genannte „Streitpaare" es tun, nach der Erhitzung eine Abkühlungsphase einzuleiten, die selbstverständlich zu neuer Erhitzung des Konflikts führt, hat ein Paar vielleicht inzwischen eine Möglichkeit gefunden, durch Rituale von Distanz und Versöhnung einen Streit so zu Ende zu führen, dass daraus gute Lösungen entstehen. Erstarrte Rollenmuster werden auf diese Weise verflüssigt, neue Spielräume und vielfältigere Verhaltensmöglichkeiten werden für beide möglich.

3. Partnerwahl und Paarmythos: Leitbilder für Entwicklung

Im Rückblick auf ihre Krise nimmt die Frage, mit welchen Bildern und Vorstellungen Frau und Mann zusammenkamen, einen besonderen Platz ein. Das hat gute Gründe. Unter dem Einfluss des Zeitgeistes mit seiner hohen Bewertung individueller Autonomie neigen wir Therapeuten dazu, das Thema der Partnerwahl vorwiegend unter neurotischen Aspekten zu verstehen. Wir beklagen zum Beispiel, dass die unbewussten Motive, mit denen eines das andere in die Rolle eines Elternteils oder Heilers oder umgekehrt eines Kindes oder Patienten „lockt", den jeweils eigenen Entwicklungsprozess zur Selbstfindung behindere. Die Seiten, welche ein Mensch sich selber nicht zu leben getraut, werden gemäß dieser Sichtweise dem Partner zugeschoben, der damit in ein Bild gezwängt wird, das nur einen Teil seiner vielfältigen Möglichkeiten erfasst. Viele von uns kennen das aus eigener Erfahrung. Man verliebt sich immer nur in gewisse Seiten eines anderen Menschen und überhöht diese, während andere geflissentlich übersehen werden. Aber ich verstehe das nicht als Pathologie. Einengend und entwicklungsbehindernd wird solche Einseitigkeit in der Zuweisung von Merkmalen bloß, wenn beide miteinander stillschweigend übereinstimmen, dass sie so sind und bleiben müssen, wie sie vom anderen als Idealbild entworfen wurden. An der Güte der Partnerwahl liegt das aber nicht.

Mir gefällt darum die Idee, wonach das Liebeserlebnis der romantischen Phase einer Beziehung und die Liebe zwei verschiedene Dinge sind, beide gleich viel wert, aber unterschiedlich.

„Im Liebeserlebnis, in der Verliebtheitserfahrung leuchtet tatsächlich ohne unser Zutun, als Geschenk und Gnade, die Vollgestalt der Liebe auf. In ihr wird gleichsam im Vorgriff ahn- und fühlbar, was die Liebe zwischen diesen beiden Menschen sein könnte. Was sie sein könnte, nicht was sie ist."[2]

Vision also, wie die Dinge werden könnten, und nicht neurotische Projektion ist gemeint, wenn ein Partner im anderen Eigenschaften sieht und liebt, welche dieser vielleicht bisher selber kaum bemerkt oder sich zugetraut hat. Dazu Brecht:[3]

„Der Beobachter muss also dem Beobachteten ein gutes Bildnis schenken, das er von ihm gemacht hat. Er kann Verhaltensarten einfügen, die der andere gar nicht fände, diese zugeschobenen Verhaltensarten bleiben aber keine Illusionen des Beobachters; sie werden zu Wirklichkeiten: Das Bildnis ist produktiv geworden, es kann den Abgebildeten verändern, es enthält (ausführbare) Vorschläge. Solch ein Bildnis machen heißt lieben."

Mit dem Begriff des „Paarmythos" als Leitbild für den gemeinsamen Lebensentwurf bezeichne ich diffus das, was wissenschaftlich als Motivation für die Partnerwahl beschrieben wird. Diffus deshalb, weil der rationale Begriff der Wahl nicht das trifft, was ich meine: Das Gespür für etwas, was entstehen könnte, auch wenn es noch keine klare Gestalt hat, die Ahnung, dass im scheinbar Fremden Ähnliches verborgen ist.

Im Paarmythos liegt der Keim für Entwicklung und Verwandlung. Ich verstehe ihn als die *Ouvertüre zum Gesamtwerk*, in welcher die Leitmotive anklingen, die in den nachfolgenden Sätzen auf dem gemeinsamen Weg Gestalt annehmen. Damit sie das tun, damit daraus vielfältige, nie genau vorhersehbare Variationen entstehen können, braucht es jedoch handwerkliches Rüstzeug und Ausdauer. Auch davon wird in den folgenden Paargeschichten die Rede sein.

Die Partnerwahl aktiviert die bisherige Lebensgeschichte jedes Einzelnen mit ihren hellen und ihren dunklen Seiten. Viele Jahre später erzählen Frauen und Männer, wie unvergesslich ihnen jene ersten Stunden des Kennenlernens sind. Sie erinnern sich, wie sie einander Geschichten erzählten von Kindheit, Eltern, Geschwistern und Schule, von den Streichen, die sie gespielt haben und von dem, was sie traurig gemacht hat, und wie wohl es ihnen beim Erzählen war. Eine Frau Ende 30: „Während ich ihm damals erzählte, bin ich eine andere geworden – fast wie eine Schauspielerin, die ihren Part zwar kennt, aber noch nie auf der Bühne gespielt hat. Gehört zu werden war eine wunderbare Erfahrung, und wenn wir es heute gut haben miteinander, ist es mir so wohl mit meinem Mann wie damals."

Das gemeinsame Erzählen schafft die Voraussetzung dafür, dass jedes sich selbst und das Gegenüber erkennt. Erkennen, die Voraussetzung für Intimität, heißt dann, sowohl was gewesen ist als auch was werden könnte zu verweben zu einer gemeinsamen Geschichte. In dieser Geschichte müssen, soll sie lebendig bleiben, die beiden einzelnen Biographien aufgehoben sein. Jede soll sich als Ganzes und gleichzeitig als Teil einer neuen Ganzheit entwickeln können. Die Wiederbelebung der lustvollen wie auch der konfliktbesetzten Themen der bisherigen Lebensgeschichten, „in ihren auf Veränderung gerichteten, progressiven, wie den auf Fortsetzung des Bisherigen gerichteten Aspekten, macht die gegenseitige Anziehung aus".[4] Genau das meine ich, wenn ich in diesem Text manchmal das Bild von den „neuen Kapiteln benutze", die der bisherigen Geschichte zugefügt werden, ohne dass das Alte dem Neuen geopfert wird.

Ich frage Paare gerne nach ihren Anekdoten aus der Zeit der ersten Verliebtheit, weil ich darin immer ein Stück Weisheit im Sinne von Selbstheilung vermute. Wer erinnert sich nicht an die Neugier, mit der wir als Kinder wissen wollten, wo und wie sich unsere Eltern kennen gelernt haben, warum gerade sie beide sich ineinander verliebten, wie sie geheiratet haben und wer was dazu gesagt hat … Davon zu hören gab uns ein Gefühl von Sicherheit und Vertrauen: „Die zwei haben etwas miteinander, das stärker ist als ihr alltägliches Geklöne." Die Geschichten aus der ersten Zeit einer Liebe können für das Paar selber eine Art Gehäuse bedeuten, das beim Erzählen ausstaffiert wird mit tausend bunten Kleinigkeiten. Die Farbe des Kleides, das sie beim ersten Rendezvous trug, eine Melodie, die damals überall in der Luft hing, der Wiesenstrauß, den er für sie pflückte, oder wie ihre jüngeren Geschwister ihn mochten, als er beim ersten Besuch zu Hause mit ihnen Ball spielte, gehören dazu.

Die Verbindung von Vergangenheit und Zukunft ist ein Schwerpunkt meiner Untersuchung wie auch dieses Buches. Mit dem Anknüpfen an den ursprünglichen Paarmythos fordere ich heraus, die damalige Vision nochmals aufzunehmen und zu übersetzen auf weitere Kapitel des „Gesamtwerkes", bevor dieses voreilig weggesteckt wird. Im Wiederfinden des Mythos liegen Möglichkeiten zu seiner Entwicklung, solange dieser nicht bloß als negative Erklärung für die gegenwärtige Krise gebraucht wird. Zur Frage, was die ursprüngliche Partnerwahl aus den beiden Menschen gemacht hat, kommt nun die Frage, wie sie dem gemeinsamen Lebensentwurf heute neue Variationen zufügen. Solche Fragen bewirken oft, dass das ursprüngliche Liebeserlebnis, welches inzwischen vielleicht als unreif oder irrational abgetan wurde, wieder in seiner früheren Leuchtkraft ersteht: „Da waren wir aber unglaublich risikofreudig und sind über uns selber hinausgewachsen", erzählt eine Frau aus traditionellen Verhältnissen, die in der Phase der ersten Verliebtheit auf seine Bitte hin zu ihrem damaligen Freund und heutigen Partner nach Südamerika reiste, worüber ihre und seine Familie kopfstanden. Ihre gemeinsame Risikofreude und Lebendigkeit konnte später aus der Vorratskammer der Paargeschichte geholt werden, als die

Mühen des Alltags einer interkulturellen Ehe die beiden zu überrollen drohten.

Krisen im gemeinsamen Leben fordern immer auch dazu heraus, Abschied zu nehmen von jenen Seiten des Paarmythos, welche mit dem Begriff der „Projektion" bezeichnet werden. Ich meine damit die Einengung des Gegenüber auf ein Bild, das ihn oder sie zwingt, eigene ungelebte Seiten stellvertretend zu leben. Solche Projektionen haben neben persönlichen Motiven immer auch mit kulturellen Normen zu tun. So wird zur Erfüllung der gemeinsamen Sehnsucht nach Intimität in unserer Kultur von der Frau traditionell „volle Hingabe" erwartet und vom Mann „volle Aktivität", was dazu führen kann, dass Frauen sich auf Pseudo-Intimität und Männer sich auf Pseudo-Distanz festnageln lassen.

Ein weiterer Anlass für die Revision des Paarmythos durch die Krise besteht im Abschließen unerledigter Geschäfte aus der jeweiligen Herkunftsfamilie, welche oft beide Partner in die Erwartungen aneinander verwoben haben. Wie die Porträts der Befragten zeigen werden, können Paarkonflikte oft in Verbindung gebracht werden mit dem ursprünglichen Ablösungsversuch aus ihren Familien. Die Ablösung von der Herkunft besteht ja nie aus einem einzigen großen Schritt, sondern aus unendlich vielen kleinen. „Partnerwahl als widersprüchlicher Individuationsversuch"[5] (op. cit.) bedeutet, dass oft der Paarbeziehung Anliegen zugewiesen werden, welche stellvertretend dem Abschied von den Eltern dienen. Auch dieser Prozess ist meines Erachtens völlig normal, solange beide bereit sind, die alten Bilder laufend neu zu verhandeln. Die Krise kann unter diesem Aspekt zur Chance einer „zweiten Ablösung" von alten Bindungen werden, die nicht mehr zu den gegenwärtigen Entwicklungen passen. Die Ablösung ermöglicht beiden, ihre ursprünglichen Leitmotive mit neuen Variationen zu versehen. Dazu eine persönliche Erfahrung:

In meiner eigenen Lebensgeschichte bedeutete diese „zweite Ablösung", dass ich sowohl von alten Verhaltensweisen als auch von Bildern, die von mir gemacht wurden, Abschied genommen habe. Abschied zum Beispiel von früheren Zuweisungen an mich als überverantwortliche älteste Tochter und Schwester, „Rosmarinus officinalis, das heilsame Rosmarinkraut", wie meine Eltern mich früher genannt haben. Ich habe dadurch kindlich-spielerische Seiten an mir wiederentdeckt, die vorher in unserer Paarbeziehung zu kurz kamen und nun zu ihrer Lebendigkeit beitragen.

4. Auseinandersetzung mit dem Chor hinter den Kulissen

Wenn aus der privaten, wunderbaren Verschmelzung eines Paares in der Phase romantischer Verliebtheit eine verbindliche Beziehung wird, bedeutet das immer auch die Verbindung zweier Familien mit ihren Traditionen. Selbst wenn das Paar auf das Ritual einer Hochzeit verzichtet und sich Einmischung von Seiten der Familien verbittet, wird der Chor hinter den Kulissen ihre Verbindung begleiten, werden sie Teil zweier Familiengeschichten. Unhörbar vielleicht in den entspannten Zeiten ihres Lebens auf der Paarinsel, aber unüberhörbar bei den Übergangskrisen, wenn beide erschüttert werden und Halt suchen, indem sie auf Bekanntes zurückgreifen. Leitmotive aus ihren Herkunftsfamilien werden damit aktiviert, stärker meistens, als es den beiden bewusst ist.

Der „Chor" der beiden Herkunftsfamilien kann ein Paar liebevoll begleiten und seine Entwicklung unterstützen, es aber auch mit dem Absingen alter Melodien einengen. Meine Erfahrung ist, dass das Erkennen solcher Leitmotive Möglichkeiten schafft, Variationen dazu zu entwickeln oder von ihnen Abschied zu nehmen. Aus diesem Grunde habe ich besonders bei jenen Paaren, die mit der Wahl einer traditionellen Familienform den Rückgriff auf Bekanntes taten, ausführlich nach den versteckten Rollenvorschriften aus ihren eigenen Familien gefragt.

Von kritischer Bedeutung ist die Neudefinition der Beziehung eines Paares zu den Herkunftsfamilien vor allem bei zwei Ereignissen: der Heirat (oder einem ihr ähnlichen Ritual) und der Geburt des ersten Kindes; Ereignisse, die in neueren Lebensformen oft unmittelbar miteinander verknüpft sind. Meine Frage an ein Paar in Krise ist darum, wie die beiden konkret ihre Verbindung nach außen bekannt gaben, wie und ob sie Hochzeit oder ein ähnliches Übergangsritual und wie die Geburt ihrer Kinder feierten und in welcher Weise ihre Herkunftsfamilien daran teilnahmen. Bei der Paarbildung als Verbindung zweier Familien wird vieles angelegt, was später als Hilfe oder Behinderung wirkt.

Paargeschichten als „flüssige Konstellationen"

Es war nicht einfach, für die Fülle von Geschichten und Informationen, welche ich von den 33 Paaren erhalten habe, ein Raster zu finden, das weit genug ist für ihre Einmaligkeit und dennoch das Allgemeine ihrer Situation mitberücksichtigt. Schließlich habe ich sechs verschiedene „Paar-Konstellationen" entworfen, welche unter den Aspekten Lebensform, Lebensstil und Lebensphase voneinander unterscheidbar sind, aber gleichzeitig fließend ineinander übergehen. Mit „Konstellationen" meine ich keineswegs wissenschaftliche Kategorien oder Typologien. Es handelt sich vielmehr um Skizzen von bestimmten Situationen im Rahmen von Raum und Zeit, die nicht ein für allemal festgelegt sind. Im Gegenteil: Die Geschichten der Befragten zeigen, dass Paare, welche in eine bestimmte Lebensform hineinrutschten – von Wahl zu reden passt da kaum – im Laufe ihres Lebens zu ganz anderen Formen finden, als sie es sich ursprünglich vorstellten. Die Einteilung von Paar-Konstellationen in *„traditionelle, übergängliche und progressive"* ist darum eher als Blitzlicht auf bestimmte Lebenssituationen denn als Klassifizierung zu verstehen.

Ich werde mit „übergänglichen" Formen des frühen Zusammenlebens bis zur Geburt des ersten Kindes beginnen und mich dann der Hauptgruppe unter den Befragten zuwenden, welche die „traditionelle" Form der Familienehe wählten. Anschließend will ich eine Konstellation des Übergangs der Lebensmitte skizzieren, um dann zu den „Progressiven" überzuleiten, welche Beruf und Kinder miteinander verbinden.

Die Auswahl der befragten Paare geschah nach dem Zufallsprinzip. Nicht jede Paarkonstellation ist darum gleich häufig vertreten, aber wenn ich sie mit der Statistik vergleiche, sind so genannt progressive Lebensformen eher übervertreten. Am häufigsten kommt dennoch die Form der Familienehe vor, am seltensten die der unverheiratet zusammenlebenden jungen Paare.

Damit sie erstens nicht erkennbar und zweitens möglichst reichhaltig sind, lasse ich bei jeder Konstellation neben den „Hauptdarstellern" im Originalton auch andere Frauen und Männer aus der gleichen Gruppe zu Wort kommen. Wie aus dem Fragebogen in Kapitel 7 hervorgeht, habe ich alle Erzählenden um die Erlaubnis gefragt, ihre Aussagen original wiederzugeben. Ich habe höchstens da und dort kleine stilistische Änderungen angebracht. Hingegen habe ich durchgängig die Lebensumstände der Befragten soweit verändert, dass ihre Geschichten nur von ihnen selbst erkennbar sind.

▓ *Anmerkungen*

[1] Schapp, Wilhelm: In Geschichten verstrickt. Würzburg 1976.

[2] Jellouschek, Hans: Männer und Frauen auf dem Weg zu neuen Beziehungsformen. In: Pflüger, P. M. (Hrsg.): Der Mann im Umbruch. Patriarchat am Ende? Olten und Freiburg i. Br. 1989, S. 174–189. Siehe auch ausführlich in: Jellouschek, Hans: Die Kunst, als Paar zu leben. Zürich 1992.

[3] Brecht, Bertolt: Gesammelte Werke 20. Frankfurt a. M., S. 169.

[4] Reich, Günter: Partnerwahl. Heidelberg 1988.

Teil II

Kritische Übergänge
in unterschiedlichen
Lebensformen und Phasen
des Paarzyklus:
Sechs Paarporträts

Kapitel 4
Jugendliebe:
Der Traum, dass alles ewig offen bleibt

David und Silvia

> *„Unsere frühe Liebe geriet uns zur Lebenslüge"*

Zum Begriff der „Jugendliebe":
Es ist damit die freie Partnerschaft eines jungen oder jüngeren Paares gemeint
– als Vorstufe zu einer verbindlichen Lebensgemeinschaft oder
– als unverbindliches Moratorium des „Nicht-Übergangs" und verlängerter Adoleszenz.

Die ersten Jahre

David war 18 und Silvia 19 Jahre alt, als sie sich in einer internationalen Handelsfirma kennen lernten, wo beide eine kaufmännische Lehre machten. Es war das Jahr 1980, und in der Jugendszene war „schwer was los", wie David rückblickend erzählt. Die beiden verbrachten ihre ganze Freizeit zusammen und gingen nur noch unregelmäßig nach Hause in die Kleinstadt, in der beide aufgewachsen waren. Meistens übernachteten sie bei Freundinnen und Freunden in Wohngemeinschaften oder Studentenhäusern. Dass es ihnen damals trotzdem gelungen ist, ihre Lehre abzuschließen – darüber wundern sie sich heute selber.

Dieses unverheiratete Paar hat sich nach 9 Jahren in freier Partnerschaft inzwischen getrennt, ist jedoch lose miteinander verbunden geblieben. Beide nahmen einzeln an der Befragung teil und hielten Rückblick auf ihre individuelle und ihre gemeinsame Geschichte sowie auf die Krise, derentwegen sie damals in Therapie kamen.

David

Er stammt aus „kleinbürgerlichen Verhältnissen", wie er sie nennt, hat eine ältere und eine jüngere Schwester, mit denen er auch heute gern zusammenkommt. Davids Vater ist inzwischen als ehemaliger Bahnhofsvorstand pensioniert. Seine Mutter arbeitet mit ihren 60 Jahren noch ganztags als Leiterin eines Personalrestaurants. Mit ihrem Lohn hat sie Davids Weiterbildung jahrelang unterstützt. „Sie hat mich sehr verwöhnt und mich meinen Schwestern vorgezogen", erzählt David im Rückblick. „Ich bewundere sie für ihre Tüchtigkeit und bin ihr dankbar für ihre Unterstützung. Aber mit der Zeit konnte ich schwer ertragen, dass ich in ihrem Leben einen so wichtigen Platz einnahm. Meine Gefühle zu ihr sind heute zwiespältig. Liebe und Dankbarkeit, aber auch Wut auf ihre Anklammerung, ständig gemischt! Mir ist klar, dass mein Vater mir diesen Platz bei ihr schon früh abgetreten hat. Das gab ihm Ruhe für seine Arbeit bei der Bahn und besonders für seine vielen Hobbys. Er war schon immer ein Eigenbrötler, nicht ungesellig, aber am liebsten nur mit Kollegen zusammen, die seine Interessen teilten. Ich kenne meinen Vater kaum. Wenn er jeweils seine Uniform auszog, wirkte er so ... irgendwie schwach und verletzlich, dass ich ihn lieber in Ruhe ließ."

Die Ehe von Davids Eltern war distanziert, aber das Familienleben war gemütlich (dafür sorgte die Mutter) und sicher (dafür sorgte der Vater). Zu sicher und zu gemütlich vielleicht, meint David heute. Kein Wunder, dass er sich damals so begeistert hat für die Jugendszene. Er blieb zwar unpolitisch, aber es roch endlich nach Leben und Freiheit. Das unbeschwerte Zusammensein mit Silvia, ohne feste Bindung und Verpflichtung, war wohl genau, was er damals brauchte, meint er rückblickend.

Silvia

Sie kommt aus einer bewegten, wenig Sicherheit vermittelnden Familie. Ihre Mutter hatte früh einen italienischen Arbeiter geheiratet und sich bald nach der Geburt eines Sohnes scheiden lassen. Silvias Halbbruder, 10 Jahre älter als sie, lebte viele Jahre in Pflegefamilien und wurde schließlich in Mutters zweite Familie aufgenommen. Als Kind habe sie ihn bewundert, erzählt Silvia, „weil er sich überhaupt nicht unterkriegen ließ". Aber als er als junger Erwachsener in die Drogenszene geriet, die Sucht mit Einbruchdiebstählen finanzierte und die Familie ständig erpresste, hat Silvia ihn zu hassen begonnen. Ihre Mutter habe zu ihm gehalten, durch dick und dünn, und ihn mit ihrem Verkäuferinnenlohn unterstützt.

Silvias Vater, Mutters zweiter Mann, habe das ewige Theater mit seinem Stiefsohn überhaupt nicht aushalten können. Den Streitereien sei er schließlich ausgewichen, indem er abends im Gasthaus saß und sich betrank, erzählt Silvia. Als Schichtarbeiter sei er gesundheitlich sowieso angeschlagen gewesen, und der Alkohol habe das seine dazu getan. Manchmal habe der Vater ihre Mutter auch geprügelt, aber das erfuhr Silvia von ihr erst, als sie erwachsen war. Als Kind liebte sie ihren Vater sehr. Manchmal durfte sie mit ihm Fahrradausflüge machen oder ins Kino gehen. Sie fand ihn überhaupt viel „lustiger und lieber" als ihre Mutter, die ständig überarbeitet war und zunehmend bitterer wurde.

Als Silvia 10 Jahre alt war, beantragte ihre Mutter die Scheidung. „Darauf verschwand Vater von der Bildfläche. Er arbeitete nur noch sporadisch, bezahlte nichts für mich, und von Bekannten habe ich gehört, dass er mit einer älteren Frau in der Stadt lebte. Gesehen habe ich ihn nie mehr. Warum ich mich nicht darum bemüht habe, weiß ich heute auch nicht. Als ich 16 war, hörte ich von meiner Mutter, Vater sei gestorben. Er habe sich ‚zu Tode gesoffen'. Ich habe damals innerlich beschlossen, dass ich mich sobald als möglich von Mutter trennen wollte. Irgendwie gab ich ihr die Schuld an Vaters Tod. Dass das alles viel komplizierter war, merkte ich erst später. Damals habe ich Mutter gehasst und Vater idealisiert.

Am demütigendsten war für mich, dass ich Mutters Unterschrift brauchte, als ich die Pille wollte, nachdem ich David kennen gelernt hatte. Ihren Gesichtsausdruck werde ich nie vergessen, so im Stil ‚dass meine Tochter mir so etwas antut'… Dabei hatte sie selber seinerzeit mit 18 heiraten müssen, weil sie schwanger war."

Die Paargeschichte

Beide waren fasziniert vom Aufbruch der Jugend, als sie erwachsen wurden, und beide waren überzeugt, dass sie es ganz anders und viel besser machen würden als ihre Eltern. Dass von beiden Seiten Widerstand gegen ihre frühe Verbindung kam, verdeckt bei Silvias Mutter, direkt und zornig bei Davids Eltern, verstärkte diese Überzeugung. „Die gönnten uns ganz einfach unsere Freiheit nicht", erzählt David im Rückblick, „aber das schweißte uns mehr zusammen, als wenn sie mitgemacht hätten."

Sobald Silvia ihre Lehre beendet hatte, mietete sie eine kleine Wohnung in der Stadt, die sie knapp bezahlen konnte. David, im letzten Lehrjahr, lebte halb bei ihr und halb zu Hause. Gemeinsam lernten sie ungezählte „aufgestellte" junge Leute kennen, wie man diese nannte. Als sie ein Angebot als Untermieter eines Paares erhielten, das bereits mit zwei Kolleginnen eine große alte Wohnung teilte, zogen sie dort ein. „Das Leben in der Gruppe war zuerst ein absoluter Hit", erzählt David rückblickend. „Nach dem Leben in der Kleinstadt ging uns beiden so richtig die Welt auf. Politisch engagiert waren wir nicht, aber einfach ständig high, auch ohne Drogen. Es war toll, mit Gleichaltrigen zu leben, so richtig frei und ungebunden." Silvia: „Für mich war es das erste Mal, dass ich mit Leuten über mich selber und über Beziehungen redete. Wir saßen jeweils stundenlang am Tisch und tratschten. Das gab mir ein Gefühl von Nähe und Geborgenheit wie noch nie im Leben."

David beschloss kurz nach der Lehre, das Abitur nachzuholen, seine Mutter wollte ihn dabei finanziell unterstützen. Er legte sich ins Zeug und schuftete Tag und Nacht. Silvia blieb an ihrer Stelle, wurde Chefsekretärin und verdiente gut. Sie war froh um die Wohngemeinschaft, denn David verbrachte viel Zeit in der Bibliothek und lernte in der Schule neue Kolleginnen und Kollegen kennen. Als David schließlich Jura zu studieren begann, war es klar, dass nun Silvia ihn unterstützte. Seine Mutter zahlte nicht mehr, weil sie mit dem offenen Lebensstil des jungen Paares überhaupt nicht einverstanden war und wenig begeistert, dass David mit einer Frau „aus zerrütteten Familienverhältnissen" lebte. Silvia hatte sich von ihrer eigenen Mutter inzwischen „energisch und schmerzlos" getrennt, wie sie erzählt. „Das war kein Problem, im Gegenteil. Ich fand es toll, so selbstständig das Leben zu meistern, David aufzubauen und mich auf den gemeinsamen Erfolg zu freuen. Ich fühlte mich stark wie seither nie mehr."

Die erste Krise

Nach zwei Jahren gab es eine Krise in der Wohngruppe. Das andere Paar trennte sich und zog aus. An seiner Stelle kamen zwei Singles, eine Frau und ein Mann in die Wohnung, Berufstätige mit gewissen Ansprüchen an Privatsphäre und an Ordnung. Mit der Gemeinschaftlichkeit am Küchentisch war es vorbei. Was Silvia und David vorher kaum bemerkt hatten, als sie aufgehoben waren in der Gruppe, wurde jetzt offensichtlich: Sie hatten kaum mehr Gemeinsamkeiten als Paar. Sie unternahmen nichts zusammen und wussten kaum voneinander, wohin jedes sich bewegte. Einen gemeinsamen Raum hatten sie zwar, aber der war bisher allen offen gewesen. „Wir waren eher wie Geschwister geworden, Hänsel und Gretel, die sich im Wald verlaufen haben, weg von daheim und doch kein richtiges Zuhause gefunden", erinnert sich Silvia. „Wir waren kuschelig miteinander wie Kinder, aber sexuelle Leidenschaft gab es schon lange nicht mehr", beschreibt David die damalige Situation.

In dieser Zeit verliebte sich David in eine Studienkollegin. Nichts Ernsthaftes sei es gewesen, erzählt er, sondern einfach eine Leidenschaft aus dem Gefühl einer großen Langeweile. „Ich machte kein Geheimnis daraus, irgendwie gehörte das ja zu unserem Lebensstil der offenen Zweierbeziehung. Andere experimentierten schließlich auch. Silvia war erstaunlich großzügig. Sie äußerte ihre Gefühle in Bezug auf meine Außenbeziehung überhaupt nicht, sondern reagierte mit freundlicher Distanz. Anderes wäre ‚daneben' gewesen in der damaligen Umgebung. Erst später habe ich zu spüren bekommen, wie tief verletzt sie war." Silvia versuchte auf indirekte Weise, die Türe zu David einzuschlagen, wie sie rückblickend erzählt. Sie begann sich noch intensiver um alles und jedes zu kümmern, was David, sein Studium und das gemeinsame Leben betraf. Sie kaufte ihm Kleider und besorgte Kinokarten, sie lud Bekannte zum Essen ein und kuschelte sich an ihn. Mit ihrer versorgenden, mütterlichen Art zog sie sich allerdings die Verachtung der Gruppe zu. Die Leute fanden Silvia spießig und nannten sie „das Muttchen". Aber weil sie David all die ihm lieb gewordene Geborgenheit gab, zog er zu ihr, als sie eine kleine Wohnung mietete. Er hätte sich damals ein Leben ohne sie überhaupt nicht vorstellen können, berichtet er später.

Silvia über jene Zeit: „Ich hatte früh beschlossen, ganz für David dazusein und ihn auf seinem Weg zu unterstützen, damit er mit mir glücklich wird. Zwar habe ich schon damals immer wieder mein Unbehagen geäußert, wenn er sich von mir zurückzog. Als wir wieder zu zweit lebten, erneuerte sich unsere Beziehung, und wir schliefen wieder miteinander. Aber es gab für mich nie genug Zärtlichkeit und Zuwendung von David, er blieb der Pascha und ich das Muttchen. Wenn ich mit ihm darüber reden wollte, nannte er mich unzufrieden und ‚nörgelnd'. Oder er sagte: ‚Mir ist es wohl so, wie es ist. Ich weiß überhaupt nicht, was dir fehlt. Du solltest nicht so viel Psychologie lesen.' Davon ließ ich mich jedes Mal einschüchtern. Trotzdem waren diese Jahre schön und irgendwie auch gemütlich und vertraut. Wir kannten uns gut, sehr gut sogar, und konnten uns bei allen Unterschieden einfühlen in die Situation des anderen."

Erst im Nachhinein wird deutlich, dass die beiden alle heißen Themen und alle anstehenden Entscheidungen jahrelang unter den Teppich gekehrt hatten, der Gemütlichkeit zuliebe. Silvia hatte offenbar zu Recht Angst, zur Spielverderberin zu werden und David zu verlieren, wenn sie ihre unguten Gefühle formulierte. Sie galt bei ihm als lieb, aber schwerblütig. David sah sich selber als unbeschwert, selbstbewusst und „dynamisch". Nur langsam realisierte Silvia, dass diese Rollenverteilung so für sie nicht stimmte. Als sie später eine eigene Zweitausbildung an einer Wirtschaftsfachschule begann, traute sie sich eine Trennung erst recht nicht zu. David, der inzwischen sein Studium abgeschlossen hatte, unterstützte nun seinerseits seine Freundin finanziell. Die Gemütlichkeit im gemeinsamen Heim blieb beiden wichtig, auch als sich wieder eine gewisse Langeweile zwischen ihnen eingeschlichen hatte.

Die zweite Krise

Sie bahnte sich langsam und über Jahre an. Beide waren inzwischen um die Dreißig, sie hatten interessante Stellen und verdienten gut. Zusammen mieteten sie nun eine größere Wohnung mit eigenen Zimmern für beide und richteten sie stilvoll ein. Auch das gemeinsame Ausgehen und der Sport, Tennis im Sommer und Skilaufen im Winter, sowie die Einladungen für Freunde genossen beide. Es war mehr, als ihre Eltern sich je in ihrem Leben hätten träumen lassen. Bloß die gemeinsamen Ferien waren jedes Mal eine Enttäuschung. Silvia dazu: „Wir merkten, dass wir uns eigentlich nichts mehr zu sagen hatten, oder genauer: Was wir uns zu sagen hatten, war so „heiß", dass keiner sich traute, davon anzufangen. Die Kinderfrage, der Umgang mit unseren Familien, die gelegentlichen Seitensprünge von uns beiden – nichts wurde besprochen. Vor allem nicht eine gemeinsame Zukunft oder eine Trennung. Es war ein Gefühl wie in Watte verpackt. Kein grundsätzliches Ja und kein grundsätzliches Nein."

Mit 32 gab David seine Stelle auf und entschied sich zu einem halbjährigen Aufenthalt in Afrika, wo er bei einem Freund wohnte und mit ihm an einem industriellen Entwicklungsprojekt arbeitete. Silvia war mit seiner Entscheidung zwar nicht einverstanden, aber sie wollte auch nicht mitfahren. Seit sie eine Stelle als Abteilungsleiterin in ihrer ehemaligen Lehrfirma hatte, war sie derart angebunden, dass eine längere Abwesenheit für sie nicht möglich schien. Die beiden trennten sich, ohne die fälligen

„heißen Themen" diskutiert zu haben. Am Schluss der halbjährigen Trennung reiste Silvia ihrem Freund entgegen, und gemeinsam durchquerten sie die Sahara. „Wir waren fast wie Fremde", erzählt David im Rückblick. „Aber in Verbindung mit dieser völlig fremden und aufregenden Umgebung war das wunderbar, eigentlich der Höhepunkt unserer bisherigen Beziehung. Um so schlimmer war das Zurückkommen nach Europa. Die alte Routine, die alte Langeweile. Aber ich hatte bereits als Partner in einer Anwaltspraxis zugesagt, sonst wäre ich sofort wieder abgereist."

Bald darauf meldeten sich Silvia und David für eine Paartherapie an, zwei „ewig unzufriedene Singles", wie sie sich nannten. Sie hatten inzwischen ihre Wohnung gekauft und umgebaut. Aber die Frage nach einer verbindlichen Zukunft oder gemeinsamen Kindern hatten sie noch immer nicht gestellt, geschweige denn beantwortet.

Beide erzählten von mehreren Außenbeziehungen, die sie bisher gehabt hätten – immer vorübergehende, wie sie betonten. Aber genau zum Zeitpunkt des Wohnungskaufs habe David sich ernsthaft in eine andere Frau verliebt. Er verbringe jetzt die meisten Wochenenden mit seiner neuen Freundin, erzählte er, wohne aber dennoch weiter mit Silvia zusammen, da er sich ein Leben ohne sie nicht vorstellen könne. Einmal mehr versuchte Silvia vorerst, Davids Nebenbeziehung zu akzeptieren, weil das zum gemeinsamen Verständnis eines gleichberechtigten Arrangements gehörte. David erinnerte sie daran, dass auch er tolerant auf Silvias Beziehung zu einem anderen Mann reagiert habe, den sie während seiner Abwesenheit kennen gelernt hatte.

Aber – und das nannten beide als Anlass für die Paartherapie – je mehr Silvia versuchte, ihrem Ideal der offenen Beziehung zu folgen, desto schlechter ging es ihr, desto „nörgelnder" wurde sie. Sie sorgte zwar angestrengt für Geselligkeit und Gemütlichkeit im neuen Heim, aber ihre Vorwurfshaltung wurde unübersehbar. Silvias Vertrauensverlust äußerte sich in subtiler Kontrolle von David, und ihre Enttäuschung intensivierte ihre Selbstzweifel, welche sie trotz aller beruflichen Erfolge nie verlassen hatten. „Ich empfand Davids Forderung, dass ich lernen müsse, dass Leben Loslassen heiße, genau zu dem Zeitpunkt als reine Überforderung. Plötzlich wurde mir bewusst, dass er vermutlich schon immer gehofft hatte, dass einmal eine noch bessere Frau für ihn komme. Eine Klassefrau, kein Muttchen. Ich aber hatte mich von Anfang an auf eine gemeinsame Familie und auf Geborgenheit eingestellt und meinte, dass ich ihn mit der Zeit auch dafür gewinnen würde. Darum hatte ich ihm ja schließlich jahrelang den Rücken freigehalten. Vermutlich hatten wir beide Angst vor der Wahrheit und haben darum nie geredet."

David, im Rückblick auf die damalige Krise: „Mir wurde langsam klar, dass ich mich von Silvia verwöhnen und kontrollieren ließ, als ob sie meine Mutter wäre. Ich war passiv und wartete auf ein Geschenk des Himmels, das heißt Silvias Einsicht, dass sie nicht über mich verfügen kann. Aber ich bin ihren Vorwürfen immer ausgewichen, was sie natürlich als mangelndes Interesse an ihr empfand. Je mehr ich auswich, desto mehr klammerte sie sich an mich und kämpfte für ihre Ziele. Sie wollte mich verändern, und ich wollte ihr beweisen, dass das nicht möglich war."

Nach quälenden Auseinandersetzungen und einer Phase des Schwankens zwischen dem Wunsch, nun schnell zu heiraten und Kinder zu haben, und ebenso plötzlichem Kippen in distanzierenden Streit und gegenseitige Vorwürfe, entschloss sich schließlich David, zu seiner Freundin zu ziehen. Die Wohnung verkauften sie, und Silvia zog mit einer Freundin zusammen. Sie brauchte ein Jahr, erzählt sie rückblickend, um wieder einigermaßen auf die Füße zu kommen. Die Trennung von David sei das schlimmste gewesen, was sie bisher im Leben erfahren habe.

Der Paarmythos

Beide stimmen im Rückblick auf ihr Zusammenkommen überein, dass es eine „kindliche Wahl" gewesen sei, weil sie damals weder sich selber kannten noch wussten, wie sie ihr Leben gestalten wollten. Sie klammerten sich aneinander in der Hoffnung, rasch von zu Hause wegzukommen. In der Stadt fanden sie sich dann eingebettet in eine Jugendkultur, welche ein Leben als Gegenentwurf zu Davids kleinbürgerlich-beschützendem Elternhaus und zu Silvias zersplitterter Familie versprach.

Silvia zur Partnerwahl: „Ich habe mich in Davids Intelligenz und seine Selbstsicherheit verliebt, ohne zu merken, wie viel Egoismus damit verbunden war. Eigentlich suchte ich in ihm einen starken Vater. Auch heute noch finde ich seine Intelligenz und seinen ‚Biss‘ dem Leben gegenüber faszinierend, aber seine Selbstbezogenheit könnte ich nicht mehr ertragen." Silvias ursprünglicher Lebensplan war, ganz für ihn da zu sein und ihn zu unterstützen. Sie hat David aufs Podest gestellt und idealisiert und sich selber als liebes kleines Mädchen eingestuft, welches nur durch ihn zu einer selbstsicheren Frau werden konnte. Trotz der damaligen Aufbruchszeit blieben ihre Erwartungen völlig konventionell. Beide waren sehr jung, „ein Erahnen des inneren Menschen bei sich und beim anderen gab es nur ansatzweise", schreibt Silvia. Beide fühlten sich in der Kleinstadt isoliert, David wollte weg von zu Hause, und Silvia suchte eine Heimat, weil sie viel zu früh auf die eigenen Füße gestellt worden war. David versteht heute seine damalige Wahl als Flucht vor der bindend-verwöhnenden Atmosphäre seines Elternhauses und als Sehnsucht nach einem Leben in Freiheit. „Wir träumten den Traum vom neuen Menschen, der sich nicht festkrallt in kleinbürgerlichem Besitzdenken, und wir wollten uns gegenseitig dazu verhelfen. Aber über den Weg dazu redeten wir nie", erzählt David. Ihre Vorstellungen waren aber völlig verschieden: Bei Silvia hieß das, in Übereinstimmung mit ihrer Lebenserfahrung: „Der Weg kann nie bequem sein", bei David: „Ich nehme das Leben, wie es kommt."

David zur damaligen Partnerwahl: „Ich habe mich in Silvias Begeisterungsfähigkeit, ihre lebendige Ausstrahlung und ihre gute praktische Art verliebt. Sie hat mich stark gemacht, als ich noch wenig selbstsicher war. Erst später habe ich bemerkt, dass sich hinter ihrer Selbständigkeit ihr Wunsch nach dauernder Verschmelzung mit mir als Vaterfigur verbarg. Als ich ihr das, was sie von zu Hause zu wenig bekommen hat, die ganz große, unerschütterliche Liebe, nicht geben konnte, hat sich ihre Zuneigung in quälende Vorwürfe an mich und an sich selber verkehrt. Silvias Ernsthaftigkeit und ihr Interesse an Menschen und an Psychologie kippten in eine unerträgliche Anspruchshaltung mir gegenüber."

Wenn Silvia und David heute beide im Rückblick sagen, dass ihre Partnerwahl und die geteilte verlängerte Kindheit trotz ihrer Krisen mehrheitlich gut war, berührt es erst recht schmerzlich, dass sie keine andere Lösung als die einer Trennung fanden. „Es hat immer etwas gefehlt, aber wir konnten darüber nicht reden, weil unser Leben nicht mit spießigen Regeln und Normen belastet werden durfte und weil wir uns davor fürchteten, unsere Konflikte auf den Tisch zu legen", erzählt Silvia, die heute allein lebt. Dass der Entschluss zur Trennung genau zu dem Zeitpunkt von David gefasst wurde, als beim Paar die Frage der Verbindlichkeit und Silvias Kinderwunsch zur Diskussion standen, wird verstehbar, wenn er heute erklärt, dass er dem Ideal der „Liebe auf Zeit" treu geblieben sei. In der neuen Beziehung mit einer wesentlich jüngeren Frau habe er seine Leidenschaft und Vitalität wiedergefunden, erzählt er, aber es fehle das Gemeinsame, das er mit Silvia hatte.

Die Sicht der Paartherapeutin

Freie Partnerschaft als Vorstufe zur Heirat oder als neue Lebensform?

Nach meiner Erfahrung ist es etwa drei Jahrzehnte her, seit Paare in freier Partnerschaft sich für Therapien zu melden begannen. Ganz junge Paare, die noch in der Phase der Verschmelzung und Abgrenzung gegen außen sind, kommen auch heute selten. Hingegen nimmt in meiner Praxis die Gruppe jener zu, welche nach vielen Jahren in einer offenen Zweierbeziehung in Krise geraten. Die wachsende Neigung zu individueller Lebensgestaltung, welche sich in den freien Partnerschaften zeigt, bedeutet keineswegs, dass junge Paare wenig von Verbindlichkeit und Dauer halten. Im Gegenteil: Zumindest eines der beiden – häufiger, aber nicht immer die Frau – sieht im freien Zusammenleben eine Vorstufe zur späteren Heirat und Familiengründung. Das Problem ist allerdings, dass, anders als vor Jahrzehnten, als das so genannte „Konkubinat" vielerorts verboten und Heirat die einzige Möglichkeit war, eine gemeinsame Wohnung zu mieten, die Formlosigkeit dieser Lebensform dazu verführt, wichtige Entscheidungen auf die lange Bank zu schieben. Ich will mich nun zwei häufigen Entwicklungsmöglichkeiten zuwenden, welche diese Lebensform mit sich bringt:

1. Freie Partnerschaft
   als Vorstufe zu Heirat und Familiengründung

Diese Lebensform wurde bereits in den 50er Jahren als so genannte Probeehe vorgeschlagen, im Sinne des Wortes „Drum prüfe, wer sich ewig bindet". Es sollte damit die Möglichkeit geschaffen werden, dass ein Paar sich nicht nur über das Sonntagsgesicht kennen lernte, sondern die alltäglichen Turbulenzen erleben und meistern lernen konnte, bevor es sich zur Familiengründung entschloss. Wenn man die Lebensphase der jungen Erwachsenen als bedeutsamen Übergang versteht, sind Beziehungsformen, welche diesen Übergang erleichtern, besonders wichtig. Der Abschied von den Eltern ist im besten Fall ein Entflechtungsprozess, der zu einer Neuregelung von Nähe und unter Erwachsenen führt. Dieses Anliegen kann aber auch als Flucht in eine Ersatzbeziehung durch radikales Abschneiden der Verbindung mit den Eltern gelebt werden. Es kann im schlimmsten Fall zum „Hängenbleiben" im Dreieck mit Vater und Mutter führen, je nachdem, welche Rolle ein junger Mensch in der Dynamik seiner Familie innehat. Formen der Nichtablösung werden dann aufrechterhalten durch zwiespältige Verstrickungen mit den Eltern, mit entsprechender Symptombildung und emotionaler oder materieller Abhängigkeit.

Normal scheint in einer Epoche verlängerter Ausbildung und verlängerter Jugend eine ausgedehnte Phase des Pendelns zwischen Nähe und Distanz zu den Eltern zu sein. Durch zunehmende Verwurzelung eines jungen Menschen außerhalb des Elternhauses entstehen schließlich klare, aber durchlässige Grenzen zwischen den Generationen, welche auf wachsender Autonomie der jungen Erwachsenen basieren. Eine feste Zweierbeziehung in dieser Lebensphase kann die Bewältigung einer schrittweisen Loslösung erleichtern. Der Vorteil des Zusammenziehens mit einem oder mehreren anderen Menschen liegt in der Verlängerung der Jugend mit der Möglichkeit, ohne Druck herauszufinden, was man selber will, ohne bereits wieder in neue Abhängigkeit zu geraten. Der Übergang gelingt dann am besten, wenn beide sich mit dem Thema ihrer *individuellen Entwicklung* direkt auseinander setzen und es der gemeinsamen Beziehung überordnen. Auf diese Weise können sich beide so entwickeln, dass sie sich schließlich zum verbindlichen Zusammenleben oder aber zur Trennung entscheiden können.

Die Verlängerung der Jugend in einer freien Lebensgemeinschaft kann aber auch zum Nachteil geraten, wenn sie zum Ersatz für die Beziehung zu den abgelehnten Eltern wird. Der Paarmythos ist dann darauf angelegt, dass beide einander als Ersatzfiguren für die „schlechten" Eltern idealisieren, ohne dass sie sich mit diesen auseinander gesetzt haben. Auf diese Weise wird die Entwicklung von Autonomie behindert, und der Weggang von den Eltern wird zum Pseudo-Abschied, zu einer Kette von unerledigten Geschichten, die oft über Jahre mitgeschleift wird. Sowohl aus der Position junger Erwachsener, welche als „Eltern ihrer Eltern" funktionieren mussten, wie Silvia, als auch aus der Position der verwöhnt-gebundenen Kinder wie David, ist die Flucht zu Ersatzpartnern verständlich. Es sind denn auch oft genau die beiden Konstellationen, die sich anziehen. Die Gefahr, dass schließlich genau das bekämpft wird, was die beiden zueinander gezogen hat, zeigt das Beispiel von David und Silvia.

Positiv an dieser Lebensform ist die Chance zur schrittweisen Ablösung vom Elternhaus, das probeweise Zusammenleben als Vorstufe von Verbindlichkeit oder Trennung, das Einüben von Verantwortlichkeit und nicht zuletzt die finanziellen Erleichterungen im gemeinsamen Haushalt. Mit den negativen Seiten solcher Partnerschaften will ich mich, da sie so oft zur Krise führen, etwas ausführlicher befassen.

2. Freie Partnerschaft als „Nicht-Übergang"

„Es wird meines Erachtens nirgends so ausgiebig über wichtige Themen geschwiegen wie in freien Partnerschaften, wo Paare unendlich vor sich herwursteln", meinte die 38-jährige Buchhändlerin Marianne, welche mit ihrem gleichaltrigen Freund Adrian, einem Computerfachmann, in Therapie kam. Sie war „unerwartet und ungeplant" schwanger geworden nach 14 Jahren des Zusammenlebens. Beide waren durch dieses Ereignis völlig aus dem Gleichgewicht geraten und standen vor der Entscheidung, ob sie das Kind behalten oder abtreiben wollten. Adrian war ganz sicher, dass er dieses Kind wollte, aber Marianne zögerte. Der Druck lastete fürchterlich auf beiden, da sie sich innerhalb von zwei Wochen entscheiden mussten. Nachher würde es zu spät sein für eine Schwangerschaftsunterbrechung. Sie traue Adrians Beständigkeit überhaupt nicht, erzählt Marianne, und sie sehe seinen beruflichen Zickzackkurs, den sie bisher als seine „kreative Art" interpretierte, plötzlich mit neuen Augen. Ganz besonders das Gefühl, dass sie beide bisher Konflikte einfach umgangen hätten und dass Initiativen zu Nähe fast immer von ihr gekommen seien, mache ihr nun zu schaffen. Aber auch Adrian hatte im Sog der Krise endlich den Mut, Dinge auf den Tisch zu bringen, die er bisher nie erwähnt hatte: Mariannes Tendenz, ihre Spannungen mit Tabletten zu lösen sowie ihre plötzlichen aggressiven Ausbrüche, wenn er sie zu wenig beachte. Dennoch wünschte er das Kind „mit allen Fasern", sagte er.

Marianne entschied sich schließlich, das Kind zur Welt zu bringen, weniger, weil sie auf eine gemeinsame Zukunft mit seinem Vater hoffte, als weil sie diese „letzte Chance" der Elternschaft nicht aufgeben wollte. Als Katholikin lag ihr überdies eine solche Entscheidung näher als eine Abtreibung. Ich begleitete das Paar während der Zeit der Schwangerschaft und nach der Geburt eines Mädchens. Viele Themen ihres Zusammenlebens, ganz besonders die nie geklärten Fragen der Verantwortlichkeit, kamen nun auf den Tisch. Marianne arbeitete zwar in Teilzeit weiter und brachte das Kind jeweils zu ihrer Mutter, aber sie forderte nun von Adrian, dass er regelmäßig zum gemeinsamen Haushalt beitrage. Das hatte sie bisher nie getan.

Trotz der Entwicklung entschieden sich beide zur Trennung, als ihre Tochter zwei Jahre alt war. Es scheint, dass die durch ihre Krise geforderte Eigenständigkeit der beiden sie erst jetzt befähigte, das Risiko der Trennung und des Alleinlebens auf sich zu nehmen. Einmal mehr bedauerte ich – nicht zuletzt im Hinblick auf das kleine Kind –, dass dieser Entwicklungsprozess bei den Eltern nicht früher möglich war, indem sie sich den fälligen Fragen und Entscheidungen gestellt hätten.

Was mich bei Paaren wie Marianne und Adrian und bei David und Silvia beeindruckt, ist ihre Illusion der *Zeitlosigkeit* und, in Verbindung damit, das unendliche Verschieben wichtiger Entscheidungen zugunsten von „pflegeleichter Gemütlichkeit". Ihr Lebensstil wird damit unmerklich zur Karikatur des modernen Anspruches an Glück durch Sicherheit und Gemütlichkeit. Früh schon richten sie sich ein wie ein gestandenes Ehepaar, schmücken liebevoll ein Nest, kleiden sich stilvoll und versehen sich mit allen Symbolen von Wärme und Sicherheit, die sie sich mit zwei Löhnen leisten können. Dazu Botho Strauß:[1]

„Seine Neigung zu skandinavischen Abholmöbeln hat sich bei der Einrichtung ihrer Dreieinhalbzimmer-Wohnung durchgesetzt. Gute moderne Zweierbeziehung. Sie gehen lässig und freundlich miteinander um, ohne Übertreibungen, ohne Flamme. Das ‚so genannte Irrationale' wird mit eben dieser Floskel angepackt und unter Kontrolle gehalten. Ihre Einstellung zu Beruf und Pflichten ist, soweit eben möglich, lustbetont. Vieles macht Spaß. Beim Liebemachen machten sie ein Kind."

Der lustbetonte Spaß und die Lässigkeit gerät jedoch leicht zur Lebenslüge, die Wärme wird zum Ersticken muffig. Silvia, rückblickend: „Wir haben uns doch einfach die Hucke voll gelogen. Wir sind nicht so blöd wie die anderen, sagten wir uns, wir schaffen alles: Erst Bildung, eine gute Stellung, Reisen, eine lange Jugendzeit, dann eine eigene Wohnung, schöne Möbel, elegante Kleider, Experimente mit sexuellen Abenteuern. Dabei bleibt alles immer offen und auf Probe, und wir sind einander abwechslungsweise Eltern und Kind, in ewiger Adoleszenz. Miteinander verklammert, dann wieder plötzliche Distanz mit Außenbeziehungen, wie sehr langsam alternde Siebzehnjährige."

Und dann ergibt sich, wenn die biologische Uhr bei der Frau abzulaufen beginnt, doch noch die Entscheidung zum Kind – oft unbewusst und ungeplant. Manchmal aber auch will sich ein Kind in dieser Phase nicht mehr „machen lassen"; obwohl beide es dringend wünschen. Die Erfahrung der Nicht-Planbarkeit von Leben und der Irreversibilität der Zeit trifft solche Paare dann unerwartet und wie ein Schlag ins Genick.

Warum Nicht-Übergänge so attraktiv sind

Die Kindheits-Gerüche der dampfenden Küche eines frei zusammenlebenden jungen Paares, in der sie sich vertraut und nahe sind, er beim Gemüseputzen wie damals neben seiner Mutter, sie rotwangig am Herd [endlich einem eigenen!], er brüderlich hilfsbereit, sie mütterlich bergend, warum sollten sie sich eine solche Möglichkeit nicht gönnen? Und warum sollten sie nicht sofort nach dem Verlassen des zu warmen oder zu kalten Elternhauses auf eine eigene Insel flüchten?

Die zur verlängerten Liebeskindheit gehörige Vorstellung von Beziehung als ewige Freiheit, mit ihrer Relativierung von Verbindlichkeit und Treue, wird auch als „psychosoziales Moratorium verlängerter Jugend" bezeichnet. Unbewusst suchen Frau und Mann damit eine Fortsetzung der bindend-bergenden Herkunftsfamilie oder Ersatz für das, was dort gefehlt hat, aber zum Preis des hinausgeschobenen Individualisierungsprozesses. Damit in Verbindung steht wohl auch ihre Illusion der Zeitlosigkeit. Vorübergehend können solche Nicht-Übergänge der Entspannung zwischen den Generationen dienen und auch für die *Eltern* angenehm sein. Wenn sie ihre Kinder über Jahre in diesem Status wissen, bleiben sie selber vor der „Stafettenübergabe" und dem Rücktritt ins letzte Glied bewahrt. Das Moratorium des Nicht-Übergangs kann auch der Anforderung moderner Arbeitsplätze nach Mobilität dienen. Aber selbst zwei oder drei Jahre in New York oder Hongkong bedeuten nicht, dass ein Paar sich damit von den beiden Elternhäusern löst.

Auch die oft beobachtete rasche Scheidung, kaum dass ein

vorher lange Jahre zusammenlebendes Paar geheiratet hat, scheint mit nicht beantworteten Fragen zusammenzuhängen. Ich beobachte auch, dass die in dieser Lebensform *fehlenden Markierungen neuer Phasen* durch Übergangsrituale manchmal durch plötzliche Ereignisse inszeniert werden: eine ungeplante Schwangerschaft, eine Außenbeziehung, die Flucht in eine Sekte. In der Art eines Zeitraffers wird durch solche Inszenierungen plötzlich alles in Bewegung gesetzt, was jahrelang „eingefroren" war.

Als vorübergehende Lebensphase kann also das frühe Zusammenleben eines Paares in der Form des „Nicht-Übergangs" eine ideale Lösung sein. Auf die Dauer, wenn alle wichtigen Fragen und Entscheidungen aufgeschoben bleiben, scheint diese Lebensform eher auf einen schmerzhaften Abschied angelegt. Der nicht vollzogene Abschied von den Eltern wird dann stellvertretend zum Abschied vom Partner oder von der Partnerin, wie das frühe Zusammenziehen seinerzeit als Ersatz für das Elternhaus diente.

„Dies Ende bringt daher auch den Zusammenbruch einer Liebeskindheit, mit ihrem Allbegehr und ihrem Drang, das Unbedingte zu erfassen."[2]

Entwicklungen nach der Phase der „Liebeskindheit"

Der Widerspruch zwischen Allbegehr mit der Illusion, dass alles offen bleiben könne, und gleichzeitiger Sehnsucht nach altmodischer Verbindlichkeit gehört in ganz besonderer Weise zu dieser Lebensform. Wie entwickelten sich die befragten Frauen und Männer nach dem Zusammenbruch ihrer Liebeskindheit? Wenn sie nach vielen Jahren in der Beziehungsform des „Moratoriums" sich entscheiden, nun verbindlich zusammenzubleiben, ist es oft zu spät zum Kinderhaben. Das bedeutet, dass jene, die über das Ende ihrer freien Partnerschaft hinaus miteinander verbunden bleiben, sich fast immer ein „Drittes" schaffen, das an die Stelle einer Familie tritt, ähnlich wie jene, die bewusst kinderlos bleiben. Das frühere romantische Liebesideal, wonach sie sich von

Tag zu Tag gegenseitig genug sind, erweitern sie um das, was von dem Entwicklungsspychologen Erik Erikson als das *Prinzip der Generativität* bezeichnet wird. Das kann ein berufliches, politisches oder soziales Engagement sein, oder es kann bedeuten, dass sie sich nun „Haus und Hof" schaffen, indem sie zum Beispiel in eine Siedlung ziehen, wo Familien in vielfältigen Lebensformen wie auch Singles leben. Eines der befragten Paare erzählt, dass sie in ihrer Siedlung die Rolle von „Ersatzpatin und Ersatzpate" für Kinder von Alleinerziehenden übernommen haben. Ihr Anliegen ist nun, sich ganz bewusst an diese Gemeinschaft anzuschließen, ohne sich dabei selber aufzugeben.

Ein anderes Paar hat sich nach der Krise bewusst entschieden, nochmals das „Experiment Wohngemeinschaft" zu versuchen, obwohl beide inzwischen über 40 sind. Ihr Ziel ist nicht mehr die über Jahre eingeübte Verbesserung ihrer Paarbeziehung, sondern die Vernetzung mit einer größeren Lebensgemeinschaft. „Wir wollten von unserer Paar-Fixierung wegkommen und dennoch unsere kleinbürgerlichen Sehnsüchte nach Verbindlichkeit und Geborgenheit nicht mehr verleugnen", schrieb der Mann. „Statt alles voneinander zu begehren und uns laufend zu überfordern mit unserem Aneinanderkleben, verteilen wir das Geben und Nehmen nun auf eine größere Gruppe", beschreibt seine Frau ihre neue Lebenssituation. „Die Trauer, dass wir den Anschluss verpassten und keine Kinder haben, bleibt mir. Aber die frische Luft in dieser neuen Situation tut gut."

Aber auch jene, die sich getrennt haben, wie Silvia und David, erzählten von Entwicklungsschritten nach dem Abschied von der Liebeskindheit. Was hat ihnen dabei geholfen? David: „Ich habe gelernt, Schwächen vor mir selbst und anderen zuzugeben im Bestreben, wirklich partnerschaftlich zu leben. Es sind nicht alle Probleme gelöst, aber wichtige Entwicklungsschritte habe ich gemacht. Wir beide übernehmen viel mehr Verantwortung für uns selber als früher, das merke ich bei jeder Begegnung mit Silvia. Wut und Trotz, Bequemlichkeit und Verdrängung sowie mein Anspruch, ohne Verbindlichkeit alles zu wollen, haben unser Zusammenleben behindert. Ich glaube, wir sind damit in eine schlechte Epoche der Zeitgeschichte geraten. Aber im Alleinsein und auch durch meine neue Beziehung, durch das Reden mit Freunden und durch Literatur, ist mir vieles klarer geworden. Wir können nun fairer umgehen miteinander, wenn wir uns begegnen. Alles in allem haben Silvia und ich einander viel gegeben und viel bekommen in den Jahren unserer langen Jugend."

Silvia: „Die Krise hat mich gezwungen, mein Verständnis von Liebe zu revidieren. Das war und ist ein sehr schmerzhafter Prozess. Meine Angst, dass ich mein Interesse an einem eigenen Weg aufgeben muss, wenn ich liebe, fällt nun ganz weg. Ich bin zur Ehrlichkeit gezwungen worden und zu größerer Bescheidenheit dem Leben gegenüber. Aus einer Veränderung seinetwegen ist eine Veränderung meinetwegen geworden. Ich musste mich wohl zum letzten Mal von meinem Wunsch nach Familie, Geborgenheit und Kindern verabschieden. Die Frage der Grenzen im Leben ist mir wichtig geworden und damit das Loslassen des Anspruchs an Sicherheit und Gemütlichkeit."

In der folgenden Kurzgeschichte von Franz Kafka[3], meine ich, sei alles enthalten, was Silvia und David erkannt haben.

Der Aufbruch

Ich befahl, mein Pferd aus dem Stall zu holen. Der Diener verstand mich nicht. Ich ging selbst in den Stall, sattelte mein Pferd und bestieg es. In der Ferne hörte ich eine Trompete blasen, ich fragte ihn, was das bedeute. Er wusste nichts und hatte nichts gehört. Beim Tore hielt er mich auf und fragte: „Wohin reitest du, Herr?" „Ich weiß es nicht"; sagte ich, „nur weg von hier, nur weg von hier. Immerfort weg von hier, nur so kann ich mein Ziel erreichen." „Du kennst also dein Ziel?" fragte er. „Ja", antwortete ich, „die Reise ist so lang, dass ich verhungern muss, wenn ich auf dem Weg nichts bekomme. Kein Essvorrat kann mich retten. Es ist ja zum Glück eine wahrhaft ungeheure Reise."

▪ *Anmerkungen*

[1] Strauß, Botho: Über Liebe. op. cit., S. 19.

[2] Strauß, Botho, op. cit., S. 117.

[3] Kafka, Franz: Sämtliche Erzählungen. Hrsg. von Paul Raabe, Frankfurt a. M. 1970.

Kapitel 5
Aus zwei werden drei:
Das frohe Ereignis ist auch ein kritisches Ereignis

Lisa, Christoph und Mirjam

Lisa war 35 und Christoph 39, als Mirjam geboren wurde. Sie war ein Wunschkind, sorgfältig geplant nach einer zwölfjährigen Partnerschaft. Zwei Jahre vor ihrer Geburt hatte das Paar geheiratet und gemeinsam ein kleines Bauernhaus am Rande eines Dorfes umgebaut, eine halbe Autostunde von ihren Arbeitsplätzen in der Großstadt entfernt. Es sollte ein Familiennest werden und auch Platz bieten für Haustiere, hofften sie und freuten sich auf die Geburt ihres ersten Kindes.

Die Paargeschichte

Kennen gelernt haben sich Lisa und Christoph, als sie 23 und er 27 war, auf dem Parkplatz in der Nähe ihrer Arbeitsplätze. Das Lenkrad an Lisas Kleinwagen war blockiert, und sie war dankbar, dass ihr ein netter junger Mann zu Hilfe kam. Als sie sich am nächsten Tag am selben Ort wieder trafen, lud Christoph sie zum ersten gemeinsamen Essen ein. Es sei zuerst einfach Sympathie zwischen ihnen gewesen, erzählen sie im Rückblick. Beide waren erst seit kurzer Zeit in der Stadt und hatten noch kaum Bekannte. Sie unternahmen viel miteinander, gingen ins Kino, zum Waldlauf und zum Schwimmen. Lisa lebte noch bei ihren Eltern in der Vorstadt, Christoph teilte eine Wohnung mit zwei Kollegen. Sie arbeitete als Kindergärtnerin in der Stadt, er als Werbeleiter einer Kaufhauskette.

Auf einer Reise zu zweit ins Burgund habe dann der Funke gezündet, berichten sie rückblickend, und einen Monat später zogen sie zusammen. Christoph hatte eine eigene Wohnung gefunden, und Lisa freute sich, von zu Hause wegzuziehen, „obwohl ich mich dort überhaupt nicht eingeengt gefühlt habe", wie sie rückblickend erzählt. Sie führten ein offenes Haus und hatten oft Besuch von Kolleginnen und Kollegen. Auch Lisas älterer Bruder und die jüngere Schwester, die in derselben Stadt ihre Ausbildung machten, gingen bei ihnen ein und aus. Es sei eine wunderbar unbeschwerte Zeit gewesen, finden sie nachträglich, voll Lebendigkeit und Anregung. Eine Zeit, in der alles offen blieb, wie es zu dieser Lebensphase passte.

Lisa

Sie kommt aus dem Arbeitermilieu, aus einfachen Verhältnissen. Ihr Vater war Vorarbeiter in einer Maschinen- und Apparatefabrik und musste sich nach der Lebensmitte mit den gewaltigen Veränderungen in dieser Branche auseinander setzen. Auch ihre Mutter, als Schichtarbeiterin in einer Textilfabrik tätig, sei von der Einführung der Elektronik betroffen worden. Die neue Technologie bedeutete für sie Verlust von Gruppenarbeit mit Frauen, die sie sehr gemocht hatte. Lisas Eltern sind heute pensioniert und leben in der gleichen Wohnung, in der Lisa und ihre Geschwister aufgewachsen sind. Sie beschreibt sie als lieb, fürsorglich gegenüber Kindern und der Nachbarschaft, in der sie fest verwurzelt seien. Mit einer Spur Mitleid erzählt Lisa, wie ihre Eltern sich ein Leben lang angepasst haben, „autoritätsgläubig, aber auch verführbar für einfache Erklärungen über Gott und die Welt".

Christoph

Seine Eltern sah das junge Paar, obwohl auch sie in der Nähe lebten, ganz selten. Sie hatten bei Lisa und ihrer Familie den Ruf einer „gebildeten Bürgerfamilie", zu welcher sie überhaupt nicht passte, fand Lisa. Christoph unterstützte ihre Sichtweise, sowohl was seine Eltern als auch seine um sieben Jahre ältere Schwester betraf. Sie war Lehrerin am Gymnasium, und auch mit ihr gab es nur formelle Kontakte. Christoph beschreibt die Frauen in seiner Herkunftsfamilie als „gescheit, aber unnahbar". Seine Mutter,

welche in der Lebensmitte als Lehrerin wieder in den Beruf zu-
rückging, „bekam mich als zweites Kind damals in den fünfziger
Jahren wohl einfach, weil es unanständig gewesen wäre, bloß ein
Kind zu haben, nicht aus Begeisterung", meint Christoph. Seinen
Vater bezeichnet er als „typischen höheren Beamten, immer auf
Ausgleich bedacht, distanziert und ein bisschen feige, dabei aber
wohl sehr scheu und versteckt vielleicht sogar humorvoll. Uns
Kinder behandelte er wie das Publikum im Amt: korrekt, förmlich, ohne sichtbare Gefühlsregung." Zwar habe Christoph im-
mer geahnt, dass da noch eine andere Seite bei seinem Vater war,
eine Sehnsucht nach Lebendigkeit und vielleicht sogar Chaos.
Aber diese Seite sei erst nach Vaters Pensionierung zum Vor-
schein gekommen.

Der Paarmythos

Lisa

Sie habe sich verliebt in Christophs „humanistische Bildung,
seine Kreativität und seinen Charme". Für sie war er ein Mann
von Welt, der die Dinge durchschaute, vor allem im Geschäft.
Ein bisschen arrogant und abweisend, aber ein guter Gegenpol
zu ihrer einfachen Herkunft, fand sie. Christoph habe auch eine
geheimnisvolle Seite, die sie neugierig machte, berichtet sie,
„etwas Kompliziertes, Philosophisches, das Gegenteil von mir".
Lisa spürte von Anfang an Christophs große Sehnsucht nach
Geborgenheit, und die wollte sie ihm geben, damit er sich selber
entwickeln könne zu mehr Einfühlung in sie und andere Menschen, hoffte sie. „Er ist zwar ein schwieriger Mensch, aber den
bringe ich schon auf den richtigen Weg", habe sie sich damals
gedacht. „Denn natürlich wusste ich von Anfang an, dass er ego-
zentrisch war wie alle Einzelgänger und dass sein Charme eher
eine Möglichkeit zur Distanzierung als Interesse an anderen bedeutete." Auch Christophs manchmal pedantische bis pessimisti-
sche Art und eine gewisse Selbstgerechtigkeit (die er bei seinem
Vater abgrundtief hasste!), fiel ihr schon früh unangenehm auf.
Aber mit ihrer Liebe wollte sie ihn „so richtig aufweichen".

Heute mag sie Christophs Eigensinn zwar immer noch, kennt inzwischen aber auch seine Kehrseiten. Damit meint Lisa vor allem seine Ungeduld und seine jeweils kühle Distanz, wenn sie spontan alles auf einmal und ungeplant tun will. „Irgendwie hatte ich schon lange den Eindruck, für ihn eher Ersatz zu sein als die große Liebe. Eine Art Familienersatz bin ich wohl, aber nicht eine einmalige Person", schreibt sie im Rückblick auf die große Krise nach der Geburt ihres Kindes. „Christoph hat damals Charakterzüge gezeigt, die ich nie erwartet hatte und mit denen ich schwer fertig wurde: zum Beispiel, dass er immer zuerst für sich schaut und dass er sich selber das Wichtigste im Leben ist und mich als Mensch in meiner Einsamkeit kaum wahrnahm."

Christoph

„Ich habe mich beim Kennenlernen in Lisas Schönheit, ihre Sinnlichkeit und ihre gewisse Erdhaftigkeit verliebt. Diese Seiten an ihr trösten mich immer wieder darüber hinweg, dass sie die Dinge so wenig reflektiert und in einer so engen Welt lebt." Lisas Unbeschwertheit, ihre Wärme und ihre spontane Lebensweise sowie ihre Herkunft aus dem Arbeitermilieu, das er idealisierte, erhoffte sich Christoph als Gegenpol zu seiner gefühlsmäßigen Verkrampftheit. Alle aufgezählten Eigenschaften bei Lisa seien ihm heute noch wichtig, schreibt er. „Ich hatte ein Riesenglück, sie überhaupt zu bekommen. Allerdings habe ich inzwischen gemerkt, dass hinter Lisas scheinbarer Unbeschwertheit auch eine sehr große Beschwertheit steckt. Als wir uns vor sieben Jahren für ein halbes Jahr trennten, tauchte Lisa in einer Weise ab, die ich nie erwartet hätte. Noch schlimmer wurde ihre Abhängigkeit von mir und ihr Zorn darüber, dass ich ihrer Sehnsucht nach Aufgehobensein nie ganz entsprechen konnte nach Mirjams Geburt. Ich glaube, dass bei uns beiden, nicht nur bei mir, die Hoffnung auf gegenseitige Fürsorge, so quasi „einander Eltern sein", bei unserer Verliebtheit eine viel größere Rolle spielte, als ich ursprünglich angenommen habe. „Lisas tiefe Unsicherheit als Person wurde mir so richtig klar, als ich merkte, dass sie sich persönlich und beruflich völlig fallen ließ nach der Geburt unseres Kindes. Als ob sie selber überhaupt niemand sei."

Christoph hatte als selbstverständlich angenommen, dass Lisa trotz des Kindes eine weitere berufliche Entwicklung machen würde. Auch sie selber hatte damit gerechnet. Aber irgendwie fehlte ihr, als sie Mutter wurde, der „innere Boden" für die mit einem beruflichen Wiedereinstieg geforderte Anstrengung. Seit sie ein eigenes Kind hätte, habe sie ihre frühere Lust an ihrem Beruf etwas verloren und träume von einer Ausbildung als Erwachsenenbildnerin. Aber dafür fehle ihr die Selbstsicherheit und ganz besonders die Unterstützung durch Christoph und ihr Beziehungsnetz. Lisas Eltern zeigten sich angesichts der Krise ihrer Tochter eher wehleidig als verstehend oder tatkräftig unterstützend, wie Lisa es von ihnen erhofft hatte.

Entwicklungen in der Paarbeziehung

Die ersten fünf Jahre in der als freie Partnerschaft verstandenen Beziehung von Lisa und Christoph verliefen ruhig, fast ein bisschen zu ruhig, wie sie im Nachhinein finden. Beiden war das berufliche Weiterkommen wichtig, und es war auch kein Problem, wenn sich die beiden wegen Christophs auswärtigen Weiterbildungen öfters trennen mussten. Nur hin und wieder, wenn es um gemeinsame Dinge wie Besuche oder Einladungen bei den Familien oder Freunden ging, machte sich schmerzhaft ihre Unterschiedlichkeiten bemerkbar: Christophs eigensinniges Planen, ohne Einbeziehung seiner Partnerin, und Lisas spontanes „In-den-Tag-hinein-leben-Wollen". Aber die Atmosphäre innerhalb des alltäglichen Gehäuses, ihre länger werdende gemeinsame Geschichte, ihre Verwurzelung in Lisas Familie und im Freundeskreis waren ihnen wichtig.

Eine erste Krise brach fünf Jahre nach dem gemeinsamen Zusammenziehen „wie ein Blitz aus heiterem Himmel" über sie. Christoph hatte bei einer auswärtigen Fortbildung eine Frau aus dem gleichen Beruf kennen gelernt und war fasziniert von ihrer emanzipierten Weltoffenheit und ihrem weiten Horizont. Das Paar trennte sich für ein halbes Jahr, beide lebten allein, und beiden ging es nicht gut. Lisa magerte während dieser Zeit so sehr ab, dass von ihrem Arzt bereits von einer Magersucht gesprochen wurde, und Christoph zeigte ebenfalls psychosomatische Beschwerden. Erst als sie wieder zusammenlebten, erholten sich beide, sowohl seelisch als auch körperlich. Aber beide beschreiben die Zeit danach als „wenig krisenfest, auf schwankendem Grund, da die Probleme rund um die Trennung nie ausdiskutiert wurden, aus Angst vor möglichen Konsequenzen". Vier Jahre später heirateten sie, mit der Übereinkunft, eine Familie zu planen. Zwei Jahre später kam Mirjam auf die Welt.

Das frohe Ereignis wurde zum kritischen Ereignis

Lisa arbeitete ganztags bis einen Monat vor der Geburt. Christoph intensivierte sein berufliches Engagement genau zu dem Zeitpunkt, an dem geplant war, dass Lisa vorläufig ganz zu Hause bleiben würde. Die Zinsen für die Hypotheken waren weit über die ursprünglich geplanten angestiegen. Er übernahm das Werbeberatungsbüro eines pensionierten Kollegen und richtete sich außerdem im Haus ein Arbeitszimmer ein, damit er abends noch an Projekten tätig sein konnte.

Lisas Schwangerschaft verlief problemlos. Aber dann wurde Mirjams Geburt zu einer schweren Krise für beide. Ihr dramatischer Verlauf nach der unkomplizierten Schwangerschaft war völlig unerwartet. Lisa geriet in Lebensgefahr, und auch das Leben des Kindes war gefährdet. Seelisch und körperlich auf dem Nullpunkt und mit einem Säugling, der stundenlang schrie und sich trotz häufigen Stillens kaum beruhigen wollte, kam Lisa nach Hause. „Ich hätte damals Menschen um mich gebraucht, als Versicherung, dass ich nicht allein war mit diesem ewig schreienden Kind, das mir auch nach neun Monaten in meinem Bauch ein Fremdling war. Aber da war niemand", erzählt Lisa. „Ich wusste ja gar nicht, was Kinder so mit sich bringen, dass sie nachts so viel schreien und sogar tagsüber quengeln. In meinem körperlichen und seelischen Tief fand ich überhaupt nichts mehr normal, weder das Kind noch mich selber. Es war einfach alles ein großer Schock, und niemand hat mich darauf vorbereitet oder mich getröstet."

Christoph reduzierte zwar seinen Arbeitseinsatz soweit es ging, besorgte die Wäsche und nahm Mirjam manchmal nachts auf. Aber Lisas Erschöpfung und Verwirrung über die neue Situation fand er unverständlich und ziemlich unangebracht. Lisas Mutter, die nun in einem Altenheim arbeitete, war schwer abkömmlich. Mehr noch, sie war entsetzt, dass ihre bisher so tüchtige Tochter und deren erfolgreicher Mann derart hilflos auf ein natürliches und frohes Ereignis reagierten. Sie und Lisas Vater erklärten sich zwar bereit, ab und zu das Kind zu hüten. Aber eigentlich hätte vor allem Lisa „behütet" und getröstet werden sollen in dieser Zeit. Bloß konnte sie das nicht deutlich genug ausdrücken, und niemand merkte, was sie brauchte, auch der Frauenarzt nicht, der ihr Unglück vorwiegend auf die körperlichen Umstellungen und nicht auf das Fehlen an „naturwüchsiger" Lebenspraxis in Gemeinschaft mit anderen zurückführte.

Der Entwicklungsprozess in der Paartherapie

Als ich das Paar zum ersten Mal sah, war Mirjam eineinhalb Jahre alt. Bereits beim ersten Telefongespräch mit ihrer Mutter, als wir einen Termin aushandeln wollten, fiel mir auf, dass diese sich ständig von ihrem Kind unterbrechen ließ und sich ihm ausführlich und unendlich geduldig zuwandte. „Ich habe Eigenes immer zurückgesteckt im Leben bis zu dem Punkt, wo das Maß voll war. Dann ist jeweils mein Unmut in großen Krach mit Christoph oder depressive Verzweiflung umgekippt", schreibt Lisa im Rückblick auf ihre Krise. „Mir war Harmonie mit Lisa und später auch mit Mirjam das Wichtigste im Leben", erzählt Christoph. „Ich wollte keine Problemfrau und kein Problemkind haben, darum nervte mich das so genannte Unglück meiner Frau und Mirjams ständiges Schreien unendlich. Das Chaos zu Hause wollte kein Ende nehmen."

Der Anlass für die Paarberatung war, dass seit Mirjams Geburt sich zwischen ihnen ein tiefer Graben aufgetan hatte. Die größte Enttäuschung für Lisa war, dass für Christoph nach Mirjams Ankunft nicht die junge Familie, sondern der Aufbau seines Geschäftes im Mittelpunkt stand. „Ich habe mich von ihm zurückgezogen, weil ich tief verletzt war. An eine sexuelle Beziehung war nicht mehr zu denken, solange nicht einmal mehr freundschaftliche Gespräche zwischen uns möglich waren", berichtet sie rückblickend. Christoph hingegen war enttäuscht, dass Lisa sich nach dem traumatischen Geburtserlebnis nicht selbstverständlicher wieder in den Strom des Lebens zurückfand. „Irgendwie verstehe ich Lisas Reaktion bis heute nicht", erzählte er. „Ich hoffte, dass ich meine Frau würde mitziehen können für Außenaktivitäten, aber je aktiver ich wurde, desto lethargischer wurde sie. So lange kann doch ein Geburtsschock nicht andauern! Meine Mutter und meine Schwester, die beiden tüchtigen, wenn auch kühlen Frauen, erschienen mir plötzlich attraktiver als Lisa, die Nesthockerin, und das gibt mir ein schlechtes Gewissen."

Schlimm für beide war, dass Mirjam auch mit anderthalb Jahren noch jede Nacht vier- bis fünfmal schrie. Manchmal beruhigte sie sich erst, wenn sie im Ehebett schlafen konnte. Aber die durch Erziehungslektüre verfestigte elterliche Überzeugung lautete, dass so etwas für kleine Kinder schlecht sei. Darum wollten sie diese Gewohnheit gar nicht erst aufkommen lassen. So schlief die junge Mutter immer häufiger im Kinderzimmer, damit Christoph nicht durch das Kind gestört würde. Einsamkeit, Enttäuschung und Wut machten sich zwischen den beiden breit, ihre frühere Einheit als Paar bröselte, obwohl beide mir erzählten, dass das Kind „ihre tiefste Lebenserfahrung" sei. Christoph sagt, dass er noch nie so unmittelbar in seinen Gefühlen angesprochen gewesen sei wie durch Mirjam. Er hätte mit ihr Geduld gelernt, wie er diese vorher nicht kannte, und auch seine Aggressivität, wenn die Dinge chaotisch wurden, habe er durch das Kind zügeln gelernt. Auch Lisa betont, dass Mirjam bis heute der Mensch sei, den sie auf der Welt am meisten liebe. „Wir nahmen sehr viel Rücksicht auf sie, viel mehr als auf uns zwei", erzählt sie im Rückblick. „Dem Kind zuliebe stellte ich alle persönlichen Bedürfnisse zurück. Ich fühlte mich nur noch als Teil eines Nestes und kaum mehr als Teil einer Liebesbeziehung. Darum wurde mir das Zusammensein mit Christoph, emotional wie auch sexuell, beinahe unangenehm. Ich hatte das Gefühl, er hänge sich wie ein zweites Kind an mich. Zum Trösten reizte mich aber das Kind, nicht mein Mann." Christoph war wie Lisa unendlich zärtlich mit Mirjam in der ersten Zeit, während auch ihm Lisa immer fremder wurde.

Überlegungen der Paartherapeutin

Von den Widersprüchen zwischen Wunschkind und „Babyschock"

Dass etwas so Selbstverständliches wie das Kinderhaben in unserer Zeit überhaupt problematisiert wird, sei manchmal noch schlimmer als ihre Erfahrungen mit dem „frohen Ereignis" an sich, berichten Paare, die damals in Krise gerieten.

„Was ist nur mit den jungen Müttern los", fragen die Frauen, und dasselbe fragen ihre Männer, Eltern und Schwiegereltern. Fast immer vergleichen sie sich mit anderen „glücklichen Eltern", deren Kinder angeblich von der ersten Nacht an durchschlafen, sich mühelos stillen lassen und überhaupt ihre Väter und Mütter so weiterleben lassen, als ob nichts geschehen wäre … Dieser Mythos ist um so verbreiteter, je aufgeklärter die Eltern sind. Wer würde schon zugeben, dass alle Planung und Vorbereitung, alle intellektuelle und psychologische Anstrengung, die Dinge rund ums Kind richtig und „Wie aus dem Büchlein" zu machen, das Chaos im Alltag sowie das nächtliche Gebrüll des „Fremdlings" nicht verhindern? Aus eigener Erfahrung weiß ich, dass von aufgeklärten Eltern kaum je so viele Lügengeschichten erzählt werden wie nach der minutiös geplanten Geburt eines Wunschkindes. Von den Schattenseiten, von der Unsicherheit im Umgang mit dem Unplanbaren, von der Einsamkeit der gestörten Nächte und dem Gefühl, immer nur geben zu müssen, ohne zu wissen, ob es das Richtige sei für das Kind, wagen sie nicht zu reden.

Wieso wird das Kinderhaben in der modernen Paarbeziehung so oft zu einer dramatischen „Aufführung"? Was ist eigentlich los? Es gibt neben den einmaligen, individuellen eine Menge allgemeiner Gründe für die Problematisierung des so genannt frohen Ereignisses. Da mir selber das Erkennen der historischen und gesellschaftlichen Zusammenhänge im Erleben des „Babyschocks" hilfreich war, will ich einige davon skizzieren.

Schwangerschaft und Geburt als Ereignis und als „Aufführung"

In den 60er Jahren begann, vorerst in den USA, später in Europa, der Kampf um die Natürlichkeit von Schwangerschaft und Geburt. Eine verständliche Reaktion auf die Medizinalisierung und Technologisierung eines in den meisten Fällen nicht mit Krankheit verbundenen Geschehens. Der Kontakt der Schwangeren und ihres Partners zum Ungeborenen anstelle der ausschließlich medizinischen Betreuung sollte wieder im Zentrum stehen. Frau und Mann lernten in Geburtsvorbereitungskursen richtig atmen, um sich zu entspannen während der Schwangerschaft und damit die Geburt möglichst ohne Medikamente geschehen könnte. Frauen taten sich zusammen, um nach der Geburt den jungen Müttern das Stillen beizubringen und sie zu ermutigen, nicht zu früh abzustillen. Was als „zurück zur Natur" gemeint war, kippte allerdings, wie so viel angestrengt Natürliches, unvermittelt in neue Zwänge und erhöhte den Leistungsdruck für die zukünftigen Eltern.

Während der Zwang zur inszenierten Natürlichkeit von Schwangerschaft und Geburt inzwischen in unseren Breitengraden etwas nachgelassen hat, entstand ein neuer und vermutlich schlimmerer Druck für die Schwangeren: die neuen medizinischen Möglichkeiten und der damit verbundene Entscheidungszwang für oder gegen vorgeburtliche Diagnostik. Zu viele oder zu wenige oder überhaupt keine Untersuchungen durchführen zu lassen, ist die Frage, mit der sich Paare unter dem Druck von Verwandten und dem medizinischen System auseinander setzen müssen. Aber was tut ein Paar, wenn während der Schwangerschaft eine Behinderung des Fötus, wie zum Beispiel das Down Syndrom, festgestellt wird? Wer entscheidet über den Wert eines behinderten Lebens? Neue technische Möglichkeiten kippen in Entscheidungszwänge der totalen Machbarkeit von Gesundheit und Normalität. Die Illusion der Machbarkeit von gesunder Schwangerschaft und Geburt und von gesunden Kindern ist nicht unbedingt ein Fortschritt. Wer ihr nicht genügt, wer es nicht schafft, alles richtig zu machen und dann auch ein gesundes und pflegeleichtes Kind auf die Welt zu bringen, ist gemäß der Theorie selber schuld. Vor allem, wenn Eltern wie Lisa und Christoph sorgfältig und von langer Hand ein Wunschkind planen und wenn die Frau als nicht mehr ganz junge Mutter alle möglichen Tests auf sich nimmt, wird eine komplizierte Geburt sowie ein Kind, das häufig schreit und schlecht trinkt oder gar behindert ist, leicht als persönliches Versagen der Eltern bewertet.

Die heimliche Schuldzuweisung an Lisa durch Christoph, etwas während der Schwangerschaft „nicht richtig gemacht zu haben", und jene von Lisa an Christoph, ihr in den schweren Stunden der Geburt und nachher nicht „richtig geholfen" zu haben, hat etwas mit diesem Machbarkeitsmythos zu tun. Damit verbunden ist eine tiefe Unsicherheit unerwarteten Komplikationen oder auch ganz gewöhnlichem Stress gegenüber. Lisa zum Beispiel bekam vor lauter Anstrengung beim Stillen ein steifes Genick und hatte starke Schmerzen. Als sie Christoph um eine Nackenmassage bat, schickte er sie zum Rheumatologen mit dem Hinweis, er wolle nichts falsch machen. Und als bei ihr die Milch vorübergehend zurückging, telefonierte sie mit der Expertin der Liga für natürliches Stillen, welche von da an täglich bei ihr anrief und fragte, wie sie es denn mache, womit sich der Leistungsdruck für sie erhöhte.

Irgendwann wurde das Leben mit dem Kind für Christoph und Lisa zum Alltag. Aber der Riss in ihrer Beziehung blieb bestehen. Alle die Enttäuschungen, die Lisa während und nach der Geburt durch Christophs psychische Abwesenheit erlebt hatte, aber auch seine Hilflosigkeit, wirkten sich belastend auf das Paar aus. Erst nachdem sie einander in der Therapie ihre unterschiedlichen Geschichten erzählen konnten und erlebten, dass beide einander mit Anteilnahme zuhörten, ließ die Spannung zwischen ihnen nach. Wie sie auf der alltäglichen Ebene ihr Leben neu organisierten, davon wird noch die Rede sein.

Die widersprüchliche Einheit von Elternschaft und Paarbeziehung

Es mag seltsam klingen, wenn von Konkurrenzproblemen zwischen den beiden Beziehungen, jener des Paares zueinander und jener der Eltern zu ihrem Kind, geredet wird. Es seien doch gleichwertige Aspekte eines Ganzen, sollte man meinen. Wie kommt es zu dem Widerspruch, von dem die meisten Paare nach der Geburt eines Kindes erzählen?

In den letzten Jahrzehnten hat sich – je nach Region und sozialer Schicht unterschiedlich intensiv – die Stellung von Kindern innerhalb der Paarbeziehung auffallend verändert. In den Sozialwissenschaften spricht man von einem „affektiven Bedeutungszuwachs" von Kindern für ihre Eltern, der so weit gehen kann, dass das Einmalige der Paarbeziehung neben der Elternschaft kaum noch zum Tragen kommt. Anders gesagt: *Die erotische Solidarität des Paares wird von der affektiven Solidarität mit dem Kind überlagert.* Während eine solch starke Gewichtung der Elternrolle vorübergehend notwendig ist, bis die Eltern sich auf ihr Kind und auf ihre neue Situation eingestellt haben, wird sie für die Partner dann verhängnisvoll, wenn ihre frühere Liebesbeziehung auf Dauer von der Elternschaft verschlungen wird. Die Tendenz zur Verwischung der Generationengrenzen, bei welcher Kinder „trianguliert" und zum Ersatz für die Beziehung zweier Erwachsener werden, ist langfristig schwierig für die Bewältigung der Entflechtungsprozesse zwischen Eltern und Kind, die bereits mit seiner Trotzphase beginnen. Christoph beschreibt die Erfahrung seines Verschmelzens mit Mirjam so: „Das Kind ist meine wichtigste Lebenserfahrung geworden. Der ganze gesellschaftliche Frau-Mann-Ballast lastet dank Mirjam nicht mehr auf meinen Schultern. Ich hatte zeitlebens nie eine so vertrauensvolle Nähe zu einem Lebewesen wie zu diesem Kind. Mirjam bindet meine Frau und mich zwar zusammen, aber sie hat auch zu einer neuen Distanz beigetragen zwischen uns."

Gerade dort, wo Partnerschaften schon vor der Geburt auf unsicherem Boden standen, weil wesentliche Konflikte nicht gelöst worden sind, kann ein Kind zum Garant von Stabilität und Verbindlichkeit für das Paar werden. Die intensive Bindung beider an das Kind stärkt dann ihre Identität als Mutter und als Vater. Vorübergehend ist das wunderbar und vom Kind aus gesehen auch wünschenswert. Wenn aber das Konkurrenzverhältnis zwischen Eltern- und Ehebeziehung zu ungunsten der letzteren ausfällt und das Kind mehr und mehr zum Partnerersatz wird, kann das seine Entwicklung empfindlich stören. Es ist, als ob Kinder wie Mirjam spürten, welche wichtige Rolle sie im Dreieck zu spielen haben. Der nicht abgetragene „Frau-Mann-Ballast", von dem Christoph schreibt, lastet dafür auf ihren Schultern. Könnte darin ein Grund für Mirjam liegen, dass sie auch mit anderthalb Jahren wie als Säugling noch fünfmal in der Nacht schrie und eine Routine aufrechterhielt, die für ihre Eltern zwar mühselig, aber auch verbindend war? Nachdem Mirjam einige Nächte lang bei einer Tante problemlos durchgeschlafen hatte, begannen Lisa und Christoph, sich solche Fragen zu stellen.

Woher aber kommt diese so häufig beobachtete Schwierigkeit in der Vereinbarung von Paar- und Elternrollen? Wieso entscheiden sich Paare, denen diese Unvereinbarkeit offenbar deutlicher ist als anderen, deshalb manchmal auch gänzlich gegen das Kinderhaben? Antworten gibt es viele. Sie reichen vom beschuldigenden „Egoismus der Mütter" über „selbstsüchtiges Fehlverhalten" junger Eltern bis zum kritischen Nachdenken über die Bedingungen moderner Elternschaft. Davon soll im Folgenden die Rede sein.

Der Lebensstil vieler junger Paare der aufstrebenden sozialen Schichten, besonders der aufgeklärten, ist darauf angelegt, dass sie sich selbst genügen. Im Bild der ewigen Liebeskindheit, das ich im vorangehenden Kapitel gezeichnet habe, ist die Vorstellung enthalten, dass Paare sich nicht nur Partner, sondern gegenseitig auch Eltern und Kind sind. Das meine ich mit dem Begriff der „Selbstgenügsamkeit". Wenn eine Paarbeziehung als freie Partnerschaft auf Zeit angelegt war, wird die Geburt eines Kindes plötzlich zu einem Stabilitätsfaktor. Das Motto „bis dass der Tod euch scheidet" bezieht sich dann weniger auf das Paar als auf die Eltern-Kind-Beziehung. Konkurrenzprobleme zwischen Eltern und Kindern liegen nahe. Sie zeigen sich zum Beispiel darin, dass sich junge Mütter, ähnlich wie Lisa, sozusagen im Kind auflösen, womit die verstrickte Beziehung von Mutter und Kind, wie jede Symbiose, den Dritten ausschließt. Bei einer vernetzten Betrachtungsweise kann man sehen, wie Väter mit diesem Ausschluss kooperieren, beispielsweise durch Christophs beschriebene Irritation über das häusliche Chaos und seinen emotionalen Rückzug. Nicht selten beobachte ich in dieser Situation eine Intensivierung affektiver Beziehungen zwischen dem jungen Vater und seiner Herkunftsfamilie – vor allem zu Mutter oder Schwestern – oder er findet in einer Affäre Ersatz für die verlorene Liebesbeziehung. Sie verliebt sich in das Kind und er sich in eine neue Partnerin …

Eine verhängnisvolle Spaltung kann sich ergeben, wenn fortan die junge Mutter allein die Verantwortung für familiale Stabilität, für Nähe und Wärme übernimmt und so zur Nesthockerin wird, während der junge Vater sich spezialisiert auf die Welt draußen, auf die Rolle des Ernährers und des Nestflüchters. Und weil eine solche immer noch übereinstimmt mit den Strukturen der Arbeitswelt, ist es nahe liegend, dass sie mit der Zeit von den Partnern als die „natürliche" erlebt wird und beide froh sind, wenn wieder Klarheit ins Chaos einkehrt, ohne dass sie andere Möglichkeiten ihrer Rollenverteilung diskutierten. Der Traum, dass man sich vom Kind im bisherigen Lebensstil nicht stören lassen will, kippt dann unversehens in die Lebensform der „Familie als Naturreservat" für Väter und Kinder, wobei die Mutter als emotionale Tankstelle für alle dient.

Elternschaft als Profession:
Das Drama der verwalteten Kindheit

Welche Leitbilder führen dazu, dass für so viele junge Frauen Mutterschaft zum Problem wird und dass auch Väter wie Christoph der Meinung sind, das Kind sei das Wichtigste in ihrem Leben, weit wichtiger als die Paarbeziehung? Woher kommt der damit verbundene übersteigerte Leistungsanspruch an die Elternschaft, besonders an Mütterlichkeit (im Milieu der „Aufgeklärten" auch an Väterlichkeit), zuungunsten der Liebe von Frau und Mann? Oder anders: Warum haben in traditionellen Milieus die „randständigen" Väter der Professionalisierung von Mutterschaft so wenig entgegenzusetzen?

In der Praxis tauchen immer wieder zwei Themenkreise auf, welche Zugänge zum Verständnis der Problematik erschließen. Einerseits kann man sie mit der Idealisierung von Mütterlichkeit begründen, welche im Widerspruch steht zu modernen sozialen und räumlichen Umfeldern, die weder den Kindern noch Müttern und Vätern zuträglich sind. Dazu gehört besonders die moderne Trennung von Wohnen und Arbeiten, wodurch alltägliche Verrichtungen wie Einkauf, Besuche beim Zahnarzt oder beim Friseur zu einer eigentlichen „Aufführung" werden für Familienfrauen mit Kleinkindern. Anderseits trägt die Expertenhörigkeit vieler Eltern in Bezug auf die Kinder zu ihrer Verwirrung bei. Sie werden überschwemmt von einer Vielzahl wissenschaftlicher und pseudowissenschaftlicher Theorien und Anleitungen zur richtigen Kindererziehung. Diese Theorien setzen hohe Maßstäbe für eine Professionalisierung der Elternschaft und zeichnen sich, je nach Interessenlage der Schreibenden, mit oft widersprüchlichen Ideen aus. Die inzwischen durch namhafte Untersuchungen relativierte Überbetonung der Bedeutung der frühen Kindheit, welche einhergeht mit der Vorstellung nie wieder gutzumachender Schäden beim Kind durch unpassendes elterliches Verhalten, ist nur ein Beispiel dafür.

Der Mütterlichkeitsmythos

„Mein großer Irrtum war, dass ich mir Anerkennung und Liebe erhoffte von meinem Mann sowie der Welt um mich herum für meine Mutterschaft. Stattdessen bekam ich Vorwürfe", erzählt Lisa. Mit der psychoanalytischen „Entdeckung" der Mutter-Kind-Beziehung wurde einerseits die Rolle der Mutter im Vergleich zu jener des Vaters aufgewertet. Anderseits wird die Mutter damit als Ursprung kindlicher Entwicklungschancen oder -störungen aber auch überlastet und für alles beschuldigt, was im Leben des Kindes nicht rund läuft. Die Situation ist absurd: Auf der einen Seite werden übermenschlich hohe persönliche Anforderungen an Mütter gestellt und auf der anderen sind sie äußerlich so allein gelassen wie noch nie. Die meisten der befragten Väter erzählen zum Beispiel, dass sie nach der Geburt des ersten Kindes zuerst mit schlechtem Gewissen, dann aber zunehmend aus Überzeugung die Rolle des Alleinernährers übernahmen und den ganzen „Kinder- und Haushaltkram" ihren Frauen überließen. „Wenn schon Ernährer, dann richtig und erfolgreich", sagt Christoph dazu.

Diese Einschränkungen der Mütter im isolierten Alltag mit kleinen Kindern stehen im krassen Gegensatz zu der von ihnen geforderten Eigenständigkeit und den beruflichen und geographischen Freiräumen, welche ihnen als junge Frauen in den „aufsteigenden Milieus" vor dem Kinderhaben zur Verfügung standen.[1] Eine Sozialwissenschaftlerin nennt das den Anspruch an die Chamäleonfähigkeit der modernen Frau: Auf der einen Seite soll sie sich weiterbilden und selbstbewusst ihre Frau stehen in der Öffentlichkeit, auf der anderen Seite gehört die Mutter zu den Kindern, wie das seit der neuzeitlichen Erfindung von „Mütterlichkeit als Gefühl"[2] gepredigt wird.

Dieser Widerspruch zeigt sich im weiblichen Dilemma zwischen der Mutter- und der Erwachsenenrolle. Einerseits muss die Frau sich fallen lassen können in die Welt des Kindes, um es zu erspüren und sich seinen Bedürfnissen anzupassen, wie das vorwiegend von männlichen Kinderpsychiatern[3], z. B. Winnicott, mit dem Begriff der „Teilregression" von der Mutter gefordert wird. Anderseits und gleichzeitig soll sie an ihrer Identität als Erwachsene festhalten und ihre Autonomiebedürfnisse ja nicht zurückstecken, damit sie die notwendige Generationengrenze aufrechterhält und dem Kind eine schrittweise Ablösung ermöglicht. Besonders deutlich wird der Zwiespalt zwischen diesen beiden Ansprüchen in ihrer Rolle als Erzieherin und als Hausfrau. Als Erzieherin soll sie regredieren können in die kindliche Welt, als Hausfrau planen, organisieren und ein attraktives Heim präsentieren, also autonom über den Dingen stehen. Dazu eine Mutter und Autorin[4]:

Tut es der Hausfrau in der Seele weh, wenn der Sohn mit Kieselsteinen das hochglanzlackierte Büfett verziert und zerkratzt, so freut sich die Erzieherin an seinem Sinn für verborgene Schönheiten.

Je autonomer eine Frau bisher gelebt hat oder in der Berufswelt leben musste, desto weiter entfernt wird sie sein vom regressiven Teil der Kinderwelt, von ihrer Spontaneität und Ungeplantheit. Desto größer ist dann oft ihre vom Mutterschaftsmythos diktierte Anstrengung des ununterbrochenen Sich-Einlassens mit dem Kind sowie des ständigen Sich-Unterbrechenlassens in ihrem Handeln.

Wenn ich manchmal eine solchermaßen „professionalisierte Mutter" verbissen-entspannt mit ihrem Kind am Boden sitzen und mit ihm spielen sehe, während wir anderen am Esstisch das Gespräch unter Erwachsenen an ihr vorbeifließen lassen, wird mir ganz mulmig zumute. Anstelle des „intellektuellen Spiel-Obligatoriums", denke ich, könnte ihr vielleicht ein vorgängiges warmes Bad mit dem Kind zusammen einen kinderfreien Abend unter Erwachsenen ohne Schuldgefühle ermöglichen. Dadurch würde gleichzeitig das Kind erleben, dass es nicht so wichtig ist für das Glück der Erwachsenen.

Um so bedeutsamer ist in meiner Erfahrung, dass auch andere Erwachsene, vorab der Vater, aber auch Großeltern oder Freunde und ihre älteren Kinder mit dem Kleinkind leben und spielen und damit der Mutter im Alltag kinderfreie Räume und Zeiten ermöglichen. Wo immer möglich gehört dazu auch die bezahlte Dienstleistung des gelegentlichen Kinderhütens. Wenn Frauen sich vergleichen mit den Müttern früherer Zeiten und sich fragen, was sie falsch machen, vergessen sie, dass ihre Einsamkeit im Alltag mit Kleinkindern eine relativ junge gesellschaftliche Erscheinung ist. In den Bürgerfamilien, auch den wenig begüterten, gab es bis in die Jahrhundertmitte selbstverständlich die Hausangestellte oder eine Nachbarin, welche als langjähriges „Familienmitglied" zur Freundin der Kinder und Gesprächspartnerin der Hausfrau wurde. In der Arbeiterschicht lebten Familien in größeren Wohneinheiten: in den so genannten Kosthäusern zum Beispiel, wo zwar die Mütter keine Zeit für die Kinder hatten, aber dafür die Kinder unter sich in einer eigenen Welt leben konnten.

Sowohl das eine als das andere habe ich als Kind erlebt: die Einbettung in eine Nachbarschaftsgruppe von bis zu 20 Kindern wie auch zahlreiche „Nebenmütter" in Form von Nachbarinnen und Haushaltlehrtöchtern, mit denen wir über Jahrzehnte verbunden blieben. Ich meine, dass der „Ausbeutungsaspekt" bezahlter Haushalt- und Kinderhütedienste eine Seite der Medaille ist, die verbesserungswürdig ist, dass aber deshalb die gute Sache bezahlter Hilfe nicht verketzert werden sollte. Dennoch wird damit das grundsätzliche Problem der Isolation moderner Kleinfamilien nicht gelöst. Der Aufbau sozialer Netzwerke, in denen Frauen und Männer sich gegenseitig in die Verantwortung für ihre Kinder teilen, ist aber nur möglich mit *Wohnformen*, welche eine solche Vernetzung anbieten. Denn die Situation der Eltern „als beste Freunde des Kindes", ist auf Dauer weder für sie noch das Kind wünschenswert. Lisa und Christoph haben darum in der Zwischenzeit beschlossen, ihr Bauernhaus am Waldrand zu verkaufen und in eine Wohnsiedlung zu ziehen, in welcher Familien in unterschiedlichen Lebensphasen nahe zusammenleben.

Mehrere Paare in dieser Situation haben nach der Geburt des ersten Kindes ihre Beziehungen zu den Herkunftsfamilien wiederbelebt, „damit das Kind seine Großeltern kenne". Und wenn auch viele moderne Großeltern noch voll engagiert sind im eigenen Leben, scheint doch ihre gelegentliche Übernahme des Kindes eine wesentliche Entlastung für die jungen Eltern zu sein. Gerade durch die eigene Elternschaft wird manchmal eine „zweite Ablösung" vom Elternhaus mit einer Neubestimmung der gegenseitigen Beziehungen möglich. Im nächsten Kapitel wird davon ausgiebiger die Rede sein. Im Beispiel von Lisa und Christoph bedeutete seine Wiederaufnahme der abgeschnittenen Beziehungen zu Vater und Mutter, dass er sich kritisch zu fragen begann, in welcher Weise er vielleicht durch das Überengagement mit Mirjam „sich selber füttere". Umgekehrt konnte Lisa die bisherige Idealisierung ihrer eigenen Eltern als Gegenpol zu Christophs „kalter Mutter" und seinem „distanzierten Vater" aufgeben und sie als erwachsene Schwiegertochter freundlich, aber ohne die früheren Erwartungen, in ihr Leben einbeziehen.

Neue Väter?

Wenn der „Frau-Mann-Ballast", wie er von Christoph genannt wurde, nicht weiter auf dem Rücken ihrer Kinder abgeladen werden soll, dann müssen beide Eltern ihn etwa gleichmäßig tragen, was natürlich nicht dasselbe bedeutet wie eine mathematische Gleichung. Was sind eigentlich die *Unterschiede zwischen Vater- und Muttersein*, und was brauchen Säuglinge und Kinder von den Eltern? Und wie können Mutter und Vater ihnen das geben? Fürs Erste ist die Frau als Mutter als „ganze Person" involviert in Schwangerschaft, Geburt und Stillen des Kindes, sie muss sozusagen ihre Biographie neu schreiben, während für den Vater vieles gleich bleibt in Alltag und Beruf. Vielleicht sogar „gleicher" und intensiver als früher betreibt er nun sein berufliches Vorwärtskommen. Männer in meiner Befragung berichten, dass ihnen der Ernährerschock so sehr in die Knochen gefahren sei wie ihrer Frau der Babyschock. Auch in anderen Studien[5] wird dieser Schock mit der heimlichen Angst vor dem männlichen Nichtgenügen begründet. Da Angst von vielen Männern aber nicht in Worte gefasst wird, kann sie sich zum Beispiel ausdrücken im tödlichen Schweigen des unerreichbaren „Teflon-Vaters"[6]. Seine Rolle dabei wird aufrechterhalten durch eine seltsame Schonung in der Familie, das heißt durch die Art, wie Frauen und Kinder den Vater als „schützenswertes Objekt" konstruieren. Man darf ihm dann möglichst nichts zumuten, weil er ja als alleiniger Ernährer der Familie so wichtig und so sehr gefordert ist. Auf diese Weise wird die emotionale (und manchmal auch die physische) Abwesenheit des Vaters zu seinem eigenen Nachteil und zu dem von Frau und Kindern laufend reproduziert.

Ein weiteres Problem für engagierte Väterlichkeit ist das bereits erwähnte: die Bedingungen in der Arbeitswelt. Es braucht einiges an Privilegien, an Selbstsicherheit, Bildung und emotionaler Verankerung, dass ein Mann es wagt, sich stark zu machen für einen freiwilligen Verzicht auf Prestige oder Macht, indem er sich um eine Teilzeit-Stelle bewirbt oder vorübergehend zugunsten der Familie sein Arbeitsengagement einschränkt. Wenn sogar freiberuflich Tätige wie Christoph auf die Geburt eines Kindes mit einer Intensivierung ihrer Berufsarbeit und mit einer Reduktion ihrer Mitwirkung bei der Hausarbeit reagieren, woher sollen dann Arbeiter und Angestellte den Mut und die ökonomischen Ressourcen nehmen, gegen den Strom zu schwimmen? Zwar gibt es eine schmale Schicht von „Gebildeten und Alternativen", die ihre Vorstellungen von Väterlichkeit in die Tat umsetzen und sogar darüber schreiben. Aber sie können höchstens zu Zukunftsvisionen stimulieren und haben kaum Vorbildcharakter. Einige von ihnen erzählen, wie sie sich sowohl in der Rolle als Teilzeit-Angestellte als auch als Teilzeit-Väter „als halbe Portion" fühlen[7] und an der Isolation in beiden Welten leiden, in denen sie als Einzelgänger verunsichert sind. Wenig zu Experimenten ermutigend ist die „schleichende Ausgrenzung", die sie in der Arbeitswelt beschreiben. Das ist allerdings keine Neuigkeit für Mütter, die teilzeitlich arbeiten! Im nächsten Kapitel über die Aufbrüche aus der Lebensform der „Familienehe", wie Lisa und Christoph sie eine Zeit lang gelebt haben, wird ausführlich von beruflichen Aufbrüchen von Männern in der Lebensmitte die Rede sein.

Ein anderes Problem von Vätern hängt ebenfalls mit den Bedingungen der meisten männlichen Arbeitswelten zusammen, das heißt mit der Art und Weise, wie dort Probleme gelöst werden. *Männer lernen in der Arbeit in der Regel, Menschen zu verwalten, selten jedoch, mit ihnen zusammen Lösungen zu entwickeln.* Die diffusen Alltagsprobleme mit Kindern aber eignen

sich schlecht für diese Art der Instrumentalisierung. „So mach'
jetzt dies oder jenes" greift eigentlich immer zu kurz im Zusammenleben von Familien mit Kindern. Kein Wunder, dass
solche Männer darum eher geschont als herausgefordert werden
von ihren Frauen, indem sie ihnen eher das Spazierengehen oder
gelegentliches Spielen mit dem Kind zuweisen als Umgang mit
dem alltäglichen Chaos. Auf diese Weise wird der alte Mythos
von der „Väterlichkeit als Gegenwelt zur Welt der Mütter"
immer wieder belebt, eine Vorstellung, die sowohl in psychologischen Theorien als auch in der neuen Männerliteratur vorkommt. Väter werden damit als die Befreier des Kindes von der
mütterlichen Umschlingung propagiert. Die mit solchen Bildern
verbundene These, Väter müssten ihren Kindern, vor allem ihren
Söhnen, als Vehikel der Ablösung von der Symbiose mit der
Mutter dienen, wird mit frauenfeindlichen Begriffen wie dem
von der „Durchmutterung der Gesellschaft" begründet. Die Auf-
wertung der Vaterrolle geschieht dann leider in Verbindung mit
der Abwertung der Mutterrolle. Flexible, emotional „nährende"
männliche Verhaltensweisen brauchen aber nach meiner Erfahrung nicht einer idealisierten Mütterlichkeit nachempfunden zu
sein. Engagierte Männer haben dafür ihre eigene Art, ohne dass
sie als „Gegenwelt" konzipiert werden müssen.

Wo und wie kann Väterlichkeit gelernt werden?

Aus der persönlichen und der Erfahrung mit vielen Familien in
ähnlicher Lage bin ich der Meinung, dass eine gute Möglichkeit
in der *Normalisierung eines Vater-Kind-Alltags* liegt, der beginnt, bevor Väter in ihrer beruflichen und familialen Laufbahn
fixiert sind. Ich meine damit zum Beispiel ihre aktive Teilnahme
am Leben der Kinder von Verwandten und Freunden, lange bevor sie selber Väter werden, welche ihnen ein entspanntes Verhältnis zu Kindern ermöglicht. Es gibt einige Studien (3, op. cit.),
die darauf verweisen, dass solche „Alltäglichkeit" von Vätern
mit Kindern durch ihre Präsenz bei den Vorbereitungen und
besonders bei der Geburt selber verbunden ist, wo ihre Bindung

zum Kind beginnt. Am wichtigsten scheint mir, dass Väter so oft als möglich den Alltag *allein* mit dem Kind erleben, ohne dabei von ihrer Frau angeleitet zu werden, und dass sie selbstverantwortlich auch alle Details übernehmen, an welche bei kleinen Kindern gedacht werden muss. Erfreulich viel hat sich in der Vaterrolle in den letzten Jahrzehnten verändert, trotz fast unveränderter gesellschaftlicher Strukturen. Wenn Männer in Zukunft vermehrt mit anderen Männern über ihre Erfahrungen als Väter reden, werden wohl auch die ungelösten Strukturprobleme der Arbeitswelt von ihnen energischer angepackt werden.

Wie Intimität und Differenzierung zwischen Eltern und Kindern entsteht

Das Leben mit kleinen Kindern bietet eine einmalige Praxis der Intimität. „Dass ich einen Menschen auf so innige Weise lieben kann und er mich genau so liebt, hätte ich mir nie träumen lassen im Leben", schreibt der junge Vater eines Sohnes. In einer Zeit, in der das Gefühl von Nähe und Geborgenheit bei vielen Menschen fehlt, ist das Leben mit Kindern eine Möglichkeit zum Wiederfinden der eigenen verlorenen Kindheit. Über die körperliche Pflege und die affektive Nähe gedeiht das Kind, und wenn – nach der ersten Phase der Verschmelzung mit ihm – von dieser neuen Intimitätserfahrung etwas in die Paarbeziehung zurückfließt, gedeiht auch diese und kann zur Verwurzelung beider Eltern beitragen. Wenn beide Partner mit der Zeit eine Balance finden zwischen der ursprünglichen „Über-Fokussierung" auf ihr Kind und ihrer Eigenständigkeit als Erwachsene, werden sich die wechselnden Phasen von großer Nähe und allmählich wachsender Abgrenzung zum Kind immer neu einpendeln lassen. Ein ehemaliger Klient schreibt:

„Zu den wichtigsten Einsichten dieses letzten Jahres gehört für mich, dass Elternschaft eine Entwicklungsphase ist, in der Vater und/oder Mutter manches korrigieren und neu konzipieren können, was in der eigenen Beziehung nicht so gut gelaufen ist. Das fließt dann wieder in die Paarbeziehung ein."

In meiner Untersuchung wurde von ausnahmslos allen Paaren mit Kindern erzählt, was für Entwicklungschancen diese ihnen selber als Menschen ermöglichten und wieviel Beständigkeit die Verantwortung für Kinder auch in schweren Zeiten, selbst über Trennung und Scheidung hinweg, ihrem Vater und ihrer Mutter vermittelt. Gleichzeitig berichten Paare von ihren eigenen Eltern, dass es eigentlich nie ihr „Erziehungsverhalten", sondern die Art war, wie sie als Menschen und Liebende lebten, welche für ihre Entwicklung ausschlaggebend war. Das ist tröstlich und ermutigt dazu, dass Erwachsene erwachsen bleiben und sich nicht mit dem Kind verwechseln. Der „Babyschock" kann so zum Anfang einer lebenslangen Entwicklung zwischen den Polen von Verschmelzung und Autonomie werden.

Lisa und Christoph, aber auch andere Paare in derselben Lebenslage, brauchten Geduld und Flexibilität, um sich mit den Grenzen der Machbarkeit und Planbarkeit ihres Lebens auseinander zu setzen, welche ihnen durch das Kind aufgingen. Die Dinge nicht mehr im Griff zu haben, fortlaufend improvisieren zu müssen und in Bezug auf eigene Räume und eigene Zeiten von der Hand in den Mund zu leben, haben viele Mütter lernen müssen, seit sie, als Preis für das Kinderhaben, als quasi Alleinerziehende in der Isolation der Kleinfamilie leben. Der Preis für diesen ständigen Balanceakt und das nagende Gefühl, sich selber zu verlieren im Zickzackkurs des gebrochenen Lebenslaufs, geht zu Lasten der Mutter als Person. Er geht jedoch auch häufig, wie Lisa und Christoph erzählen, zu Lasten der Intimität des Paares durch die dauernden Schuldgefühle des Vaters und den Groll der Mutter. Wenn das Kind auf Dauer einziges Zentrum eines Paares bleibt, ist die Chance groß, dass die Liebesaffäre zwischen Mutter und Kind oder Vater und Kind schließlich zum Kollaps der Paarbeziehung oder zur Verstrickung des Kindes im Dreieck mit seinen Eltern führt.

Kinder brauchen nach meiner Erfahrung weder „neue Väterlichkeit" noch „neue Mütterlichkeit" im Sinne radikaler Umkehr. Sie brauchen jedoch einen *Vater,* der selbstverständlich die tausend kleinen Dinge des Alltags mit übernimmt, nicht bloß mit dem Kind selber, sondern auch im Haushalt. Und einen, der als

Partner in den Tagen und Wochen nach der Geburt seine Frau in besonderer Weise „stillt", indem er ihr zum Beispiel ab und zu ein warmes Tuch um die Schultern legt, im wörtlichen und im bildlichen Sinne des Wortes. Das Kind braucht eine *Mutter,* die ihren Selbstwert nicht allein aus der Mutterschaft bezieht, so sehr sie die wunderbare Nähe zum Kind auch genießen mag, sondern wieder auftaucht aus der Verschmelzung mit ihm und am allgemeinen Leben teilnimmt. Es braucht eine Mutter, die nach draußen geht und bereit ist, ihrem Mann oder anderen Menschen das Kind anzuvertrauen, um vom eigenen Boden aus sich selber zu sein. Auf diese Weise können auch die widersprüchlichen Rollen von Frau und Mann als Eltern- und als Liebespaar mit der Zeit wieder ins Lot kommen. Natürlich lässt sich das leichter machen, wenn sie ihr Dreieck einbetten in Vier-, Fünf- und Fünfzehnecke, wie es Christoph und Lisa über den Anschluss an ihre Eltern sowie an einen Kreis von Familien in ähnlicher Lage gelungen ist.

◾ *Anmerkungen*

[1] Rerrich, Maria S.: Balanceakt Familie. Zwischen alten Leitbildern und neuen Lebensformen. Freiburg 1988.

[2] Badinter, Elisabeth: Die Mutterliebe. Geschichte eines Gefühls vom 17. Jahrhundert bis heute. München 1988.

[3] Combrinck-Graham, Lee und David Kerns: Intimacy in Families with Young Children. In: Kantor D. und B. F. Okun: Intimate Environments. London – New York 1989.

[4] Sichtermann, Barbara: Vorsicht Kind. Eine Arbeitsplatzbeschreibung für Mütter, Väter und andere. Berlin 1989, S. 71 (Zitat Hedi Wyss).

[5] Farrell, William: Why Men are the Way they are. New York 1986.

[6] Cottin Pogrebin, Letty: The Teflon Father. Ms. Magazine, 9/10, page 95.

[7] Lukesch, Barbara: Nur mehr eine halbe Portion. Die ernüchternde Erfahrung eines Mannes mit einem 60 %-Job. Weltwoche Zürich, 37/1991.

Paare in traditionellen Lebensformen:
Familienehe als Versorgung und als Fürsorge

Kapitel 6
Auf- und Ausbrüche nach den ersten Jahren der „Familienehe":

Claudia und Robert

„Unsere Leidenschaft erstickte in der Kinderstubenluft"

Zum Begriff der Familienehe:
„Es ist die Ehe, die aus Liebe und zum Zweck der Familienbildung geschlossen wird und wo die Rollenverteilung zwischen Mann und Frau noch weitgehend dem klassischen Muster entspricht, dass der Mann (in erster Linie) die Versorgung der Familie mit materiellen Gütern übernimmt, die Frau (in erster Linie) für die Versorgung der Kinder und der ganzen Familie mit Gefühl und Liebe zuständig ist."[1]

Die frühen Jahre

Sie war 21, er 30, als sie sich auf einem Hochzeitsfest kennen lernten. Erst den letzten Tanz tanzten sie miteinander, und „da hat es uns wie ein Blitz getroffen", erzählt Claudia, und beide bekommen feuchte Augen bei unserem ersten Therapiegespräch 15 Jahre später. Eben noch hatte Robert sich bitter über die Distanz und die unerträglichen Spannungen zwischen beiden beklagt und Claudia dazu hartnäckig geschwiegen.

Als sie sich kennen lernten, hatte Robert gerade eine Stelle als Ausbildungsleiter eines aufstrebenden Unternehmens angetreten. Für ihn war es der lange gesuchte Traumjob. Früh von zu Hause ausgezogen, ein Nestflüchter, hatte er als angehender Betriebswirtschaftler bereits viele Jahre mit einer Studienkollegin zusammengelebt. Eine Jugendliebe sei es gewesen, geplant als

„offene Zweierkiste", welche schließlich so offen wurde, dass beide sich schmerzlos trennten, erzählt Robert. Als er Claudia traf, war er „in einem Beziehungsloch" und bereit, sesshaft zu werden.

Claudia, die dritte von vier Töchtern eines Kaufmanns und einer Mutter, welche ihren Beruf als Kinderpflegerin nie ausgeübt hat, wohnte damals samt ihren zwei jüngeren Schwestern noch zu Hause – die älteste war bereits verheiratet. Ihre Eltern führten eine ganz traditionelle Ehe, der Vater im Geschäft, die Mutter im Haus, eingebettet in ein mittelständisches Kleinstadt-Milieu. Für sie war die Welt nach dem 2. Weltkrieg wieder in Ordnung gekommen. Ihr Leben verlief voraussehbar, spannungsarm und oft auch spannungslos.

Claudia hatte mit einem Pädagogikstudium begonnen, das sie eher langweilte. Voller Begeisterung ließ sie sich von Robert zu Kunstausstellungen und Konzerten mitführen und schwänzte gerne ihre Vorlesungen dafür. Ein halbes Jahr später heirateten die beiden. Claudia brach ihr Studium ab, und gemeinsam bezogen sie eine Wohnung „um die Ecke" ihres Elternhauses. Noch nicht 23 gebar Claudia das erste Kind, Peter. Zwei Jahre später folgten Zwillinge, Lea und Daniela. Mit Hilfe ihrer Mutter und ihrer jüngsten Schwester gelang es Claudia vorerst, gelegentlich ein paar Stunden für sich selber zu ergattern und aus dem warmen, aber einengenden Nest auszufliegen. Zutiefst verlassen, erschöpft, „angebunden" und auf sich allein gestellt fühlte sie sich, als die Schwester ins Ausland verreiste und ihre Mutter den schwer erkrankten Vater zu pflegen hatte. Voller Zorn darüber, dass Robert auf ihre Not kaum reagierte, gelobte sie sich in dunklen Augenblicken, er werde noch einmal dafür bezahlen, dass er so selbstbezogen seine Karriere verfolgte. Der Groll auf ihren Mann wurde zu Claudias ständigem Begleiter, ohne dass sie klar wusste, was sie anders hätte haben wollen.

„Der reisende Odysseus und die wartende Penelope"

Robert war tatsächlich tagelang bei Seminaren auswärts, wie es zu seiner Arbeit gehörte. Oft voller Begeisterung, aber manchmal auch verärgert und erschöpft kam er jeweils ins warme Nest zurück. Er hoffte jedes Mal auf zärtliche Nähe zu Claudia und Entspannung mit den Kindern, und es kränkte ihn, als Claudia sich gefühlsmäßig und sexuell von ihm zurückzog und mehr und mehr ihre ganze Wärme und Zärtlichkeit den Kindern, ihrer Familie und ihren Freundinnen zukommen ließ. Robert war stolz auf seine junge Frau, seine Familie und das gemütliche Heim. Bloß hin und wieder, wenn er beim Nachhausekommen seine Frau und die Kinder auf dem Ehebett zusammengekuschelt fand beim Fernsehen und niemand ihm entgegen lief, packte ihn zorniger Neid. In solcher Stimmung benutzte er jeweils die erste Gelegenheit, etwa das fehlende Klopapier oder den zähen Braten, um Claudia scharf zu kritisieren für ihre „Schlampigkeit". Robert: „Ich wusste genau, wie ich sie zur Schnecke machen konnte – aber sie wusste auch, wie sie sich ins Schneckenhaus verkriechen und mich im Regen stehen lassen konnte."

Die dauernde Kränkung durch Claudias Rückweisung nagte an Robert, auch wenn er nicht darüber redete. Sexuell und emotional fühlte er sich draußen stehen gelassen. Alte Kindheitsängste über das Zukurzkommen in der Liebe, deren er sich nur dumpf bewusst war, kamen in ihm hoch, und seine Kritik an Claudia schlug in böse Aggression um. Wenn sie sich darauf tagelang hinter einer Wand trotzigen Schweigens zurückzog, tat sich in Robert ein Abgrund von Verzweiflung und Einsamkeit auf. Aber darüber konnte er nicht reden. Je mehr er Claudia an solchen Abenden mit Forderungen nach Zärtlichkeit verfolgte, je verzweifelter er darauf drängte, mit ihr zu schlafen, desto hartnäckiger zog sie sich von ihm zurück.

Erste Lösungsversuche

Claudia: „Wir entwickelten ein perfektes System, um mit unseren Problemen umzugehen. Nach außen spielten wir das harmonische Ehepaar. Robert stellte sich dar, und ich lieferte ihm die Stichworte, besonders meinen Eltern gegenüber. Aber nach innen wurde die abwechslungsweise heiße Hochspannung und kalte Distanz fast unerträglich. Wir hatten beide nie gelernt, Konflikte so auszutragen, dass es nicht Sieger und Besiegte gab. Selbst wenn Robert siegte und ich mit ihm schlief, konnte er seinen Triumph nicht genießen. Im Gegenteil – einige Male wurde er dabei sogar impotent. Ich selber schwankte zwischen abgrundtiefen Schuldgefühlen und Verachtung für das, was ich als Demonstration seiner Macht über mich erlebte. Je länger dieser Zustand dauerte, desto mehr merkte ich, dass ich nur noch der Kinder wegen bei Robert blieb. Wenn er ehrlich war, sagte er das gleiche von sich."

Als die Zwillinge in die Schule kamen, beschloss Claudia, ihr Studium stundenweise wieder aufzunehmen. Robert war zögernd damit einverstanden. Er schöpfte Hoffnung aus der Perspektive ihrer Loslösung von den Kindern. Eigentlich war es ihm recht, die Kinder ab und zu einen halben Tag zu übernehmen und sie für sich zu haben, wenn er es sich ohne Probleme einrichten konnte. Nun lag er mit ihnen manchmal auf dem Ehebett, wenn Claudia nach Hause kam.

Die Hauptverantwortung für die Versorgung der Kinder, ihre Schularbeit und den Haushalt blieb trotz des Studiums an Claudia hängen. Sie leistete sie nebenbei „in zweiter Schicht", wie eine amerikanische Soziologin das nennt, damit niemand sie kritisieren würde wegen ihrer Weiterbildung, der von Familie und Nachbarinnen belächelten Selbstverwirklichung. Nicht im Traum wäre ihr eingefallen, mit ihrem Mann über die Verteilung der Hausarbeit neu zu verhandeln. Schließlich ermöglichte er ihr ja durch seine angestrengte Arbeit, dass sie sich beides leisten konnte, eine Familie und die Wiederaufnahme ihres Studiums. Da sollte sie ihm dankbar sein, fand sie, und nicht mehr von ihm verlangen. Genauso beschützend hatte ihre Mutter sich ihrem

Vater gegenüber verhalten, und so entsprach es auch Claudias Vorstellungen von einer guten Frau, welche weit hinter den gesellschaftlichen Veränderungen herhinkten. Lieber nahm sie grenzenlose Müdigkeit und häufige Erkältungen auf sich, als direkte Ansprüche an Robert zu stellen. Aber wenn sie jeweils atemlos auf dem Heimweg einkaufte oder spät abends in der Küche bügelte, während ihr Mann am Fernseher saß, wurde sie immer wieder von Wellen der Bitterkeit gegen ihn überrollt.

Die große Krise

Claudia erzählt

„Der große Knall kam, als ich meinte, dieses Leben nicht mehr länger ertragen zu können. Ich verliebte mich in einen Mitstudenten und glaubte, endlich das gefunden zu haben, was mir an Robert fehlte: einen, der mich als erwachsene Frau mit eigenem Kopf respektierte, nicht bloß als Bettgefährtin und emotionale Tankstelle zur Erholung … Einen Mann mit dem ich interessante Gespräche führen konnte und der mit seinen Gefühlen präsent war und meine Gefühle ernst nahm, selbst wenn ich aggressiv oder traurig war. Einer, der nicht mit Wutausbrüchen oder totalem Rückzug reagierte, wenn ich an seinem Firnis kratzte oder emotionale Unterstützung forderte … Vielleicht ist das Gerede vom ‚neuen Mann' dumm – aber im Vergleich zu Robert war mein Freund ein solcher."

Robert erzählt

„Nach Jahren des Zukurzkommens in Erotik und Sexualität habe ich schier durchgedreht, als Claudia urplötzlich, aus heiterem Himmel, aus meinem Leben verschwand. Jahrelang hatte sie sich in sich selber und in der Kinderstube eingeschlossen … und nun öffnete sie sich strahlend einem anderen. Ich hatte mich schon lange damit abgefunden, dass wir nie eine ganz erwachsene Partnerschaft haben würden. Sie die Kind-Frau, ich die Vaterfigur, das war nicht leicht für mich! Selbst als sie ihr Studium wieder aufnahm und in psychologische und spirituelle Grüpplein und Kürslein eintauchte, um über das Schicksal der Frau zu heulen und zu klagen, war das für mich mehr desselben. Denn die Verantwortung für die finanzielle Grundlage der Familie blieb ja doch an mir hängen. Claudia kümmerte sich nie darum und fragte auch nie, wie es mir mit dieser Last am Hals erging. Wie eine verwöhnte Tochter halt.

Um so brutaler traf mich der Treuebruch meiner Frau. Ich bin von Natur aus ein lebensfroher Mensch, aber damals tat sich ein rabenschwarzer Abgrund vor mir auf. Ich hätte ihren Freund ermorden können, oder mich selber ...

Claudia

„Für mich kam die Krise keineswegs als Blitz aus heiterem Himmel. Ich hatte jahrelang unter dem Gefühl gelitten, ein Nichts, ein auf allen Gebieten problembeladener Mensch zu sein. Mit 35 fühlte ich mich alt, dumm, unglücklich, erschöpft und reif für die Psychiatrie. Aber irgendwann merkte ich, dass etwas an unserer Lebensweise nicht stimmte. Ich fing an, meine Gedanken aufzuschreiben und Forderungen an Robert zu stellen, wenn auch vorerst bloß gefühlsmäßige, keine konkreten, wie zum Beispiel eine faire Neuregelung von Arbeit und Geld. Und ich begann, mich jeweils sofort zu wehren und mir Roberts Demütigungen zu verbitten. Er verstand nichts und behandelte mich nach wie vor wie eine rebellische Tochter. Entweder reagierte er freundlich jovial oder er ließ Gras darüber wachsen, bis ich wieder ‚normal‘ war. Denn für ihn stimmte ja unsere Welt.

Weil wir beide nie gelernt hatten, so miteinander zu reden, dass der andere hören und verstehen konnte, verlegten wir unsere Konflikte auf den Kampfplatz der Sexualität. Robert wollte ständig mit mir schlafen, und ich verweigerte mich. Dann redete er jeweils stundenlang väterlich-belehrend auf mich ein. Er verfolgte mich von Zimmer zu Zimmer, und weil ich mich ihm nicht gewachsen fühlte, schwieg ich trotzig oder lief weg. Wenn ich weinte, wurde er unheimlich aggressiv, und ich verschloss mich noch mehr. Dann zog auch er sich hinter eine Mauer zurück. Seine Botschaft an mich war klar: Ich lass dich jetzt einfach zappeln, dann wirst du schon wieder kommen. So hat er das offenbar selber in seiner Kindheit erfahren – und ich mit Sicherheit auch.

Wenn ich nicht den Mut aufgebracht hätte, mein Studium wieder aufzunehmen, wäre mir die Klapsmühle sicher gewesen. Eher riskierte ich unsere Ehe …"

Wie sie ihre Krise im Rückblick verstehen

Wie die meisten befragten Paare, können auch Claudia und Robert im Rückblick erkennen, wie sich in der ersten Zeit ihrer Liebe ihre gegenseitigen Hoffnungen und Sehnsüchte aufs Wunderbarste ergänzt hatten. Claudia sehnte sich nach Flügeln und bewunderte Roberts Unabhängigkeit, er sehnte sich nach Wurzeln und verliebte sich in sie und ihre sesshafte Familie.

Partnerwahl und Paarmythos
„Ihr die Wurzeln, ihm die Flügel"

Claudias Vorstellung war: Ich biete dir den fehlenden Nährboden und mache dich stark mit meiner Liebe, damit ich mich schließlich an dich anlehnen und vom sicheren Nest aus meine Flügel erproben kann. Du hilfst mir, mich zu lösen von der Sehnsucht nach meinem emotional abwesenden Vater und von den Ansprüchen meiner Mutter, dass ich ihre „Mutter" sei. Mit deiner Hilfe werde ich endlich fliegen lernen.

Roberts Vorstellung war: Wenn du mir alles gibst an fragloser Zugehörigkeit, was ich in meiner bisherigen Lebensgeschichte vermisst habe, und wenn du mir mit deiner Liebe den Rücken freihältst, werde ich dich als mein kleines Mädchen verehren und dich mit meiner Leistung stolz machen auf mich. Du gibst mir die fehlende Nahrung für meine Wurzeln, und ich zeige dir, wie man fliegt.

Dass sie mit ihrem Mythos fraglos das Modell der traditionellen Familienehe übernommen hatten, war keinem der beiden bewusst. Auf meine Frage nach ihren ursprünglichen Ehevorstellungen meint Robert: „Eine richtige Familie halt: Die Frau ist Zentrum der Gefühle, der Mann verdient das Geld und hat die Vernunft, und als anständiger Partner hilft er auch mal im Haushalt." Claudia zu ihrem Ehebild: „Völlig unreflektiert! Genauso, wie meine Eltern gelebt haben."

Claudias Sicht der Krise

Die fehlenden Vorbilder für Neues

Rückblickend, nachdem sie sich von ihrem Freund getrennt und sich, vielleicht zum ersten Mal bewusst, für das Leben mit Robert entschieden hat, bringt Claudia ihre Krise in Zusammenhang mit der fraglosen Rollenverteilung im Elternhaus und mit der Vorstellung, eine Frau sei bloß etwas wert als pflegeleichte Gefährtin eines erfolgreichen Mannes. „Ich liebte meine Eltern sehr und dachte, ihr Leben sei gut, weil Mutter sich nie beklagte. Vater kannte ich ja kaum. So versuchte ich genau wie meine Eltern zu leben. Aber es funktionierte nicht für mich, weil ich einfach nicht einsah, warum bloß ich alles zurückstellen sollte – Freundeskreis, Ausbildung, meine ganze Jugend – während Robert alles hatte, Familie, Beruf und Freunde. Aber weil ich lange glaubte, in meinem Mann den Vater gefunden zu haben, den ich emotional nie hatte, sagte ich mir immer wieder: ‚Versuch es noch einmal' und biss auf die Zähne."

Erst als Claudia mit 36 Jahren ihre abgebrochene Ausbildung wieder aufnimmt und mit Frauen und Männern zusammenkommt, die mit vielfältigen Beziehungsformen experimentieren, zieht sie ihren Kopf aus dem Sand und betrachtet sich, ihre Ehe und ihre Herkunftsfamilie zum ersten Mal mit offenen Augen. Sie denkt an Trennung und versucht, ihrem Trotz Robert gegenüber auf den Grund zu gehen, statt sich weiterhin selbst dafür zu bestrafen. Sie sucht in der Paartherapie nach den Leitmotiven und Aufträgen aus ihrer Lebensgeschichte, aber sie will diese nicht mehr einfach ausführen, sondern neu verhandeln.

Frauen-Bildung lockert Bindungsbereitschaft:
Claudias Auftauchen aus der Kinderstube

In ihrer Verliebtheit zu einem jüngeren Mann erlebt Claudia Seiten von Kraft und Eigenständigkeit an sich, die sie bisher kaum geahnt hatte. Sie entdeckt, dass sie eigene Gedanken formulieren und schreibend Zusammenhänge erkennen kann, welche ihr bisher nur verschwommen zugänglich waren. Sie setzt sich, welch ein Luxus, jeden Tag eine Stunde allein in ein ruhiges Cafe und schreibt ihre Ideen auf: Was will ich, was will ich nicht, wie will ich mein Leben ändern? Sie liest viel und redet mit guten Freundinnen, mit ihren Schwestern und mit Studienkolleginnen. Diese Frauen ermutigen sie, sich Zeit für sich und für ihre Entscheidung zu nehmen. Damit kommt sie in die Paartherapie, zu welcher Robert aus Verzweiflung den ersten Schritt getan hat.

Auf Anraten der Therapeutin nehmen Claudia und Robert sich ab und zu eine kleine „Insel", wo sie ohne Kinder, Familie und Arbeit einander gegenüber sitzen, sich wieder einmal ins Gesicht schauen und einander von ihren Welten erzählen, wobei abwechselnd er redet und sie ihm zuhört, und umgekehrt. Einige Male schlafen sie auch wieder zusammen ... Aber eine Spannung zwischen ihnen bleibt bestehen, die sie nicht verstehen.

Mit der Zeit merkt Claudia in der Therapie, dass ihre Kämpfe um Eigenständigkeit, welche sie gegen Robert führt, auch noch an einem anderen Ort auszutragen sind, dort nämlich, wo sie ihren Weg ins Erwachsenenleben unterbrochen hat, mitten im zaghaft begonnenen Ablöseprozess vom Elternhaus.

Alte Geschäfte erledigen

Es ist nicht einfach, mit Mutter und Vater darüber zu reden, wie es im Leben der Tochter zu der Krise kam und was an unerledigten Geschäften mit ihnen ansteht. Ihrem Vater geht es gesundheitlich nicht gut, und ihre Mutter trägt schwer an der Last seiner Pflege. Aber Claudia versucht dennoch, ihren Eltern zu zeigen, dass sie endlich erwachsen ist und dass sie „keine Fotokopie ihres Lebens" leben kann.

Am Ende vieler schmerzlicher Diskussionen, bei denen Claudia sich abgrenzt von ihren Eltern, ihnen aber gleichzeitig näher kommt und ihnen dankt für das, was sie an Geborgenheit von ihnen bekommen hat, stirbt ihr Vater. Auch wenn er sie nicht ganz verstand, akzeptierte er, dass seine Tochter ihren eigenen Weg gehen würde. Claudia ist tief traurig, dass die Nähe zum Vater, die sie eben zaghaft ertastet hat, nun abgebrochen ist. Sie trauert, aber sie wird nicht depressiv, denn Robert ist jetzt präsent, unterstützend und geduldig – als Partner, nicht als Vaterersatz.

Der Entflechtungsprozess von ihrer Mutter dauert noch an, und gleichzeitig vertieft sich Claudia in deren Geschichte, die ein Kapitel Frauengeschichte der Nachkriegsgeneration ist, und kommt ihr auf neue Weise näher.

Roberts Sicht der Krise

„Die Kinderaufzuchtanstalt erstickte unsere Erotik"

Im Rückblick, drei Jahre später, führt Robert die Paarkrise darauf zurück, dass Claudia und er sich ursprünglich „wie zwei unsichere, noch nicht erwachsene Kinder aneinander klammerten, wobei immer einer Vater oder Mutter und der andere Kind spielte. Wir wurden zur Kinderaufzucht-Anstalt, wohl mehr für uns selber als für unsere Kinder".

Obwohl zumindest Robert ursprünglich von verhandelbaren Formen des Zusammenlebens geträumt und damit auch schon Erfahrung hatte, war seine Sehnsucht nach dem „sicheren Nest" so groß, dass er kaum realisierte, was es bedeutete, dass Claudia ihr Studium abbrach und beide ein Kind hatten, ehe sie sich richtig kannten. Ohne darüber zu reden, rutschten sie in das traditionelle Schema: Die Frau versorgt ihren Mann wie ein ältestes Kind und macht ihn stark, damit sie in seinem Schatten ruhen kann. Er lässt das gern geschehen, damit er draußen leistungsbereit und anpassungsfähig sein kann, wie es seine Karriere verlangt. Sie pachtet Kinder, Gefühle und das warme Nest für sich und er die Macht der materiellen Unabhängigkeit. Und beide zahlen ihren Preis für dieses Arrangement, indem jedes sich spezialisiert auf einen Pol: Autonomie gegen Abhängigkeit. Und beide leben ein halbes Leben.

Warum hat Robert so fraglos mitgemacht bei diesem Arrangement, ausgerechnet er, der sich als später „68er" und als politisch wacher Mensch begreift? Mit welchen verschwommenen Bildern von sich und der Welt und mit welchen Leitmotiven und Aufträgen aus seiner Lebensgeschichte war sein Verrat am eigenen Traum verknüpft?

Roberts Aufstieg aus dem kleinbürgerlichen Mief

„Mein Vater starb an einer verschleppten Lungenentzündung, als ich erst einige Monate alt war. Ich habe ihm meine Liebe verzweifelt nachgetragen. Mit meinem späteren Stiefvater habe ich mich nie verstanden. Instinktiv fühlte ich, dass meine Mutter den Falschen gewählt hatte: Er war kleinbürgerlich-spießig und rassistisch eingestellt. Ich wollte sie vor ihm schützen und ihr helfen, und sie hat mich in den ersten Jahren auch ganz nahe zu sich herangezogen. Aber dann gebar sie noch zwei Söhne, und ihnen zuliebe hat sie mich im Regen stehen lassen. Ständig musste ich auf die Halbbrüder aufpassen, während Mutter als Fabrikarbeiterin mitverdiente. Mein Stiefvater begann zu trinken und schlug meine Mutter, und einige Male habe ich sie vor ihm in Schutz nehmen müssen. Aber gedankt hat sie mir dafür nie.

Noch vor dem Abitur zog ich in eine Wohngemeinschaft, und seither habe ich mich geweigert, mein Nicht-Elternhaus zu betreten. Ich habe als Werkstudent studiert und mir gelobt, es weit zu bringen und meinem toten Vater Ehre zu erweisen. Manchmal scheint mir heute, ich sei zu früh aus dem Nest geflogen und klammere mich deshalb an alles, was mir Sicherheit verspricht: Beruf und Familie, allen voran natürlich Claudia. Wenn sie mich verlassen hätte: Ich hätte sofort wieder eine ‚Neue' gesucht.

Was mich fast kaputt macht, ist, dass mir niemand meine Verletzbarkeit glaubt. Alle sehen in mir den starken Mann, den erfolgreichen, jovialen Chef. Aber dass dahinter ein ausgehungerter Bub versteckt ist, das weiß nur Claudia, und genau das hat sie so anziehend gemacht für mich. Als sie dann aufgehört hat, diesen kleinen Jungen zu versorgen, bin ich fast draufgegangen. Sie meinte, ich sei pervers, weil ich dauernd mit ihr schlafen wollte. Dabei war Sex für mich bloß Mittel zum Zweck meiner Bestätigung.

Meine Frau hat nie verstanden, dass mein Weg nach oben für mich noch immer mit tiefen Ängsten vor dem Fallen verbunden ist. Schließlich habe ich keine Tradition, oben zu leben. Weder mein Vater noch mein Stiefvater hat mir die vermittelt. Wer weiß, ob Claudia mich noch liebte, wenn ich meine Stellung verlieren würde? Ich weiß ja selber nicht, ob ich ohne den beruflichen Erfolg und die finanzielle Sicherheit etwas wert wäre …

Dass ich mit dieser Heirat auch völlig konservative Werte einhandelte, und dass Claudias traditionelle Erziehung und Bindung ans Elternhaus sich ausgerechnet an mir rächen würden, als sie sich davon losstrampelte, konnte ich in meiner Begeisterung für die endlich gefundene Heimat ja nicht ahnen. Sie holt nun quasi auf meine Kosten ihre Entwicklung nach und ist damit erfolgreich. Das macht mich einerseits stolz und anderseits zornig."

Roberts Suche nach eigenen emotionalen Nährböden

In der Therapie klärt sich für Robert, was er lange dumpf geahnt hatte: Seine Autonomie war ein schwankendes Gebilde ohne den Boden eines soliden Selbstwertgefühls. Roberts Leistungsorientierung hatte viel mit Angst vor Liebesverlust zu tun, mehr als mit Lust an der Arbeit. Dankbarkeit für seine Bildungs- und Aufstiegschancen, den Sprung vom Arbeiterkind zum Chef gemacht zu haben, mischte sich bei ihm immer deutlicher mit Wut. Mit Trauer auch über die verpasste Kindheit und über den verinnerlichten Anspruch, seiner Mutter ein guter Helfer zu sein (sogar als sie längst keinen mehr brauchte) und dem Phantombild des Vaters Ehre zu machen.[2]

Während unserer therapeutischen Gespräche kommt auch Robert auf die Idee, nach seiner eigenen Geschichte, einer Geschichte von schier unerfüllbaren Beziehungsaufträgen und schmerzlichen Abbrüchen, zu fragen. Er besucht seine Mutter nach langer Zeit wieder einmal im Altenheim und beginnt mit ihr über den Vater zu reden. Sie erzählt von ihm und zeigt ihm Briefe und Fotos, anfangs zögernd, aus Angst vor seinen gewohnten Beschuldigungen, dann lebhafter. Robert lernt sie zum ersten Mal nicht bloß als besitzergreifende Mutter kennen, sondern als Frau und Angehörige einer bestimmten Epoche und sozialen Schicht, in welcher ein gescheiter, sensibler Junge wie Robert damals wirklich ihr einziger Reichtum war…

Später hat Robert mit Peter, seinem Sohn, eine Reise in das kleine Dorf, in dem er aufgewachsen ist, gemacht. „Wir haben mit alten Leuten geredet, die meinen Vater gekannt haben. Peter hat Zeitgeschichte im Maßstab eins zu eins erlebt bei ihren Erzählungen über die Jahre zwischen den beiden Kriegen, über die Wirtschaftskrise und die Armut auf dem Land. Mein Vater war offenbar ein versponnener, phantasiebegabter Mensch, eher kontaktscheu und zaudernd, aber von vielen im Dorf respektiert, weil er sich stark gemacht hat während eines Streiks in der lokalen Maschinenfabrik. Er hat nie viel von sich selber gehalten und nicht gut zu sich selber geschaut. Das tut mir erst jetzt weh."

Robert über sein neues Selbstverständnis und seine Arbeit

„Mein Arbeitsengagement hat sich seither gewandelt. Von einer vorbehaltlosen Unterordnung unter die vermeintlichen Anforderungen meiner Berufstätigkeit und meiner Stellung komme ich langsam weg. Mein eigenes „Ausbrennen" zu vermeiden, wird mir immer wichtiger. Mein Rhythmus verändert sich auch altersbedingt von selbst, ich reise weniger gerne zu auswärtigen Seminaren als früher. Konkretes Beispiel: Bei einem kürzlichen Gespräch mit meinem Vorgesetzten über Nachfolgefragen wurde klar, dass er davon ausging, dass ich bei seinem Übertritt in den Ruhestand auf seine Position aspirieren würde. Ich gab ihm zu verstehen, dass er nicht selbstverständlich mit meinem Interesse rechnen solle. Es scheint für ihn jetzt so auszusehen, als sei ich ein ‚Versager'. Das kann ich mittlerweile gelassen hinnehmen und empfinde dabei manchmal so etwas wie Heiterkeit. Ganz neu ist für mich, dass ich mit ein paar wenigen Kollegen über meine Ängste und Unsicherheiten reden kann und dass sie verstehen, ohne mich gefühlsmäßig abhängig zu machen, wie ich das bei Frauen so leicht erlebe.

Claudia

„Ich habe spät, aber immerhin, meine Sinnlichkeit entdeckt. Die zeigte sich zuerst überhaupt nicht im Bett – da hatte ich immer noch zu sehr Angst vor Roberts Besitzansprüchen. Aber inzwischen habe ich meinen Körper lieben gelernt, zuerst bei meinem Freund und später beim Tanzen. Zum ersten Mal im Leben freue ich mich, eine Frau zu sein. Aber noch wichtiger ist mir, dass ich durch das Studium meinen Geist entdeckt und einen sicheren eigenen Boden gewonnen habe.

Für Robert ist Sexualität immer noch der Beweis meiner Liebe und Treue; ein Leistungsbeweis, und das beeinträchtigt uns ab und zu. Aber es ereignet sich nun so viel zwischen eigener Welt, Familie und Bett für jeden von uns, dass wir ab und zu eine Nähe erleben, wie sie in der Kinderzeit unserer Liebe nicht möglich war. Weil wir uns neu organisiert haben bei der Hausarbeit und bei der Verantwortung für die Kinder, ist viel von meinem Groll gegen Robert verschwunden. Sobald ich einen eigenen Lohn verdiene, werden wir nochmals neu verhandeln.“

Überlegungen der Paartherapeutin zur „Familienehe im Aufbruch"

Zum Thema Krise nach den ersten „glücklichen Jahren" mit Kleinkindern: Es hat mich selber überrascht, dass Angehörige des beschriebenen „Familienehe"-Modells so oft in meiner Praxis sowie in meiner Befragung erscheinen. Zu dieser Gruppe gehören Paare zwischen 35 und 45, nach etwa 8 bis 15 Ehejahren, mit Schulkindern oder mit Kindern in der Pubertät. Fast immer erzählen sie von guten gemeinsamen Anfangsjahren mit fragloser Übernahme traditioneller Rollen.

Das Arrangement bewährt sich tatsächlich für viele zunächst bestens. Mann und Frau passen sich nahtlos der Vorstellung an, dass „von Natur aus" der Mann für die Erwerbsarbeit und die Frau für die Arbeit als Mutter und Hausfrau geschaffen sei. Diese Rollenteilung wird natürlich von den fast unveränderten Forderungen der Arbeitswelt und den fehlenden Tagesplätzen für Kinder unterstützt. An Ausbruch ist nicht zu denken, solange der Mann den Beruf als wichtigsten Ort für seine Identitätsfindung wählt, wie er es gelernt hat. Aber auch für viele Frauen ist der Rückzug aus der Arbeitswelt in die fraglos akzeptierte Rolle als Mutter und Hausfrau willkommen. Das ist besonders so, wenn sie, wie Claudia, in der Berufswelt wenig Sinn und Chancen sehen und wenn sie kein positives Modell haben für eine Verbindung von Familien- und Berufsarbeit.

Die ersten Jahre einer Familienehe ermöglichen häufig beiden, was sie am meisten ersehnen: konfliktfreie Anpassung an bestehende Normen und als Lohn das Gefühl, ganz „dazuzugehören". Für den Mann bieten die Normalität ihres Lebensstils und das Versorgungsangebot seiner Frau den Rahmen, den er für seine berufliche Entwicklung gut brauchen kann. Für die Frau ist die Normalität ihrer Rolle eine Möglichkeit, eine Identität zu finden, die ihr in der Welt von Bildung und Arbeit kaum zur Verfügung stand. Und beide führen bruchlos das aus, was ihre Eltern ihnen vorgelebt haben oder was sie an indirekten Aufträgen zum Auswetzen alter Scharten übernommen haben. Die Frau, deren Mutter vielleicht nach ihrem Begriff wenig Mütterlichkeit geben konnte, macht sich diese nun zur Lebensaufgabe. Der Mann kompensiert vielleicht, was seinem Vater im Beruf nicht gelungen ist oder rivalisiert mit ihm um „Höheres".

Alarmzeichen

Dann bahnt sich eine Krise an, oft lange unbemerkt vom Mann. Seine Welt ist in Ordnung, solange die Frau das Problem allein auf sich nimmt, dass sie sich schon lange Zeit ausgebrannt und unglücklich fühlt. Wieso sollte sie auch darüber reden? Die Schuld liegt doch klar bei ihr, muss sie annehmen, wenn sie sich in ihrer Welt umsieht. Oft genug hat sie vielleicht selber für die glückliche, konventionelle Familie plädiert und gegen eine Nachbarin geschimpft, die als „Emanze" Mutterschaft und Familie zu verbinden suchte. Also hat sie jetzt zu schweigen.

Kinder geben Signale

Es gibt immer zahlreiche Hinweise auf eine sich anbahnende Krise in einer konventionellen Paarbeziehung, die jedoch lange ignoriert werden können. Aber irgendwann schrillt die Alarmglocke dann so laut, dass sie nicht mehr überhört werden kann. Ich erlebe als „Wecker" nicht selten ein Kind, das Hinweise gibt, dass etwas nicht stimmt. Meistens werden seine Verhaltensauffälligkeiten aber ihm persönlich oder der Schulsituation angelastet. Und natürlich haben sie manchmal wirklich damit zu tun und nicht mit dem Unglück der Eltern. Aber häufig ist das eine mit dem anderen verwoben.

Bei jüngeren Kindern sind es nach meiner Erfahrung eher Jungen, bei älteren eher Mädchen, welche Signale aussenden, dass ein Verhängnis sich anbahnt. Jungen fallen zum Beispiel durch aggressives Verhalten daheim und Leistungsverweigerung in der Schule auf, Mädchen eher durch depressive oder psychosomatische Symptome, nicht selten in Form von Ess-Störungen.[3] Kinder kämpfen manchmal mit auffälligem Verhalten (das lange genug keinem auffällt) indirekt, zusammen mit ihrer Mutter um den „abwesenden Vater". Manchmal fordern auffällige Kinder lautstark eine Mutter heraus, welche sich vielleicht seit Jahren ins Schneckenhaus der Resignation verkrochen hat und bloß noch nach außen „funktioniert". Oft entziehen sie sich in der Pubertät der Mutter und verbünden sich heimlich mit dem von seiner Frau enttäuschten Vater. So oder so zahlen die Kinder den Preis dafür, wenn die Eltern wegschauen und am Mythos der glücklichen Familie festhalten. Da bei diesem Familienmodell *die ganze Verantwortung für die Erziehung auf der Mutter lastet*, fühlt sie sich durch die Auffälligkeit eines Kindes noch elender. Wenn der Druck von innen erhöht wird durch den Druck von außen, bei Schulversagen eines Kindes zum Beispiel, entsteht oft ein Teufelskreis. Frauen, welche den sozialen Aufstieg über Ehe und Familie zu schaffen suchten und ihre beruflichen Möglichkeiten zugunsten der Familie versickern ließen, reagieren manchmal mit Gegendruck auf das Kind, wenn dieses ihnen die positive Quittung für ihre Nachhilfearbeit versagt. Je schuldiger sich die Mutter fühlt, desto mehr kümmert sie sich um die Hausaufgaben, desto mehr rebelliert das Kind gegen ihr „Eindringen". Wenn dann der Vater sich heimlich mit dem von der Mutter „unterdrückten" Kind verbündet, häufiger einem Sohn als einer Tochter, schließt sich der Teufelskreis.

Nach einem Seminar zu diesem Thema schreibt mir eine Kollegin:

„Ein Punkt, der für mich ungeheuer wichtig war: Im Seminar bei Ihnen wurde mit dem Beispiel einer Familie in Therapie dargestellt, wie es dem 13-jährigen Sohn gelingt, durch Leistungsverweigerung seinen beruflich überbeschäftigten und emotional abwesenden Vater in die Familie zurückzuholen. Das betraf mich sehr persönlich! Die Leistungsverweigerung unseres damals 12-jährigen ältesten Sohnes habe ich immer auf mein mütterliches „Schuldkonto" gebucht, weil ich sehr emotional, von meiner Anlage her jähzornig, damals in totaler Hilflosigkeit diesem Sohn gegenüber zugeschlagen habe. Ich habe mir später immer vorgeworfen, ich hätte alle seine Probleme verschuldet: seine Leistungsverweigerung, seine psychosomatischen Probleme, seine psychotischen Episoden in der Adoleszenz. Der Begriff von der „schizophrenogenen" (Schizophrenie auslösenden) Mutter mit ihrer Alleinschuld saß tief! Ich konnte mich nach dem Vergleich mit dem Fallbeispiel in Ihrem Seminar zu einem wesentlichen Teil davon befreien! Denn auch mein Mann war schließlich psychisch und physisch abwesend während des Aufwachsens unserer Kinder."

Indirekte und direkte Signale der Frauen

Eine andere Möglichkeit von Alarmzeichen demonstriert Claudia: Sie hat zuerst mit Liebesentzug und sexueller Verweigerung ihrem Groll gegen Robert Ausdruck gegeben, einem Groll, den weder sie selber noch ihr Mann verstehen konnte. Manchmal fallen Frauen in dieser Situation auch in Depression, chronische Krankheitsanfälligkeit oder in heimliche Süchte. So finden sie unbewusst eine vorläufige Lösung für ihr Dilemma zwischen Anpassung und heimlicher Rebellion. Es ist leider eine Lösung, die sich bald einmal gegen sie selbst wendet und den Teufelskreis verstärkt.

Signale bei Männern

Wie Robert reagieren viele: Sie leiden zwar darunter, dass die emotionale und sexuelle Leidenschaft erstirbt in der Kinderstubenluft. Sie spüren den heimlichen Groll ihrer Frau und merken, dass sie ausgebootet sind bei den Kindern und fühlen sich zu Hause mehr und mehr bloß auf ihre Ernährerrolle beschränkt. Aber meistens schicken sie sich darein, solange ihnen das warme Nest garantiert bleibt. Denn fast immer haben sie in dieser Lebensphase genug damit zu tun, ihren beruflichen Weg zu finden und auszubauen. Und da das Männer-Motto aus ihrer Kindheit bisher funktioniert hat: „Wenn ich nichts sage, ist alles recht", schweigen sie, arbeiten um so fleißiger und bauen ihre Positionen in der Arbeitswelt aus. Allerdings zeigen Männer, deren Frauen sich innerlich zurückziehen, ihre Verletzung oft in Form von chronischer Verstimmung und beleidigter Vorwurfshaltung. Aber ihr Leid in Worte zu fassen, fällt ihnen schwer.

Auf- und Ausbrüche: Untreue als Treue zu sich selbst

Ein typisches Aus- und Aufbruchsymptom in solchen Phasen des Übergangs ist eine Liebesbeziehung zu einem anderen Menschen, die von der Frau oder vom Mann „wie ein Blitz aus heiterem Himmel" erlebt wird. Robert erzählt, dass er einige Male drauf und dran war, mit einer Kollegin ein Verhältnis anzufangen, aber jeweils im letzten Augenblick davor zurückschreckte aus Angst, er würde damit seiner Laufbahn schaden. Denn natürlich habe er große Sehnsucht nach Bestätigung durch eine Frau gefühlt, auch wenn er nie davon redete. So ließ er es bei vielen kleinen Flirts bewenden. Claudia allerdings ist überzeugt, dass Robert ohne ihre Beziehung zu einem anderen Mann und die Perspektive einer möglichen Trennung nie geglaubt hätte, dass es ihr ernst sei mit ihrem Aufbruch. Sie meint, dass ihr erst durch die Erfahrung mit ihrem Freund deutlich geworden sei, wie viele Facetten ihrer Person sie den alten Ehe- und Familienvorstellungen ihrer Eltern geopfert habe. Treue zum Hergebrachten sei ihr wichtiger gewesen als Treue zu ihrem persönlichen Lebensentwurf – ein Thema, dem Kapitel 11 gewidmet ist.

Außenbeziehungen, auch sexueller Art, sind immer öfter auch die Möglichkeit von Frauen, äußere Zeichen zu setzen und innere Spannungen abzubauen. Allerdings, so sagen sie, tun sie das selten mit der Absicht, sich von ihren Männern zu trennen, sondern eher als Möglichkeit zur Ablösung von der stickigen Luft der „Kinderstube". Bloß resultiert aus einer solchen „Untreue als Treue zu sich selber" (auch bei Männern) manchmal ein Zusammenbruch des Partners oder der Partnerin, mit gewaltiger Aggression gegen sich selber oder den anderen, weshalb ich das Problem keinesfalls bagatellisieren will. Ich werde im Kapitel 11 darauf zurückkommen.

„Wir sind blind in dieses Arrangement gerutscht und haben erst nach der Krise etwas Gutes daraus gemacht"

Anhand der Erzählungen der Paare in dieser Gruppe habe ich mich gefragt, warum so viele unter ihnen fraglos in dieses „Familienehe-Modell" rutschten. Es fällt mir auf – auch bei jungen Paaren –, dass es bei ihnen nie Diskussionen gab über die Balance von Arbeit, Liebe und Familie, nicht vor dem Zusammenleben und auch nicht vor dem ersten Kind. Zwar existierten bei vielen Frauen und bei einigen Männern Bilder im Kopf, die mit dem Begriff der Gleichberechtigung beschreibbar sind. Aber die meisten folgten, als sie zusammenzogen und besonders nach der Geburt des ersten Kindes, einfach den Vorstellungen aus dem Elternhaus. Selbst bei Menschen wie Robert, der bereits einmal das Ideal flexibler Rollenverteilung gelebt hatte, verlor es an Attraktivität, als er eine Frau mit konventioneller Einstellung kennen lernte und selber bereit war zum beruflichen Aufstieg.

Ich denke, dass Antworten auf meine Frage in der Verschränkung der skizzierten äußeren Bedingungen mit den inneren gefunden werden können. Das heißt in den konventionellen Vorstellungen davon, was ein „richtiger" Mann und eine „richtige" Frau und eine „richtige" Ehe sei sowie in den Lebensthemen aus ihren Biographien. Diese pflanzen sich als Familienroman in der nächsten Generation fort oder werden zu Wegweisern für Aufbruch und Verwandlung. Weder die gesellschaftlichen Verhältnisse noch das Psychologische an sich genügen darum als Erklärungsansatz.

Wie machen es die Frauen und Männer, welche unfreiwillig in eine Familienehe rutschten, und wie finden sie einen Weg, der zu dem notwendigen Aufbruch passt, sich in der Paarkrise manifestiert?

PS.
Zehn Jahre später: Claudia und Robert melden sich in tiefer Erschütterung über ein Ereignis, das sie wie ein Blitz aus heiterem Himmel getroffen hat. Robert hat seine Stelle als Mitglied der Geschäftsleitung nach fast zwanzig Jahren verloren. Die Umstände dieses Einbruchs sind äußerst kränkend; Robert hat bereits einen Prozess gegen den Vorstand eingeleitet. Nochmals tauchen seine alten Lebensthemen des fehlenden Respekts und des Verstoßenwerdens an die Oberfläche. Bitter meint er, dass der „cantus firmus" seines Lebens sich wohl nie ändern werde.

Was neu ist, ist die Qualität ihrer Paarbeziehung: Claudias reife Zuverlässigkeit und Roberts Bereitschaft, in den Abgrund seiner Verletzungen zu schauen und offen über seine Gefühle zu reden. Die drei Kinder sind inzwischen als junge Erwachsene auf guten Wegen. Claudia hat beruflich und persönlich festen Boden gefunden und unterstützt Robert emotional und materiell. Dennoch steht dem Paar eine lange und schwierige Zeit bevor. Als sie sich schließlich wieder von mir trennen, haben sie eine Selbstsicherheit im beruflichen und im gemeinsamen Leben gefunden, die ich ihnen früher nicht zugetraut hätte. Robert hat inzwischen eine Stabsstelle gefunden, die wesentlich weniger Lohn, aber mehr persönliche Anerkennung bringt.

Anmerkungen

[1] Burkart, Günter und Martin Kohli: Liebe, Ehe, Elternschaft. op. cit., Kap. 2.

[2] Härtling, Peter: Nachgetragene Liebe. Darmstadt 1980.

[3] Weber, Gunthard und Helm Stierlin: In Liebe entzweit. Hamburg 1989.

Kapitel 7

Die Fülle nach der Lebensmitte:
„Nur wer sich lange begleitet, ist sich begegnet"

(Botho Strauß)

Die Frage, wie es kommt, dass die einen Paare zusammenbleiben trotz der Krisen, die sie seinerzeit in die Beratung führten, und warum andere in ähnlicher Lage auseinander gehen, ist nicht generell zu beantworten. Ich befinde mich jedoch in der glücklichen Lage, dass mehrere Frauen und Männer rückblickend ihre gemeinsame Entwicklungsgeschichte erzählt haben, nachdem sie vor Jahren bei mir in Therapie waren. Von ihnen zu hören, wie sie ihr Leben seither gemeistert haben und wie es ihnen heute geht, hat mich ermutigt, ältere Paare auch weiterhin mit langem Atem durch ihre Krisen zu begleiten.

Theres und Paul

Dieses Paar war 1978 zum ersten Mal für eine Serie von zwölf Gesprächen bei mir. Anfänglich drehten sich diese um ihre damals 15-jährige Tochter Maja sowie deren 17-jährige Schwester Verena, welche ausziehen und in der Stadt ein eigenes Zimmer mieten wollte. Das fanden ihre Eltern zu früh. Neben Verena und Maja gibt es zwei jüngere Söhne, Stefan, damals 12, und Markus, 8. Ich sehe besonders Maja noch vor mir: zart und schön, mitten im Sommer in einen dicken Mantel gehüllt (sie zeigte Anzeichen einer beginnenden Magersucht) und unglaublich bockig. Später, als es Maja besser ging, kamen ihre Eltern in Paartherapie. Sie hatten erkannt, dass auch ihre Beziehung in einer Übergangskrise war. Ich habe das Paar seither zu verschiedenen Zeiten immer wieder einmal zu Gesprächen gesehen – oft, wenn ein weiterer unsanfter Übergang im gemeinsamen Leben fällig war.

Zum letzten Mal wünschte sich Theres von Paul zum 30. Hochzeitstag ein Gespräch bei mir. Einige ihrer Anliegen waren die alten, ungelösten: zum Beispiel seine völlig andere Art als ihre, mit Konflikten umzugehen. Für beide war die unterschiedliche Art ihrer Kommunikation nach wie vor schwierig. Allerdings haben sie damit inzwischen besser leben gelernt. Unser letztes Gespräch war herzlich, aber es fehlte die vorher übliche Spannung. Ich werte das als gutes Zeichen dafür, dass wir aus dem Therapievertrag aus- und in eine eher freundschaftliche Art der Beziehung eingetreten sind. Vielleicht trug diese dazu bei, dass mir Theres und Paul so ausführlich geantwortet haben? Ich freue mich jedenfalls darüber und danke ihnen auch an dieser Stelle herzlich.

Ihre Paar- und Familiengeschichte

Theres und Paul haben sich 1956 kennen gelernt, als Theres 19 und Paul 23 Jahre alt war. Sie hatte eben eine Lehre als Damenschneiderin beendet und wohnte noch zu Hause bei ihren Eltern. Paul hatte nach seiner Lehre eine berufsbegleitende Weiterbildung an einer höheren technischen Lehranstalt begonnen.

Die Eltern von Theres wurden beide 1900 geboren, die Mutter in Deutschland, der Vater in der Schweiz. Er war von Beruf Werkzeugmacher und Volkskünstler (wie seine Eintragung im Telefonbuch lautete). Ihre Mutter hatte als Köchin in verschiedenen Herrschaftshäusern gearbeitet. Sie hatte aus erster Ehe in Deutschland zwei Töchter, geboren 1921 und 1923. Bei der Scheidung wurden diese dem Vater zugesprochen. Nach dem damaligen deutschen Scheidungsrecht hatte sich Theres' Mutter schuldig gemacht, weil sie ihren Mann mit den beiden Kindern verlassen hatte aus Angst vor seiner Brutalität. Er sei ein sadistischer Tyrann gewesen, erzählt Theres.

Über ihre Herkunft schreibt Theres: „Eltern und Geschwister waren für mich wichtig. Ich merke aber, dass sich die Gefühle für sie im Laufe der Zeit verschiedene Male veränderten. Deshalb habe ich Mühe, diese in Stichworten zu beschreiben. Ich versuche es dennoch: Für meinen Vater empfand ich im kindlichen Alter Verehrung, manchmal auch Furcht. Er war eine starke Persönlichkeit, hatte aber auch schlimme Jähzornausbrüche. Im Stadium der Pubertät überwogen Freude und Stolz auf ihn. Ich bewunderte seine unbändige Vitalität und Vielseitigkeit. Er war Erfinder, Maler, Geiger und Philosoph, er war passionierter Imker und baute Teleskope. Er las Dante, Nietzsche, Tolstoi und die Bibel, und er wurde nie müde, Briefe an Politiker, Kleriker (und an mich) zu schreiben. Er war obendrein ein sehr tüchtiger Handwerker und ein Arbeiter mit ausgeprägtem Bewusstsein. Auch war er ein großartiger Vater, der seine helle Freude an mir und an uns Kindern hatte. Er nahm uns – für die damalige Zeit – erstaunlich ernst.

Später, im Stadium meiner feministischen Entwicklungsschübe, verfärbten Verachtung und manchmal Hass diese Beziehung. Langsam bekam ich Augen für sein Demokratieverständnis, das offenbar nur gegen außen und unter Männern propagiert, jedoch nicht der eigenen Frau und den Kindern gegenüber *gelebt* wurde. Ich sah die *Ohnmacht meiner Mutter* und sah, wie sie aufging in der praktischen Arbeit und dabei irgendwie verkümmerte. Gott sei Dank hat sie ihr einfaches, trocken-humorvolles „Bayerngemüt" nie ganz verloren. Als Tochter fühlte ich mich von ihr aber oft allein gelassen. Sie litt sehr unter der Ablehnung deutscher Staatsangehöriger durch die Schweizer als Reaktion auf den 2. Weltkrieg. Bei mir löste das Gefühle von „nicht ganz in Ordnung sein" aus, so im Sinn, keine richtige Mutter zu haben. In der Pubertät führten diese Gefühle bei mir zu Enttäuschung und offener Ablehnung ihr gegenüber. In der Folge löste ich mich innerlich schnell und, wie mir schien, schmerzlos von ihr. Schon bald verkehrte sich aber mein Verhältnis zu meiner Mutter: Ich wuchs über sie hinaus ich half ihr, beriet sie, pflegte sie – sie war wie mein Kind. Erst heute verstehe ich die stille Tragödie meiner Mutter, erst jetzt, wo ich selber die Wechseljahre erlebe. Erstmals in meinem Leben fühle ich mich ihr verwandt und kann ihr nachfühlen, wie sie gelitten hat, und kann ihre Resignation verstehen."

Paul zu seiner Herkunft:

„Ich war ein ‚Spätgeborener' aus einer verarmten Bürgerfamilie. Meine Mutter, geboren 1893, war 40, als ich zur Welt kam, mein Vater, geboren 1884, bereits 49. Meine einzige Schwester ist zehn Jahre älter als ich. Meine Eltern habe ich geliebt, sie waren rechtschaffene Menschen. Sie taten mir aber immer leid in ihren Nöten und Zwängen. Sie waren für mich zu alt, und eine engere geistige Beziehung zu ihnen bestand nicht. Beide sind im selben Jahr, 1964, gestorben, als wir fünf Jahre verheiratet waren und schon die ersten zwei Kinder hatten. Ich bedaure oft, dass ich die Güte meiner Eltern nicht besser honoriert habe."

Partnerwahl

Theres hatte gute Gründe, sich so rasch wie möglich von einem Elternhaus abzusetzen, das sie als fordernd und beklemmend empfand. Das war damals in den fünfziger Jahren und mit ihrem typischen Frauenberuf als Damenschneiderin mit schlechten Arbeits- und Lohnbedingungen gar nicht einfach. Sie liebte Paul, seine verantwortungsbewusste, im besten Sinne des Wortes „eigensinnige" Art. Einer frühen Heirat stand nichts im Wege, obwohl sie sehr sparsam leben mussten. Paul lebte allein und freute sich darauf, mit Theres einen eigenen Hausstand zu gründen. Er liebte ihre spontane, herzliche Art und teilte mit ihr die Freude an Kunst und Natur. Als Paul 26 und Theres 22 waren, heirateten sie.

Als Spezialist in der Projektierung von thermischen Kraftwerken in einem internationalen Ingenieur-Unternehmen, das damals vor allem Atomkraftwerke plante, war Paul oft wochenlang unterwegs. Er hatte oft im Fernen Osten zu tun. Theres zog den Familienkarren daheim mit vier heranwachsenden Kindern weitgehend allein. Sie stand ihren alternden Eltern bei und engagierte sich in gemeinschaftlichen Projekten. Die Übergänge bei der jeweiligen Rückkehr von Paul in die Familie wurden, je älter die Kinder waren, desto schmerzhafter. Er sehnte sich nach Wärme und Entspannung und ärgerte sich über ihr Chaos. Sie hatten sich das Leben ohne ihn allein eingerichtet und behandelten ihn als Eindringling, wenn er nach Hause kam. Vor allem die beiden Ältesten hatten mit ihrer Mutter zusammen begonnen, sich für alternative Formen des Zusammenlebens und für einen ökologischen Umgang mit der Natur zu engagieren. Bei der ersten Familiensitzung trugen Mutter und Töchter demonstrativ große gelbe Knöpfe mit der Inschrift *„Atomkraft nein danke"*...

Ich erinnere mich, wie Paul sich einmal erbittert darüber beschwerte, dass die „alternativen" Freunde von Frau und Kindern, die er nach einer ermüdenden Reise bei sich zu Hause traf, ohne schlechtes Gewissen seinen Wein tranken. Diesen habe er doch nur dank seiner engagierten Arbeit in den Familienkeller stellen können, schimpfte er – selbst wenn sein Arbeitgeber Atomkraftwerke baute ... Pauls Ausspruch, dass er zu Hause als „reaktionär", in der Firma jedoch als „progressiv" bezeichnet werde, machte sein damaliges Dilemma deutlich.

Hier also, in ihren Worten, die Antworten von Paul und Theres auf meine Fragen, wie sie rückblickend die Probleme einschätzen, derentwegen sie damals in Therapie kamen, und wie sie als Paar und als Individuen sich seither entwickelt haben und was sie dabei unterstützt oder behindert hat.

Wie würden Sie, aus der heutigen Sicht, die Probleme beschreiben, mit denen Sie ursprünglich zu mir kamen?

Theres

Unsere Tochter Maja geriet so um 16 in eine Krise: Schulverweigerung. Sie war gesundheitlich in einer labilen Phase, war viel krank (Ess-Störungen), fehlte in der Schule, war rebellisch (vor allem gegenüber ihrem Vater), drogenneugierig, hatte problematische Freundinnen und Freunde und war in einer Klasse, die aufgelöst werden sollte. Es fehlte ihr jede Motivation zu

Paul

Der Anlass für die Paarberatung war eigentlich ein Familienproblem. Unsere beiden ältesten Töchter waren gegen uns Eltern (und speziell gegen mich) renitent und terrorisierten die Familie. Ich fühlte mich in dieser Situation von meiner Frau zu wenig unterstützt. Natürlich war da auch ein Eheproblem, aber in stärkerem Maße für meine Frau als für mich. Sie war wohl mit einer Leistung, weil auch die Resultate der Berufsberatungs-Tests im Skurrilen stecken blieben. Wie sollte das mit Maja weitergehen? Eine Beratung drängte sich auf.

Sie, Frau WE, haben uns die breiteren Zusammenhänge von Majas Krise aufgezeigt, was mir eher einleuchtete als meinem Mann, der all seine Kräfte in die Berufsarbeit einfließen ließ und Psychologie als reine Zeitverschwendung sah. Ich hingegen fühlte mich ausgepumpt, allein gelassen, unverstanden und in Auflehnung. Mein Umbruch, mein Graben nach mir selbst war bereits in vollem Gang. Ich konnte Hilfe brauchen, war froh darum.

Wir kamen zu Ihnen wegen Majas Problem. Da aber in Ihrer ganzheitlichen Familienberatung die Partnerbeziehung mit dazugehört, geriet nun auch unsere Paarbeziehung unter die Lupe.

der Rollenverteilung nicht zufrieden – mir war dieses Problem gar nicht bewusst. Außerdem litt Theres unter unserem Kommunikationsproblem und wollte es mit einer Familientherapie lösen, was nur teilweise gelang.

Die Töchter sind übrigens heute O.K. Starke, selbständige Frauen und Mütter! Auch die Söhne machen es gut im Leben.

Was waren die Auslöser der damaligen Krise?

Wie erwähnt: Majas Schulverweigerung.

Unterschiedliches Rollenverständnis in der Ehe und Familie (Töchter!). Kommunikationsprobleme der Ehepartner. Meine vielen und langen Auslandaufenthalte.

Wie haben Sie die Krise erlebt: als „Blitz aus heiterem Himmel" oder als lange anstehende Entwicklungsprobleme (bei sich, Partner/in, in der Beziehung)?

Maja reagierte schon als Kleinkind auf Schwankungen sehr sensibel, z. B. mit massiven Schlafstörungen nach einer Ferienabwesenheit von uns Eltern, ging auf keine fremden Toiletten und hatte lange Mühe, bei ihrer Patin alleine zu übernachten. Sie lutschte auch extrem lange Daumen. Die willensstarke Verena machte ihr Eindruck, Maja fühlte sich wohl immer als die Schwächere. Verena zeigte keine Probleme in der Pubertät; Maja hingegen schien geradezu überrissen, uns vordemonstrieren zu wollen, was es heißt, kein Kind mehr zu sein, Rechte und Freiräume zu beanspruchen, die Welt mit neuen Augen anzusehen, alles auf den Kopf zu stellen. Sie explodierte förmlich. Der Durchbruch eines neuen, stärkeren Ichs, den ich eigentlich schon bei Verena erwartete, der aber ausblieb oder sich zumindest in Grenzen hielt, den fand ich vorerst für Maja ganz gut. Ein bisschen habe ich mit Majas Schwierigkeiten gerechnet, weil sie immer schon etwas schwierig war. Aber ihr Verhalten war dann so massiv abwegig, dass ich ratlos war, wie es weitergehen sollte. Paul war für einen harten Kurs, ich eher für Toleranz (aber nicht grenzenlos). Die dadurch entstandenen Meinungsverschiedenheiten nervten ihn sehr. Ich konnte ihn nicht mehr unterstützen, um so mehr, als er

Die Probleme haben sich entwickelt, verschlimmert, verbessert. Dabei fühlte ich mich aber immer weniger frustriert als meine Frau, was sie vielleicht nur um so mehr enttäuschte. Ich realisierte nicht, wie sehr sie darunter litt, und wir konnten nicht darüber reden.

viel Zeit im Ausland verbrachte und über die Anliegen der Jungen gar nicht mehr recht im Bilde war. Die Kinder spürten das und fühlten sich oft ungerecht behandelt; ich konnte das verstehen. Die Krise hat sich also über längere Zeit aufgebaut.

Jede Krise ist auch eine Möglichkeit, sich mit ungelösten Themen in der persönlichen Lebensgeschichte auseinander zu setzen, z. B. mit den Seiten an sich selber, die der Beziehung „geopfert" wurden. Gab es solche bei Ihnen und welche?

Ich denke, für mich war es höchst fällig, mich von alten Rollenmustern loszulösen. Für mich war ein Schritt aus dieser Unselbständigkeit heraus nötig ... Ich entwickelte in der Folge eigene Interessen, familienunabhängige Projekte und neue Freundschaften.

Ja, sie lösten bei mir eine Ablösung aus der bürgerlichen Gesellschaft aus. Was ich heute als große Befreiung empfinde. Ich wurde vom moderaten Rechten zu einem moderaten Linken. Ich gab auch meine berufliche „Karriere" bewusst auf.

Wie sind Sie damit umgegangen?

Vielleicht richtig, vielleicht auch ungeschickt, ich weiß es nicht. Mein Weg, mein Verhalten verunsicherte jedenfalls Paul und schmerzte ihn wohl auch. Er reagierte verstimmt, kritisierend und eifersüchtig. Ich berichtete immer weniger von meinen Unternehmungen und baute im stillen an meiner Welt. Für mich wurde immer klarer, dass wir beide je allein einen Prozess durchmachen müssen.

Es war nicht schwierig, nachdem mir einmal klar geworden war, dass ich so nicht weiterleben wollte.

Wie hat sich Ihre Paarbeziehung und Ihr eigenes Leben dadurch verändert?

Mein Leben hat sich dahin verändert, dass ich eigenständiger geworden bin. Paul nannte es „rücksichtslos". In unserer Beziehung litten wir damals wohl beide an „kalten Füßen", und keines wusste vom andern, ob und wo sie aufgewärmt wurden.

Die Paarbeziehung und die Familienbeziehung haben durch die Krise und unsere Entwicklung profitiert. Im Freundes- und Bekanntenkreis fand ich wenig Verständnis. Ich fühlte mich oft allein. Dafür gab es neue Freunde. Weniger, aber interessantere.

Krisen können auch Zeichen dafür sein, dass es in der Geschichte eines Paares „unerledigte Geschäfte", zum Beispiel verletzte Loyalität, Kränkungen, Enttäuschungen, gibt. Gab es solche bei Ihnen und welche?

Da zähle ich die Empfängnisverhütung dazu, um die sich Paul in irreparabler Weise gedrückt hat. Wir konnten überhaupt nicht reden darüber. Er hatte einen Horror, so etwas zu besprechen. Irgendwie steckte, glaube ich, eine Angst vor Frauen dahinter. Schade, wir haben diese Offenheit nicht zustande gebracht, das ließ in mir Enttäuschung aufkommen.

Für mich eigentlich nicht. Wahrscheinlich aber für meine Partnerin.

Wie sind sie damit umgegangen?

Nach Jahren der Spannung, des bangen Wartens jeweils auf die Mens, der Sorge, was zu tun wäre, wenn … habe ich mich sterilisieren lassen. Es war ein wichtiger Schritt zu mir selbst. Leider damals auch ein weiterer, großer Schritt von Paul weg.

Wie hat sich Ihre Paarbeziehung und Ihr eigenes Leben dadurch verändert?

Diese Frage nagle ich an die Verhütungsgeschichte. So vieles hat außerdem beigetragen, unsere Beziehung und mein Leben zu verändern: Kurse, Bücher, Reisen, Feste, Begegnungen, Arbeiten, Unfälle, Geburt von Enkeln und Tod im Freundes- und Familienkreis.

Gelingt es Ihnen heute, so mit Kränkungen umzugehen miteinander, dass Versöhnung möglich ist?

Das ist ja das Erstaunliche bei uns, dass wir trotz aller Strampeleien und Zerwürfnisse einen phänomenalen Kitt haben. Wir haben streiten gelernt und können auch mal über uns lachen!

Ich glaube, das gelang mir schon immer, deshalb ist davon keine „sitzen geblieben".

Jede Krise kann als „Vorbote" notwendiger Veränderungen/Entwicklungen verstanden werden. Für welche Entwicklungsschritte war die damalige Krise gut (bei Ihnen selber, Ihrer Partnerin bzw. Ihrem Partner, für Ihr Zusammenleben)?

Mir wurden eigene Lebensprozesse deutlicher bewusst. Paul hat über die Paarberatung viel gewonnen, hat sie annehmen können; neue Einsichten wurden eingeleitet. Im Zusammenleben spürte ich mehr Toleranz den Kindern und mir gegenüber. Wir nahmen die Probleme entspannter, wir konnten dazu stehen. Partnerschaftliches Denken ist bei ihm ansatzweise aufgetaucht und hat sich bis heute erfreulich entwickelt.

Für mich bedeutete die Krise Befreiung aus bürgerlicher Denkweise in Richtung „mehr Sein als Schein" (oder Show). Für Theres den Beginn einer starken Selbstverwirklichung. Für die Beziehung ein entspannteres, entkrampftes Zusammenleben.

Falls Sie inzwischen getrennt oder geschieden sind (vom damaligen Partner/von der Partnerin), welche Entwicklungen haben Sie persönlich/Sie als (ehemaliges) Paar gemacht?
– – –

Wie geht es zur Zeit Ihnen persönlich?

Seit ich die Ehe nicht mehr so ganz als das Gelbe vom Ei betrachte und sich neben der Ehe ein Fächer von Möglichkeiten aufgetan hat, geht's mir viel besser!

Welch schwierige Frage! Ich glaube mehrheitlich ganz gut, manchmal etwas weniger. Das Leben finde ich aber fast immer schön oder zumindest interessant!

Manchmal berichten Frauen oder Männer, sie hätten schon sehr früh gemerkt, dass etwas nicht stimme, jedoch nicht den Mut gehabt, darüber zu reden. Gab es solche Situationen bei Ihnen und welche?

Extreme Eifersuchtsausbrüche von Paul hätten mich aufmerksam machen müssen, dass etwas nicht mehr gut war, aber ich war damals noch nicht so weit. Erst später, zu spät eigentlich, tauchte es mir ins Bewusstsein auf: Ich hätte mehr Freiraum gebraucht, Paul hätte mir dabei helfen sollen. Stattdessen verzichtete er auf seinen Freiraum, blieb zu Hause. Das ergab eine Isolation zu zweit! Hätten wir früher darüber sprechen können, wären wir uns nicht so fremd geworden.

Es gab sie. Aber rückblickend stelle ich fest, dass sie auch mit Reden nicht zu lösen waren. Vielleicht sogar im Gegenteil – das Reden verfestigte sie, weil wir uns immer in denselben Rillen bewegten und stecken blieben dabei. Ohne einen Katalysator wären wir vielleicht ganz stecken geblieben.

Wie gingen Sie damit um, wie Ihr Partner/Ihre Partnerin?

Wir konnten mit schwierigen Situationen schlecht umgehen. Ich hatte immer das Bedürfnis zu reden, er blockte ab und versteckte sich hinter der archaischen Formel „Liebe braucht keine Worte, sie funktioniert einfach oder funktioniert eben nicht".

Wie würden Sie heute mit solchen „Zeichen an der Wand" umgehen?

Heute ist mir vieles klarer, aber was nützt es hinterher? Wir sind inzwischen alt geworden. Aber es waren doch Schritte, wenn auch spät. Sie geben mir das gute Gefühl voranzukommen, mich zu erneuern. Jetzt erfahre ich mich wieder als lebendigen Menschen. Jahrelang fühlte ich mich als Mumie!

Zur Partnerwahl: Wo/wie haben Sie sich kennen gelernt – und wie lange kannten Sie sich vor der Heirat (vor dem Zusammenziehen)?

Der Bruder meiner langjährigen Schulfreundin war mit Paul befreundet, so ergaben sich erste Begegnungen. Es war so ein allmähliches Näherrücken während etwa vier Jahren, wovon Paul ein Jahr in Italien verbrachte. Ein Jahr davon waren wir heimlich verlobt, bis wir heirateten.

Wir haben uns eigentlich während meiner auswärtigen Studienzeit am Technikum kennen gelernt. „Fest" war unsere Beziehung vielleicht 3 Jahre, bevor wir einen Hausstand gründeten.

In welche Eigenschaften Ihrer Frau/Ihres Mannes haben Sie sich damals verliebt? Was bedeuten Ihnen diese heute?

Er war besonnen und hatte trotzdem eine ungeheure Antenne für Komik und Geschichten. Er strahlte etwas Gesetztes aus, das

In ihre äußere und vor allem innere Sauberkeit oder Lauterkeit. Dies hat sich bis heute so erhalten.

sich mit rührend Unbeholfenem mischte. Seine Stimme mochte ich, manchmal hörte ich gar nicht, was er sagte. Ich höre seine Stimme immer noch gerne, besonders, wenn er fort war und vom Flugplatz aus anruft – dann ganz deutlich!

Welche Eigenschaften Ihrer Frau/Ihres Mannes machten Ihnen damals Mühe? Und heute?

Das Geordnete bei ihm hat mich fasziniert, weil ich mich chaotisch fühlte. Ein bisschen fürchtete ich mich auch vor diesem bürgerlich-konservativen Boden. Aber er selber übte sehr viel Kritik am Kleinkarierten, wollte nicht Militärkarriere machen und scheute auch Kirchenrituale. Ich war zuversichtlich, dass wir miteinander Lösungen finden würden. So war es dann auch, aber das ging nicht gratis.

Damals vielleicht ihre starke Abhängigkeit vom Elternhaus.

Wie hofften Sie, sich gegenseitig zu ergänzen oder zu verändern?

Ich verstehe nicht, was mit dieser Frage gemeint ist. Irgendwie klemmt's plötzlich. Ich versuch's mit der nächsten.

Ich fand und finde es nach wie vor nicht notwendig, sich immer zu verändern und anzupassen. Wir sind schließlich zwei unabhängige, selbständige Individuen.

Wie schätzen Sie rückblickend Ihre Partnerwahl ein?

Wir hatten Glück. Wäre vielleicht eine einzige Komponente hinzugekommen oder hätte gefehlt, wir wären zerbrochen. Dass wir noch zusammen sind, ist nur zum kleinsten Teil unsere Leistung, es war Glück, Zufall …

Als Glücksfall sondergleichen! Für mich jedenfalls.

Bei allen Gegensätzen erkennen Liebende auch oft das Gemeinsame, das „Ähnliche im Unähnlichen" ihrer Biographie oder ihrer Sehnsüchte.

Gab es solche „Ähnlichkeiten im Unähnlichen", die Sie vielleicht erst heute erkennen?

War uns vielleicht das Ausbrechen aus etwas Drückendem, vom Alten Distanz nehmen, etwas Eigenes, Neues anzufangen, gemeinsam? Paul war ein ausgesprochen Spätgeborener aus einer verarmten Bürgerfamilie. Er machte mit dem letzten Geld seiner Eltern ein Studium, das so viel abwerfen sollte, dass er damit jederzeit auch noch seine Eltern durchbringen konnte. Ich wurde von meiner Mutter sehr jung in einen Beruf hineinmanövriert (Damenschneiderin), von dem ich kaum leben konnte. Ein typischer Frauenberuf, der mich demütigte und rundherum Verzicht und Anpassung an Menschen erforderte, die sich „Haute Couture" leisten konnten. Für uns beide, Paul und mich, denke ich, versprach ein gemeinsamer Weg mehr Möglichkeiten einer sinnvollen und kreativen Lebensgestaltung.

Ich kann diese Frage nicht beantworten, vielleicht, weil ich sie in ihrer Bedeutung nicht ganz verstehe. Vielleicht erscheinen mir diese Ähnlichkeiten auch nicht so wichtig.

In welcher Weise erleben Sie sich gegensätzlich zu Ihrer Partnerin/Ihrem Partner? (als Ergänzung oder eher als Belastung?)

Ich glaube, beides trifft zu. Ich empfinde Paul sehr als Ergänzung, weil er Qualitäten bringt, die mir fehlen, im Rationalen z.B. Aber genau diese Qualitäten erlebe ich manchmal als Belastung und Einschränkung.

Ich fühle mich sachlicher, freier von Illusionen als Theres in der Beurteilung von Sachfragen, von politischen Fragen. Das empfinde ich als für meine Frau wichtige Ergänzung. In der Beurteilung von Menschen sind wir jetzt sehr oft gleicher Meinung. Das war früher nicht so.

Unsere Zeit ist geprägt von einer Vielfalt an Beziehungsvorstellungen für Paare und Familien. Trotzdem wirken traditionelle Bilder eines „richtigen" Mannes und einer „richtigen" Frau nach. Was für Rollenvorstellungen hatten Sie ursprünglich?

Die Idee von der natürlichen Überlegenheit des Mannes saß auch in mir. Aber sehr bald und auch ganz selbstverständlich haben wir bei uns viele Dinge partnerschaftlich geregelt, gleiche Taschengelder z.B. Ich war aber nie gewillt, dieselbe untergeordnete Rolle zu übernehmen wie meine Mutter. Paul fand das auch richtig, soweit er sich überhaupt Gedanken darüber machte. Von seiner Mutter wurden wir deswegen stark kritisiert!

Ziemlich traditionelle. Die Frage stellte sich damals kaum. Und die Vorstellung von der Frau im Haus und dem Mann in der Welt draußen kam ja uns Männern entgegen!

Wie haben sich diese gewandelt (z.B. nach dem ersten Kind)?

Nicht vom äußeren Rahmen her, weil ich immer die Hausfrau war und Paul immer der, der das Geld brachte. Es waren eher Haltungsänderungen, die sehr langsam spürbar wurden!

Noch gar nicht. Stolzer Vater, vielleicht sogar liebevoller – aber keine Frage, was die Situation für Theres bedeutete!

Was würden Sie heute anders tun punkto Rollenverteilung?

Wenn ich heute eine junge Frau wäre, würde ich meine eigene Entwicklung besser im Auge behalten. Ich würde gegenseitige Abhängigkeiten beizeiten abbauen und viel früher mein Eigenes entwickeln.

Vieles. Aber vielleicht nur theoretisch? Gelegenheit zur praktischen Bewährung in der Familie habe ich nicht mehr. Ich verfolge aber die Anstrengungen und (Miss-)Erfolge bei den Töchtern und Söhnen mit Anteilnahme.

Was sind Ihre Perspektiven für die Zukunft bezogen auf Familien- und Arbeitsengagement?

Ich möchte ein „gesellschaftsintegriertes" Alter verwirklichen, d.h. eine vielfältige Lebensgemeinschaft aufbauen. Im Nebenamt die Enkel genießen! Wo und wie Paul mitmacht, wird sich zeigen – ich sehe das noch nicht so genau.

Es gibt ein utopisches Modell von Capra („Wendezeit"), das lautet: 50 % Lohnarbeit, 50 % ertragsfreie Arbeit und mitmenschliche Hilfe. Dieses Modell imponiert mir. Das lässt sich aber erst im nachkapitalistischen Zeitalter realisieren. Das würde auch gleichzeitig viele Beziehungs- und Familienprobleme lösen.

In welcher Weise beeinflussen Ihre Kinder/Ihr Kind die Paarbeziehung?

Immer wieder geben die Kinder Anlass, bestimmte Themen zu erörtern, und unmerklich oder auch ganz offenkundig wird am elterlichen Standpunkt geschliffen. Aber die Kinder dienen Paaren auch als Thema. Man spricht von den Kindern, dann muss man nicht von sich sprechen.

Bei einem Engagement für vier Kinder kommt wahrscheinlich die Paarbeziehung immer zu kurz, mindestens bis nach ihrer Pubertät.

145

Zu welchen Zeiten fühlten Sie sich besonders dankbar oder bereichert durch das Kind/die Kinder?

Immer, wenn es gelungen ist, mit einem der Kinder einen guten Weg oder eine beidseitig zufriedenstellende Lösung auszuhandeln. Schön sind Lösungen, die allen Kindern und uns Eltern zusagen, noch heute.

Eigentlich zu allen Zeiten. Selbst in der Zeit der Familien- und Ehekrise habe ich sie nicht als Belastung empfunden, eher als Herausforderung.

Zu welchen Zeiten fühlten Sie sich persönlich oder als Paar besonders belastet durch die Kinder?

Da war zuvorderst einmal die Verhütungssorge, die mich belastete und insofern auch unsere Paarbeziehung und unsere Sexualität beeinträchtigte. Persönlich fühlte ich mich durch die Kinder extrem belastet, weil Paul sehr viel im Ausland weilte und alles an mir hing.

Wenn Sie sich nochmals entscheiden könnten: Möchten Sie wieder Kinder haben? Gleich viele, weniger oder mehr?

Das ist eine sehr theoretische Frage, das Leben lebt man nur einmal, und so wie's war, so war es. Wenn ich heute eine junge Frau wäre, das heißt, ein Kind dieser Zeit, dann wäre so vieles anders, das sehe ich nun bei Markus, der in diesen Wochen 20 wird. Er hat eine ganz andere Prägung als seine fast zehn Jahre ältere Schwester Verena. Heute wachsen die Kinder auf mit offener Sexualität, ohne Tabus,

Eine sehr theoretische Frage. Mit der heutigen Erfahrung und bei besserer Verteilung der Belastung ohne weiteres gleich viele. Aus ökologischen Überlegungen eher weniger.

aber auch mit Aids, Drogen und Wohnungsnot. Aber trotz allem … auch sie haben Träume, ganz ähnliche wie wir damals. Auch sie haben wieder Kinder und stürzen ab mit ihnen auf den harten Boden der Realität. Die tatsächlichen Fortschritte sind winzig klein, aber sie sind da. Doch, ich glaube, ich hätte wieder Kinder, ich lernte sooo viel mit und von ihnen! Wie viele Kinder? Da lasse ich mich in meinem nächsten Leben überraschen! Im Moment ist für mich ganz klar, dass unsere vier Kinder zur Welt kommen mussten, jedes war willkommen, wir freuten uns. Aber ein fünftes Kind wollte ich unter gar keinen Umständen haben.

Wenn Sie an Ihre Krise und Ihre Entwicklung seither zurückdenken:

Welche damaligen Probleme sind gelöst oder haben zu Entwicklungsschritten geführt?

Maja konnte die Schule gut abschließen, lernte einen Beruf, der sie sehr befriedigt. Unsere Beziehungen zu den Kindern sind erfreulich lebendig, wir haben vielfältig miteinander zu tun. Unsere Ehe ist ein lebendiges Provisorium geworden!

Wie schon erwähnt, lagen die negativen Auswirkungen unseres Beziehungsarrangements vornehmlich auf meiner Frau. Das Familienproblem ist gelöst, unsere Ehe lebt. Ich persönlich habe mich von geschäftlichen und gesellschaftlichen Zwängen gelöst – eine bedeutsame Entwicklung, wenn ich an meine Prägung denke.

Was hat Ihnen im Umgang mit Krisen bisher am meisten geholfen?

Ich habe für die Bedeutung von Krisen eine subtile Wahrnehmung entwickelt; das kommt vielleicht daher, weil wir gelernt haben, ehrlicher und offener mit Konflikten umzugehen. Ich lernte mich besser abzugrenzen. Meine Klarheit kam auch unserer Paarbeziehung zugute.

Positiv fand ich immer die durch Krisen bewirkte gemeinsame Auseinandersetzung und das Überdenken der eigenen Lebenslage.

Was hat Sie am meisten behindert dabei (persönlich und als Paar)?

Die Hemmung von Paul, über Schwierigkeiten zu sprechen, machte eine verbale Kommunikation sehr schwierig. Ich suchte immer andere Ausdrucksmöglichkeiten, die mithalfen, einigermaßen in gegenseitiger Nähe zu bleiben und auf diesem Weg indirekt noch nicht deklarierte Schwierigkeiten abzubauen.

Meine Kommunikations-Schwäche, die Angst, dass ich verlieren könnte, wenn ich mich öffne.

Wenn Sie einem Paar (oder einer Frau/einem Mann) in ähnlicher Krise raten würden, was würden Sie sagen?

Es ist schon fast ein abgedroschener Slogan zu sagen, „geht doch zum Psychotherapeuten oder zur -therapeutin"; damit „man" mit den Problemen anderer nicht behelligt werde. Aber uns z. B. hat die Beratung tatsächlich weitergeholfen, hat etwas in Gang gebracht. Sicher kann in einer Krise Rat auch von anderer Seite kommen. Ich würde vielleicht einen passenden Buchtitel erwäh-

Ich würde tatsächlich eine außenstehende Beratung oder Supervision anraten. Denn es ist wohl unmöglich, Beziehungsprobleme objektiv selbst zu erkennen und zu lösen. Aber das ist alles so individuell. Während ich mich in Anwesenheit eines Moderators besser äußern kann, ist das bei anderen Menschen wohl anders. Und dann gibt es schließlich Probleme, die man

nen, einen Vortrag zum Thema, ein Bildungswochenende etc. Ratsuchende können auf diese Weise plötzlich eine Antwort finden, eine Einsicht gewinnen. Wichtig ist ja, sich auf den Weg zu begeben und Suchende darin auch zu unterstützen.

stehen lassen und mit denen man zu leben lernen muss.

Wenn es zutrifft, dass zu jeder lange dauernden Beziehung Probleme gehören, die nicht lösbar sind: Gibt es solche bei Ihnen (welche)?

Ja. Wir werden immer zwei Individuen bleiben und somit grundsätzlich abweichende Meinungen haben. Wenn sie übereinstimmend sind, haben wir Glück gehabt, wenn nicht, können wir das heute viel besser ertragen.

Ja, das Kommunikationsproblem. Aber nicht im Sinn, dass wir zu wenig sprechen miteinander. Wir (ich) können nur nicht gut über uns selbst sprechen. Und, in geringerem Maße, ein sexuelles Problem, das aber in zunehmendem Maß an Bedeutung verliert. Ich würde es als Fehlen von Leidenschaft zugunsten von Zärtlichkeit bezeichnen.

Wenn Sie gut mit den unveränderbaren Problemen weiterleben, wie wird Ihre persönliche und Ihre Situation als Paar werden?

Es wäre vermessen, uns als Paar oder mir selbst eine Prognose stellen zu wollen.

Ich hoffe, dass wir uns (geistig) weiter zueinander entwickeln.

Können Sie sich ein gemeinsames Alter mit Ihrer Partnerin/ Ihrem Partner vorstellen (wie)?

Ja, doch, sehr gut. Ich wünschte mir ein etwas vielfältigeres Beziehungsnetz, als es viele alte Menschen haben. Ich hoffe, der „Isolation zu zweit" entgehen zu können.

Doch, doch, ich freue mich sogar darauf. Aber das ist wieder ein Riesenthema mit vielen offenen Aspekten.

Kommentar zu den vorliegenden Fragen:
Wie war die Beantwortung der Fragen für Sie?

Es hat mich sehr viel Zeit ge-
kostet, das Nachdenken. Aber
es hat gut getan, es war eine
Herausforderung.

Eine große Arbeit. Aber ganz
gesund.

Haben Sie mit Ihrer Partnerin/Ihrem Partner darüber geredet?
(Wie war's?)

Ich habe all die Fragen Paul vorgelesen, weil er Sehprobleme
hat. Sofort signalisierte er Wider-
stände, da mitzumachen, das sei
so schwierig. Ich verhielt mich
neutral. Inhaltlich haben wir
nicht darüber geredet.

Noch nicht. Ich möchte aber
noch. Es wäre aber wohl nicht
im Interesse der Sache, zum
Beispiel die Blätter auszutau-
schen. Sozusagen „for review"?

Sind Sie einverstanden, wenn ich Ihre Antworten in meinem
Buch zitiere, ohne Ihre Identität preiszugeben?

Ja. Ich denke an das Buch „Wenn
Ehen älter werden"; das habe ich
so gerne gelesen. Das tägliche
Leben kommt mir unglaublich
reich vor. Wir können voneinander so viel lernen!

Why not.

Hätten Sie Lust, mir mündlich einmal weitere Erfahrungen zu
berichten. Allein oder mit Partner/in?

Im Moment bin ich froh, diese
Aufgabe hinter mir zu haben und
mache ganz gerne einen Punkt.

Kommentar zu den Antworten von Theres und Paul

Wenn ich die beiden mit den meisten anderen Paaren aus der Lebensform „Familienehe in und nach der Lebensmitte" vergleiche, die zusammengeblieben sind, scheint ihre Bewertung der einzelnen Themen recht typisch. Auffällig sind dabei vor allem die Unterschiede zwischen Frau und Mann; von ihr kommen Geschichten, von ihm knappe, präzise Fakten. Auch damit sind Theres und Paul typisch für diese Paargruppe.

Eindrücklich ist, um wieviel dringlicher Theres rückblickend die Probleme um Nähe und Distanz und um emotionale Intimität als Voraussetzung für sexuelle Nähe einschätzt als Paul. Auch ihr früheres Anliegen, „mehr Raum für sich selber" zu bekommen, war ihr persönliches, von Paul nicht geteiltes. Er hatte ja Räume für sich allein, manchmal mehr, als ihm lieb war, wenn er zum Beispiel wochenlang in einem sterilen Hotelzimmer irgendwo im Fernen Osten leben musste. Am auffälligsten – aber für die Lebensform dieses Paares typisch – scheint mir der Unterschied bei Frau und Mann in der Bewertung des damaligen Kinderproblems. Während dieses für Theres rückblickend den höchsten Stellenwert einnimmt – Maja diente ja bezeichnenderweise als „Eintrittskarte" für die spätere Paartherapie –, tendiert Paul dazu, das Thema „nicht zu übertreiben". In den Worten von Theres bedeutet das, dass ihr Mann damals ihre Ängste um die Entwicklung der Töchter nicht besonders ernst nahm. Sie fühlte sich mit ihren Sorgen weitgehend allein gelassen, bis Maja mit ihren Symptomen deutliche Alarmzeichen gab, die auch den Vater mobilisierten. Er nahm es dann allerdings auf sich, den ersten Termin für ein Familiengespräch bei mir zu vereinbaren.

Typisch scheint mir, dass Theres die Arbeitszufriedenheit ihres Mannes schon bei unseren ersten Gesprächen als wesentlich negativer einschätzte als er selber und auch seine Überbeanspruchung durch den Beruf und seine häufige Abwesenheit als größeres Problem einstufte als er. Später sollte sich zeigen, dass sowohl ihre Einschätzung als auch der damalige Protest seiner Kinder gegen Inhalt und Form seines beruflichen Engagements bei ihm auf vorbereiteten Boden gefallen waren. Paul ist inzwischen aus dem internationalen Ingenieur-Unternehmen ausgestiegen. Seit mehreren Jahren ist er privat als Energieberater tätig.

Schlusskommentar

Ich habe mich gefragt, woher Theres und Paul sowohl ihre Lebendigkeit als auch die Beständigkeit hernehmen, mit welcher sie in einer Zeit großer sozialer Umwälzungen eine traditionell geschlossene Ehe mit vier Kindern seit Jahrzehnten „über die Runden brachten" und heute nach intensiven Krisen noch zusammen und oft sogar glücklich sind. Ich habe viele Ideen zu dieser Frage, die alle auf irgendeine Weise bereits angedeutet sind im Originaltext des Paares. Darum fasse ich sie nur kurz zusammen:

Beide, Theres und Paul, haben das, was ich als „Wurzeln" bezeichne, verknüpft mit ihren individuellen Lebensentwürfen und ihrer Geschichte als Paar- und als Familienmenschen. Eindrücklich ihre lebendige Schilderung der Kulturen, denen sie beide entstammen: Paul aus einer „verarmten bürgerlichen Familie", die lange im Ausland gelebt hat, und Theres aus einer Arbeiterfamilie mit einer besonders farbigen eigenen Kultur. Auch wenn vieles im Leben ihrer Herkunftsfamilien schwierig war, identifizieren sich beide positiv mit ihnen. Ich denke, das hat damit zu tun, dass sie den Zugang zu den „Skeletten" (den alten Verletzungen), besonders aber zu den „Schätzen", im Familienkeller gesucht und in Geschichten aufgehoben haben. Damit gewannen sie eine Identität, die ihnen über die Wechselfälle des sozialen und wirtschaftlichen Wandels hinaus Beständigkeit vermittelte, ein Grundgefühl von Liebe.

In elterlichen Geschichten sind immer auch *Szenarien für Wandel* angelegt, die Theres und Paul und später ihre Kinder nutzten. Sie stellen Menschen dar, die nicht einfach bequem auf demselben Fleck sitzen geblieben sind, sondern mit dem Leben experimentiert haben. Das „langlebige Provisorium von Liebe und Ehe", von dem Theres und Paul erzählen, scheint darin seinen Anfang genommen zu haben.

Typisch für jene Paare, die – über alle Krisen ihrer unterschiedlichen Entwicklungsprozesse hinaus – sich lange begleiten und sich dabei begegnen, finde ich die respektvolle, wenn auch kritische Beziehung von Paul und Theres zu den Kulturen ihrer unterschiedlichen Herkunft. Eindrücklich scheint mir die Tatsache, dass sowohl Theres als auch Paul für ihre Eltern sorgten, als diese alt und krank wurden. Paul unterstützte seine Eltern finanziell, und Theres begleitete ihre Mutter und später ihren Vater mit großer Anteilnahme durch Krankheit und Sterben. Sie setzte sich nochmals auseinander mit dem, was sie von ihnen bekommen und was sie an ihnen vermisst hatte und kam sich dadurch selbst ein Stück näher. Diese Art von Versöhnlichkeit den eigenen Eltern gegenüber ist wohl, was einfließt in die großzügige Toleranz zueinander, wie ich sie bei diesem Paar, aber auch bei anderen wahrnehme, die ihre Beziehung über Jahrzehnte gefestigt haben. Von Bedeutung ist dabei auch der Satz im Text von Theres, sie wisse nun, dass die Paarbeziehung „nicht mehr das Gelbe vom Ei sei" und sie Paul dennoch herzlich liebe. Der unkonventionelle berufliche Aufbruch der beiden um die Lebensmitte sowie das gegenseitige Sich-Loslassen scheint auch ihren Kindern eine Möglichkeit geworden zu sein, mit Liebe, Arbeit und eigenen Kindern zu experimentieren und dabei gemeinsamen Boden zu bewahren.

Dass übrigens auch bei Theres und Paul wie bei vielen anderen Paaren gelegentliche Verliebtheit in andere Menschen zur gemeinsamen Geschichte gehörte und kein Anlass für Tragödien war, sondern für Entwicklungen, passt gut zu ihren Lebensentwürfen von Vitalität *und* Beständigkeit.

Zum Schluss ein Zitat von Theres, mit dem sie mir ihre Fragebogen schickte.

„Solche Rückblicke haben etwas von Glatteis an sich. Ich schicke Ihnen meine Antworten zusammen mit dem Bild einer Schlittschuhläuferin. Sie erinnert mich an meine Mutter, die als Köchin in L. arbeitete und beim Schlittschuhlaufen meinen Vater kennen lernte. Das Balancieren hat ihr ganzes Leben durchzogen. Auch ich spüre, bei aller wiedergewonnenen Stabilität mit Paul, zuzeiten das Krachen im Eis, auf dem wir ‚tanzen'. Nur –

sollte es wirklich einmal zum großen Tauwetter kommen (um bei dieser Symbolik zu bleiben), dann heißt es eben schwimmen, für uns beide!"

„Wir hatten wunderbare Visionen,
aber der Alltag zerstörte sie."

Kapitel 8
Mutterschaft und Beruf in Phasen:
„Lieber den Spatz in der Hand ..."

Katy und Markus

In diesem Kapitel geht es um die Frage, in welcher Art sich die großen Hoffnungen an progressive Modelle zur Vereinbarung von Familie und Beruf im Einzelfall erfüllen lassen. Anhand einer typischen
Paargeschichte zeige ich auf, was die damit verbundenen Krisen sowie mögliche Lösungen sein können.

Die Balance zwischen Liebe, Elternschaft und Arbeit immer
wieder neu zu finden, setzt bei dieser Lebensform besondere
Flexibilität und die Bereitschaft voraus, hergebrachte Vorstellungen durch eigene Lebens- und Familien-Entwürfe zu ersetzen.
Dabei zeigt sich, dass viele Männer immer noch festgehalten
werden von hergebrachten Konventionen von Liebe und Arbeit.
Besonders als Söhne von emotional oder real abwesenden Vätern oder als Erben konventioneller Berufs- und Familientradi-
tionen ist ihnen der Blick auf progressive Arbeits- und Lebensformen häufig verstellt.

Auch Frauen vermissen oft Modelle für die erträumte flexible
Rollenverteilung zwischen Liebe, Kindern und Karriere. Wenn
die fast unveränderten Bedingungen in der Arbeitswelt mitbedacht werden, wird verständlich, warum Frauen vorwiegend mit
der Familienarbeit identifiziert bleiben, selbst wenn sie berufstätig sind, und Männer ihre Identität wesentlich von ihrer Berufsarbeit ableiten.

Während sich seit den 60er Jahren durch verbesserte Frauen-
bildung ein Wandel in den Wertvorstellungen zugunsten der be-

ruflichen Entwicklung von Müttern vollzogen hat, bedeuten die immer noch an der traditionellen „Familienehe" orientierten gesellschaftlichen Institutionen, dass die flexible Rollenverteilung eines Paares beeinträchtigt ist, sobald Kinder kommen. Krisen in solchen Beziehungen sind, wie das folgende Paarporträt zeigt, durch gebrochene Vereinbarungen und das Auseinanderklaffen von Wunsch und Wirklichkeit programmiert.

Das Leitbild Dreiphasen-Modell

Bei dieser Lebensform plant ein Paar bewusst Elternschaft und Berufstätigkeit so, dass zuerst beide berufstätig sind. Nach der Geburt des ersten Kindes bricht die Frau ihre Berufstätigkeit vorübergehend ab, um sie später wieder aufzunehmen (mit allmählich steigendem Pensum), wenn die Kinder größer werden. In der dritten Phase ist sie wieder voll berufstätig. Im besten Fall behält sie auch während der Phase als Familienfrau einen Fuß in der Berufswelt, zum Beispiel durch laufende Weiterbildung. Je mehr sich die Frau in der Arbeitswelt später wieder integriert, desto mehr nimmt der Mann teil an der Familienarbeit – so jedenfalls lautet das Ideal, welches von einer größeren Anzahl junger Paare angestrebt wird. In meiner Untersuchung gehört ein Drittel der Befragten zu dieser Gruppe.

„In der Generation der heute etwa Dreißigjährigen gibt es doppelt so viele Dreiphasenfrauen wie in der Generation der über Fünfzigjährigen. In Großstädten und Agglomerationsgemeinden begünstigt die Mentalität die Wiederaufnahme der Erwerbsarbeit. Zudem stehen die geeigneten Arbeitsplätze (Teilzeitstellen) eher zur Verfügung als in ländlichen Gebieten." [1]

Antworten auf die Frage, ob dieser Trend tatsächlich zugunsten der Frauen verläuft, wie ursprünglich angenommen wurde, und was für Bedingungen in und außerhalb der Paarbeziehung diese Konstellation beeinflussen, will ich anhand des folgenden Porträts skizzieren.

Die frühen Jahre der Paarbeziehung

Sie lernten sich auf der Fähre zwischen England und Frankreich kennen, als Katy 21 und Markus 22 Jahre alt waren. Katy hatte – nach ihrer Lehre als Verwaltungsangestellte – ein halbes Jahr als Au-pair-Mädchen in England gearbeitet, und Markus kam von Tramper-Ferien zurück, um eine Zweitausbildung an der Kunstakademie zu beginnen. Es war keineswegs Liebe auf den ersten Blick, wie die beiden rückblickend erzählen, sondern ein Gefühl von Vertrautheit und Lust am Aufbruch, das sie zueinander zog. Ein Jahr lebten sie dann, eher zufällig, in derselben Stadt. Sie sahen sich zwar ab und zu, aber ihre berufliche Entwicklung und ihre bestehenden Freundeskreise blieben vorläufig wichtiger als eine Beziehung als Paar. Markus war als Kunststudent und Teilzeit-Angestellter in der Druckerei seiner Familie angeregt und ausgefüllt. Katy arbeitete wie vor ihrem Englandaufenthalt in der Verwaltung einer Universitätsklinik, bis sie sich entschloss, sich zur Ernährungsberaterin auszubilden und in eine andere Stadt zu ziehen. „Genau zu dieser Zeit, als uns die Trennung drohte, verliebten wir uns so richtig ineinander", erzählt Markus. „Katy zog tatsächlich weg, aber ihre Abwesenheit machte mir deutlich, dass ich ohne sie nicht mehr leben wollte. Auch sie zeigte mir ihre Liebe."

Nach einem Jahr des Hin und Her zwischen zwei Städten konnten die beiden in einer Kleinstadt dazwischen ein Häuschen mieten. Als sie es zum ersten Mal sahen, blühte im Vorgarten ein riesiger alter Fliederbaum. Die Zeit im „Fliederhäuschen" wurde für sie seither zum Inbegriff einer glücklichen Lebensphase, nach der sich beide noch heute sehnen. Die Balance zwischen Wir und Ich gelang; es gab gute Zeiten von Intimität, aber auch viel Zeit für Eigenes. Katy entwarf mit Kolleginnen zusammen Konzepte, um die Ernährungsberatung „neu zu erfinden", wie sie erzählt. Sie war voll von Schaffensdrang und kreativen Ideen, konnte trotz ihrer Jugend auch mit älteren Menschen gut umgehen und fühlte sich ihrer selbst sicher.

Auch Markus erlebte eine gute Zeit in der Graphikklasse der Kunstakademie und genoss es, im eigenen Atelier des Fliederhäuschens zu arbeiten. Seinen Lebensunterhalt verdiente er durch Mitarbeit in der Druckerei, welche von seinem Vater als Familien-Unternehmen geführt wurde. Als ältester und einziger Sohn einer Familie mit vier Kindern war er zuerst fraglos der väterlichen Tradition gefolgt, um später einmal den bald hundert-jährigen Betrieb zu übernehmen. Jetzt war sich Markus dessen nicht mehr sicher. Seine Beziehung zu beiden Eltern war seit der Pubertät distanziert und kühl: Bei seiner Mutter stellte er „einen protestantischen Puritanismus und eine Enge des Herzens" fest, welche ihn bedrückten. Seinen Vater empfand er als „Gefan-genen gewerblich-bürgerlicher Tradition", welcher dieser seine künstlerischen Seiten, seine Freude an Malerei und Fotografie geopfert hatte.

Katy stammt ebenfalls aus einer Familie mit vier Kindern – zwei Töchter und zwei Söhne – und ist ebenfalls eine Älteste. Ihre Eltern, beide aus dem Arbeitermilieu, hatten spät geheiratet. Der Vater, gelernter Mechaniker, übernahm bald nach der Heirat eine mechanische Werkstätte, wo ihm seine Frau – sie war Kran-kenschwester gewesen – das Büro besorgte. Katy dazu: „Mein Vater war sicher enttäuscht, keinen Stammhalter zu bekommen, als ich geboren wurde. Trotzdem liebte er seine beiden Töchter abgöttisch und nahm uns in Schutz vor der Mutter, die uns wohl immer etwas als Konkurrenz sah. Sie war eigentlich eine musi-sche Frau, aber ihre enge katholische Erziehung, die Arbeit mit vier Kindern sowie die notwendige Mithilfe im Geschäft ließen ihre eigenen Interessen verkümmern. Es blieb bei ihr vieles Bruchstück, ein richtig zersplittertes Leben. Mit der Zeit spielte sie auch nicht mehr auf dem Klavier, das sie in die Ehe gebracht hatte. Ihre eigenen Saiten wollten immer weniger klingen. Mein jüngster Bruder hat diesen Teil für sie übernommen. Er ist leider als brotloser Musiker gestrandet und zu Hause hängen geblie-ben. Als mein Vater unerwartet früh starb – ich war damals ge-rade mit Markus zusammengezogen –, übernahm der ältere Bruder das Geschäft und überließ die Mutter und ihren Künstler-sohn ihrem Schicksal. Auch ich habe mich damals distanziert von ihnen, weil ich diese schreckliche Bindung der beiden an-einander nicht ertrug."

Wendepunkte

Nach vierjährigem freiem Zusammenleben von Markus und Katy im Fliederhäuschen wurde es ihnen gekündigt. Eine Entscheidung wurde fällig. Katy beantragte einen Weiterbildungsurlaub und reiste für drei Monate in die USA. Markus fand eine interessante Arbeit in einer internationalen Werbefirma und lebte eine Zeit lang allein. Sobald Katy zurückkam, beschlossen die beiden zu heiraten. Im Nachhinein schätzen beide diesen Entschluss als die erste Zäsur ihres Lebensentwurfs ein, deren Tragweite sie damals viel zu wenig beachteten. Markus: „Rückblickend muss ich sagen, dass die Heirat und die damit aktivierten Normen und Erwartungen uns seelisch viel tiefer beeinflussten, als wir angenommen hatten. Bei mir kamen plötzlich Existenzängste hoch: Sollte ich freiberuflich tätig werden oder mich ins gemachte Nest legen? Das Erbe erwerben, um es zu besitzen und an eine nächste Generation weiterzugeben? Wie würde Katy einen solchen Verrat am Traum, dass wir alles neu machen würden, verkraften? Lieber nicht fragen, war damals meine Devise."

Katy litt unter dem Verlust ihres Namens, des Vater-Namens, auf den sie stolz gewesen war. „Mit der neuen Identität tat ich mich schwer", schreibt sie. „Durch die Heirat wurde ich Teil einer Familie, die so ganz andere Werte verkörpert als meine. Ich merkte damals, dass Markus tief in seinem Innern einem konventionellen Familienbild verhaftet geblieben war. Er war in einer Tradition aufgewachsen, wo die Frauen selbstverständlich die Männer auf die Bühne treten lassen und sie von hinten versorgen und lenken. Durch unsere Heirat kam er zu meinem Entsetzen diesen hergebrachten Männer- und Frauenbildern wieder näher. Seine Mutter hatte durch das Zusammenleben mit ihrer unverheirateten Schwester immer Hilfe im Haushalt gehabt und zahlreiche kirchliche und soziale Tätigkeiten gepflegt, was zu ihrem großbürgerlichen Lebensstil passte. Dafür bewunderte Markus sie, trotz aller Distanz. So etwas konnte ich mir gar nicht vorstellen. Aber uns beiden fehlten Modelle, wie Berufsarbeit und Familie sinnvoll verbunden werden können. Das zeigte sich dramatisch bei der Kinderfrage."

Im Rückblick reflektieren beide die Motive, welche sie ursprünglich zusammenführten und sie eine progressive Lebensform wählen ließen, deren Versprechungen aber dann nur schwer einlösbar waren.

Partnerwahl und Paarmythos:
„Wir wollen das Gegenteil unserer Eltern sein"

Sowohl Markus als auch Katy haben bei ihren Eltern erlebt, was es bedeutet, als Gefangene des vorgegebenen Lebenslaufs in festen Gehäusen zu leben. Es gab die Enge der alteingesessenen städtischen Geschäftsfamilie bei Markus. Da war ein Vater, der fraglos den Familienbetrieb weiterführte und seine musischen Seiten der puritanisch-protestantischen Ethik seines Milieus opferte, welche von seiner Frau aufrechterhalten wurde. Die entsprechende Familienatmosphäre von Fleiß, Anstand und Pflichterfüllung, welche Konformität mit Ansehen und Reichtum belohnt, aber alles davon Abweichende hart bestraft, illustriert Markus mit folgender Episode: Als er sich mit 18 die Haare schulterlang wachsen ließ, wurde er dafür im Geschäft von seinem Vater geohrfeigt und auch mit Worten gedemütigt. Er gelobte sich damals, diesem Milieu für immer den Rücken zu kehren.

Katys Temperament und ihre Lebensfreude und Lebenslust haben früh schon das Korsett ihrer traditionellen Erziehung als Mädchen in einer streng katholischen Familie gesprengt. In der Klosterschule, in welche sie gesteckt wurde, nachdem sie die Freiheitsgrade des öffentlichen Gymnasiums überschätzt hatte, empfand sie ohnmächtige Wut gegenüber dem vorherrschenden Frauenbild. Obwohl ihre Familie einen gewissen Aufstieg geschafft hatte, fühlte sich Katy durch die Unsicherheit ihrer Eltern eingeschränkt. Mut, auch ohne Abitur einen eigenen Weg zu gehen, gab ihr vor allem die Großmutter mütterlicherseits, eine ehemals aktive Gewerkschafterin, die sie sehr liebte. Ihr heiteres und witziges Naturell schlägt bei Katy durch, sobald es ihr gut geht. „Für mich war dieses Naturell wie eine sprudelnde Quelle,

in die ich mich verliebt habe", erzählt Markus. „Katys Großmutter habe ich noch erlebt. Katy ist ihr wirklich ähnlich, zum
Glück."

Immer wieder fällt mir bei den Berichten der Frauen und Männer, die
in den konservativen 40er und 50er Jahren geboren wurden, auf, wieviel vitaler sie ihre Großeltern erlebt haben als ihre eigenen Eltern.
Es scheint, dass die bei vielen Müttern dieser Generation beobachtete
Einengung ihres Erfahrungshorizontes und ihr exklusiver Familien-
bezug für die Töchter wenig positive Identifikationsmöglichkeiten
ergaben. Nach dem Zweiten Weltkrieg wurden Frauen einerseits von
heimkehrenden Männern aus der Arbeitswelt verdrängt, andererseits
akzeptierten viele von ihnen das Leben in der „heilen" Familie als
Alternative zu der vorher erlebten Überlastung. Der durch den wirtschaftlichen Aufbau beschleunigte Individualisierungsprozess führte
zum Phänomen der einsamen Familienfrau. Das in den 40er und 50er
Jahren des 20. Jahrhunderts dominierende Familienbild hat bei vielen Frauen, die heute in der Lebensmitte sind, deutliche Spuren hinterlassen. Diesem Leitbild können jedoch farbige Geschichten aus
großmütterlichen Lebensläufen entgegentreten, wie das bei Katy der
Fall war.

   Auch Männer dieser Generation berichten, dass sie oft eine viel
nähere, „lustigere" Beziehung hatten zu eigenwilligen Großvätern als
zu ihren in der Arbeit eingebundenen und gefühlsmäßig abgekapsel-
ten Vätern. Diese widmeten meist ihre ganze Energie dem sozialen
Aufstieg, wie es der wirtschaftlichen Aufbauzeit nach dem Krieg entsprach.

Deutlich wird bei Katy und Markus der Gegensatz ihrer reli-
giösen Traditionen: Calvinistischer Protestantismus bei Markus,
ländlicher Katholizismus bei Katy. Fleiß und Ordentlichkeit bei
ihm und eine durch die Großmutter vermittelte lebensfrohe Sinnlichkeit bei ihr: „Ich pilgerte als Kind mit meiner Großmutter
manchmal nach Maria Einsiedeln und konnte dort stundenlang
die Heiligen auf ihren dicken weißen Wolken bewundern, das
Herz von Pfeilen durchbohrt, umrahmt vom Lichterkranz. Da
mein zweiter Name Maria ist, ließ ich mich als Kind auch eine
Zeit lang so nennen. In der Klosterschule ist mir die Lust dazu
dann vergangen."

Diese Gegensätze ihrer Biographien mit ihren gegenseitigen Ergänzungen – seine Lust auf ihre chaotische Lebendigkeit, ihre Freude an seiner Nachdenklichkeit und Ordentlichkeit – sowie die gemeinsame Energie, etwas Neues aus ihrem Leben zu machen, sind lebendig geblieben, trotz aller Brüche im Alltag. Im Fliederhäuschen haben die Gegensätze geblüht, und die Erinnerung daran ist nicht verloren, trotz aller uneingelösten Versprechungen, trotz Enttäuschungen.

Die erste Krise

Inzwischen waren Katy 34 und Markus 35 geworden, ihre „biologische Uhr" tickte lauter. Noch bevor sie sich bewusst für ein Kind entschieden hatten, wurde sie schwanger. Beide diskutierten verschiedene Modelle, wie sie Beruf und Familie vereinbaren könnten, und stimmten überein, dass „beide beides wollten". Das Dreiphasen-Modell schien dafür die beste Lösung: Katy würde vorerst ein Jahr zu Hause bleiben, aber weiterhin einen kleinen Lehrauftrag behalten, während Markus wöchentlich einen halben Tag weniger arbeitete. Nach einem Jahr dann wollte er sein Familienengagement auf einen Tag ausdehnen, damit Katy wieder in ihre Beratungstätigkeit einsteigen könnte. In einigen Jahren würde man einen Tages-Kindergarten suchen.

Kurz vor der Geburt des ersten Kindes starb Markus' Vater an einem Herzinfarkt. Markus ließ sich beurlauben und sprang vorübergehend in die Lücke, die der Vater im Familienbetrieb hinterlassen hatte. Unversehens aber wurde er mit Haut und Haar von der Arbeit aufgefressen. Es war die Zeit gewaltiger Umstellungen im Druckereigewerbe. Arbeitsplätze standen auf dem Spiel, und da Katy aufgehört hatte zu arbeiten, schien sein vorübergehender Einsatz auch finanziell für die junge Familie sinnvoll. Schließlich kündigte Markus seine Stelle und trat als Geschäftsleiter und Mit-Aktionär in den Familienbetrieb ein. „Wir entschieden uns eigentlich gar nicht, es geschah einfach", erzählen beide im Rückblick.

In dieser Zeit kam ihre Tochter zur Welt. Katy beschreibt sie als stark und eigenwillig wie sie selber, ein Kind, das ihr Wesentliches im Leben beigebracht, sie aber durch seine Vitalität und das monatelange nächtliche Brüllen auch zur Verzweiflung gebracht habe. Katy erzählt rückblickend: „Das Schlimmste war, dass Markus plötzlich wie vom Erdboden verschwunden war. Schon kurz nach der Geburt versank er bis über die Ohren im Geschäft und überließ mich meinem Schicksal."

Sie hatten sich alles so einfach vorgestellt. Ein Kleinkind schläft ja sowieso den ganzen Tag, dann könnten beide wie bis anhin noch eigene Interessen pflegen, und auch Katy würde einen Fuß im Beruf behalten. Aber plötzlich saß sie da mit einem Säugling, unvorbereitet und ohne positive Leitbilder für diese Situation. Sie fühlte sich der Isolation und den neuen Anforderungen überhaupt nicht gewachsen. Ihr psychologisches Wissen über die Bedeutung des ersten Lebensjahres setzte sie unter grausamen Leistungsdruck. Abschätzige Bemerkungen aus der Familie wie „Du hast aber eine eigensinnige Tochter, die wird mal eine Emanze werden wie ihre Mutter" trafen sie wie Giftpfeile. „Ich war so gänzlich ohne Haut, ohne Selbstbewusstsein, so ausgeliefert wie noch nie im Leben. Der Bruch zwischen vor und nach der Geburt war unerträglich, unbeschreibbar! Irgendwie habe ich Markus noch immer nicht verziehen, dass er mich damals so total im Stich ließ", erzählt Katy viele Jahre.

Der jungen Frau wurde in dieser Zeit schmerzlich bewusst, wie viel Selbstvertrauen sie aus dem Beruf bezogen hatte und wie wenig in ihrer Rolle als Ehefrau und Mutter davon übrig blieb. Ihre Teilzeitarbeitsstelle war ihr mehr Last als Freude. Als sie realisierte, dass sie nur aus Zukunftsangst daran festhielt, kündigte sie. Katys plötzlicher Mut, sich auf Neues und Unbekanntes einzulassen und einen langfristigen Lebensplan zu entwickeln, gab ihr Energie. Bewusst plante sie nun mit Markus zusammen ein zweites Kind. Sie wollte sich vorerst in ihrer Mutterrolle festigen, um dann drei Jahre später einen ausgedehnten Lehrauftrag zu übernehmen. Das sei eine sehr gute Zeit gewesen, meint Katy im Nachhinein, weil sie klare Zukunftspläne hatten.

Die zweite Krise

Sie bahnte sich ohne dramatische Vorboten an, dafür mit kleinen, alltäglichen Erfahrungen der Nichteinlösbarkeit des ursprünglichen Planes einer flexiblen Rollenverteilung. Es gab Nadelstiche der Enttäuschung, oft tagelange Kälte zwischen Markus und Katy und nur noch sporadisch Zärtlichkeit und sexuelle Kontakte.

Die junge Familie war inzwischen in das geräumige elterliche Haus des Mannes gezogen. Zaghaft versuchte Katy einen Wiedereinstieg in den Beruf. Aber sowohl ihr inneres als auch das äußere Gleichgewicht waren brüchig geworden. „Mit den Füßen in zwei Welten stehen, dieses ständige Balancieren auf dem Hohen Seil ... Und täglich neu einen Weg finden, wie in einem Dschungel. Kinder und Haushalt hingen gänzlich an mir, selbst wenn Markus ab und zu einen Tag zu Hause blieb und den Garten und die handwerklichen Arbeiten besorgte. Jeweils einen Tag lang übernahm er eine sichtbare Aufgabe. Was für ein Gegensatz zu meinem täglichen Kleinkampf um die unsichtbaren Details ... Mir kam immer wieder das Bild von der zu kleinen Bettdecke hoch: Ständig zupfst du an einer Ecke, und doch schaut immer etwas hervor, man verkühlt sich ... Dazu drückten mich die ewigen Schuldgefühle gegenüber Markus und den Kindern, wenn ich arbeitete, und gegenüber meiner Arbeit, wenn ich an zu Hause dachte und unkonzentriert war. Manchmal raubten mir diese Schuldgefühle alle Energie".

Als ihre Mutter an Krebs erkrankte, pendelte Katy als die verantwortungsbewusste Älteste zwischen drei Welten: bei ihrer Mutter auf der Krebsstation, in der eigenen Familie und im Beruf. Sie bewegte sich wie in Trance und spürte ihre Überforderung zuerst kaum. Erst als die Mutter gestorben war, nachdem Katy ihr noch einmal nahe gekommen war wie nie zuvor, brach sie zusammen. „Es war, als ob eine zähe Rinde Risse bekommen hätte, zuerst bei meiner Mutter, dann bei mir. Ihre aufbrechenden weichen und zärtlichen Seiten hatten auch bei mir Sehnsüchte nach Weichheit und Abhängigkeit geweckt. Aber Markus war in weite Ferne gerückt; gradlinig und 150-prozentig verfolgte er seine Karriere. Nicht böse, einfach emotional wie mit Teflon überzogen erschien er mir. Meine Sehnsüchte prallten an ihm ab, und an seiner Schutzschicht zu kratzen wagte ich kaum."

In dieser Situation kamen die beiden zu mir in Therapie, angeregt von Katys Hausärztin, welche bei ihr eine „latente Depression" vermutete. Markus erschien zuerst abweisend und verschlossen, offensichtlich in der Erwartung, als Verursacher von Katys Elend angeklagt zu werden. Seine Frau saß, ständig den Tränen nahe, mit steifem Rücken infolge eines Hexenschusses vor mir und erzählte von ihrer Enttäuschung und ihrer Verzweiflung. Anhand eines kürzlich erlebten Zwischenfalls machte sie mir die gegenwärtige Lage deutlich. Katy leitete einen Kurs auswärts, und Markus versprach ihr, in dieser Zeit zu Hause nach dem Rechten zu schauen. Das bedeutete, dass die beiden Kinder, in der Zwischenzeit 7 und 9, nach der Schule bei einer Nachbarin blieben, wo er sie am späten Nachmittag abholte und versorgte. Bevor Katy zurückkam, ließ Markus das Haus von oben bis unten blank putzen und legte selber Hand an, „um meiner Frau eine Freude zu machen", wie er sagte. Im Haus wurde vieles verrückt, einige von Katys Pflanzen hatte Markus bei der Räumung weggeworfen. Die Kinder waren kreuzfidel, wenn auch übermüdet. Markus hatte mit ihnen im Restaurant gegessen, was diese genossen. Aber dafür vergaß er ihre Musikstunden und ihre Hausaufgaben und saß jeden Abend lange mit ihnen beim Fernsehen.

Katy über Markus: „Das war das Schlimmste: Erst hielt er sich während Jahren in keiner Weise an unsere Vereinbarung und baute sich seine Karriere auf ohne Rücksicht auf mich. Sobald ich einmal etwas für mich tat, spielte er den großen Organisator und zeigte mir, wie leicht sich die Arbeit zu Hause tun ließe, wenn ich bloß so tüchtig wäre wie er. Natürlich fand er genug Frauen, die ihm die Kinder abnahmen, so einem überlasteten Mann! Er spielte den großzügigen Papa, während ich als pingeling-beschützende Mutter galt. Emotional hatte er die Zugbrücke zu mir längst hochgezogen. Dafür war er draußen, der joviale Unternehmer und kriegte alle Anerkennung. Der tägliche Mist blieb aber an mir hängen. Das saubere Haus gab mir die Liebe nicht zurück."

Markus über Katy: „Sie hätte wissen müssen, dass ich ihr helfen wollte, mit dem Hausputz zum Beispiel. Als sie aus dem Kurs nach Hause kam, habe ich ihr sogar Blumen hingestellt. Dass sie mir unterstellt, ich wollte ihr damit eine Lektion erteilen, macht mich sauer. Ich hatte ihr längst versprochen, dass ich im Geschäft zurückstecken würde, sobald ich mit der Reorganisation fertig war. Inzwischen aber räumte ich daheim ständig auf, weil ich Chaos nicht ertrage, nicht weil ich ihr eins auswischen wollte. Die Kinder habe ich übrigens nie vernachlässigt, bloß ließ ich ihnen aus Überzeugung mehr Freiheit als meine Frau."

Der Entwicklungsprozess von Katy und Markus im Rückblick

Beide, Markus und Katy, hatten ursprünglich einen übereinstimmenden Lebensentwurf. Sie ersehnten sich Freiheit von den einengenden Konventionen ihrer Herkunftsfamilien, wollten neue Wege gehen und sich auch als Individuen entwickeln. Beide hatten eine Vision der Gleichwertigkeit von Familien- und Berufsarbeit, nahmen sich Zeit für ihre Entscheidungen, machten sich nichts einfach. Ihre Voraussetzungen für eine neue Lebensform als Paar waren gut, sowohl persönlich als auch beruflich. Auch ihre Beziehung hatte sich in vielen Jahren bewährt, beide fühlten sich eigenständig und abgelöst von den Herkunftsfamilien. Aber die Tücken lagen in den unvorhersehbaren Entwicklungen, im plötzlichen Tod von Markus' Vater, in seiner unerwarteten Freude am Familienunternehmen. Sie lagen in der Überflutung von Katy durch die tausend Forderungen ihres Alltags als Tochter, Mutter, Ehe- und Hausfrau. Auch die plötzliche Brüchigkeit ihrer beruflichen Identität nach der Geburt der Kinder machte ihr zu schaffen. Zum Verhängnis wurde den beiden ihre Tendenz zu verschleiern, dass ihr Alltag längst von ihren Vereinbarungen abgewichen war. Am schlimmsten aber war, dass ihre Versuche, die neue Situation zu besprechen, jedes Mal am folgenden Muster scheiterten: Wenn Katy die Beziehung zum Thema machte, ließ Markus „emotional den Rolladen herunter", wie sie es nennt, und ließ sie mit ihren Gefühlen von Verzweiflung und Wut draußen stehen. Und wenn er, ähnlich wie in der Arbeitswelt, mit raschen Lösungen zur Hand war – dem Hausputz zum Beispiel –, bekam er, statt der erwarteten Anerkennung, Katys Vorwürfe zu hören. Anfänglich schonte ihn seine Frau noch und behielt ihren Groll für sich, weil er „eine so große Aufgabe im Geschäft hatte". In einer nächsten Phase reagierte sie jeweils schnell und heftig auf seinen Rückzug, attackierte ihn, forderte „ungenaue Dinge" von ihm, wie er es nennt, worauf er erst recht schwieg. Er duckte sich jeweils förmlich vor Selbstmitleid, und der Anblick seiner eingezogenen Schultern und seines verschlossenen Gesichtes brachte sie erst recht zur Verzweiflung.

Ein ständiges Schuldgefühl, die gemeinsame Vision verraten zu haben, nagte an Markus. Aber darüber redete er nie, sondern räumte das Haus auf und „besorgte das Grobe", ohne Diskussion. Ab und zu blieb er auch bewusst länger im Geschäft und hoffte, Frau und Kinder würden schon schlafen, wenn er nach Hause käme, und das erwartete Gewitter bliebe aus. Immer häufiger saß Markus bis spät nachts am Fernseher und trank Whisky, bis er auf dem Sofa einschlief. Wenn er dann jeweils gegen Morgen ins Eheschlafzimmer kam und Katy erwachte, gab es lautstarke Auseinandersetzungen. Bald einmal reagierte Markus auf Katys Vorwürfe nur noch mit Schweigen. Katy schrieb ihm darauf einen Brief und bat ihn, einen Psychiater aufzusuchen, worauf Markus erst recht verstummte. Als Katy seinen gefühlsmäßigen Rückzug schließlich ebenfalls mit tagelangem Schweigen quittierte, sich mehr und mehr ihrem eigenen Kreis von Kolleginnen zuwandte und mit ihnen öfters abends ausging, obwohl sie stets erschöpft war, klingelte auch bei Markus die Alarmglocke. „Irgendwie war ich sogar erleichtert, als Katys Ärztin eine Paartherapie vorschlug, auch wenn ich mich anfänglich dagegen sträubte."

Lösungen

Die heilenden Aspekte der Entwicklung dieser Paargeschichte nach der Krise waren unspektakulär, wie so oft, wenn sich anfänglich eher die inneren als die äußeren Verhältnisse ändern. Als Erstes lernten beide, wieder einmal mit offenen Ohren einander zuzuhören, ohne dass Markus sich sofort auf die Anklagebank setzte und als professioneller armer Sünder seine Frau leer laufen ließ, oder dass Katy zur alltäglichen Kassandra wurde, der Überbringerin unangenehmer Botschaften. Markus begann zurückzufragen und wollte wissen, welche Wünsche und Anliegen seine Frau denn genau an ihn hatte. Er zog nicht mehr sofort die Schultern ein, wenn sie diese äußerte. Katy ihrerseits begann ihrem Mann von ihren gleichzeitigen Sehnsüchten nach Abhängigkeit und Autonomie zu erzählen. Die Einsicht, dass sie eigentlich nie ein kleines Mädchen hatte sein dürfen und wie sehr sie sich danach sehnte, beides zu sein, stark *und* schwach, war neu für Markus. Dass hinter ihrer Eigenständigkeit und dem frohen Naturell, in das er sich verliebt hatte, auch ein großes Bedürfnis nach Anlehnung steckte, das Katy ihm bisher nie zugemutet hatte, überraschte ihn.

Eine bedeutsame innere Veränderung zwischen Markus und Katy geschah, als sie sich auf die Träume im Fliederhäuschen zurückbesannen. Wenn Katy ihn nun lautstark ihre Enttäuschung wissen ließ, fiel Markus noch einige Male in seinen alten Stil von Mini-Vorlesungen oder Schweigen zurück. Mit der Zeit konnte er seiner Frau anvertrauen, wie sehr er belastet sei von der Schuld, dass sie den geplanten beruflichen Wiedereinstieg seinetwegen nur halbherzig hatte schaffen können. Katy erzählte ihm von ihren Ängsten, beruflich draußen vor der Tür zu bleiben, und bekam schließlich von ihrem Mann zu hören, dass das Arrangement, in das sie da gerutscht waren, auch aus seiner Sicht mehr zu ihren Lasten gehe als zu seinen. Obwohl noch keine unmittelbare Veränderung in seiner Arbeit bevorstand, löste Markus' emotionale Offenheit bei Katy wieder Hoffnung und Zuneigung aus. In dieser neuen Atmosphäre griff das Paar auf die alten Ressourcen aus der Zeit im Fliederhäuschen zurück: das Entwerfen von Visionen und deren Verankerung im Alltag, diesmal aber unter Einbeziehung der nun bekannten Anforderungen von Kindern, Haushalt und Beruf. Die wichtigste Veränderung war, dass Markus die „großen Würfe", wie seine Frau die Arbeit im Garten und den jährlichen Hausputz nannte, nun an bezahlte Hilfskräfte delegierte und sich dafür regelmäßig am „Kleinkram" der Kinder- und Hausarbeit beteiligte. Bis sie ihm diese Arbeit überlassen und ihm zugestehen konnte, sie nach eigenen Vorstellungen zu tun, brauchte sie allerdings einige Zeit.

Ein paar Jahre später hängt der Kleinkram noch zu zwei Dritteln an Katy. Ihre Entlastung von einem Drittel sowie die zunehmende Selbständigkeit der Kinder ermöglichen ihr inzwischen eine intensivere Berufstätigkeit. Sie hat mit zwei Nachbarinnen eine Vereinbarung getroffen, dass die Kinder nach der Schule jeweils gegen Bezahlung einige Stunden bei ihnen verbringen, wenn sie auswärts arbeitet. Vier Jahre nach der großen Krise hat sie ihre Anstellung bei einer lokalen Klinik ausgebaut und ist nun einige Male im Jahr während mehrerer Tage abwesend, um Ernährungskurse zu geben. Aber ihre Hauptaufgabe wird noch für ein paar Jahre in der Familie liegen, bevor sie wieder voll in den Beruf einsteigt. Katys Zufriedenheit mit sich selber und ihrer Ehe hat sich wesentlich verbessert.

Auch Markus ist zufrieden. Er schreibt: „Unsere Beziehung ist entspannter, wir haben mehr bewusste „Inseln" als Paar, Zeit für uns allein und für unser Zusammensein. Unsere Sexualität ist wieder lebendig, und wir reden offen über Persönliches miteinander. Ich habe weniger Angst vor Katys Groll, kann ihn manchmal sogar verstehen. Denn noch immer gibt es für sie Stress durch den dauernden Trapezakt Kinder/Beruf. Die wichtigste Änderung für mich ist, dass ich mich nicht mehr zu TV und Alkohol flüchte. Wir können nun besser darüber reden, was uns Mühe oder Angst macht. Aber vor allem sagen wir uns auch wieder, was wir aneinander mögen. Und manchmal, wenn wir zu zweit ausgehen, kommen die alten Gefühle von Verliebtheit zwischen uns wieder auf. Dafür lohnt sich der viele Kleinkram dazwischen!"

Vor- und Nachteile flexibler Arbeits- und Familienmodelle

Das Dreiphasen-Modell sowie das laufende Pendeln von Frauen zwischen Familie und Beruf hat neben Vorteilen seine Probleme, wie wir gesehen haben.

Die Vorteile dieses Modells werden in den Visionen aus Katys und Markus' Fliederhäuschen-Zeit sichtbar: Zwei eigenständige Menschen bleiben beide in den Welten, die ihnen Sinn und Befriedigung vermitteln. Beide sind gewillt, Kinder liebevoll und verantwortungsbewusst aufzuziehen und dafür auch fremde Hilfe zu beanspruchen. Beide teilen das Verständnis, dass die bisher übliche Spaltung des ganzen Lebens in eine Innen- und eine Außenwelt zu Lasten der Frauen wie auch der Männer geht. Sie suchen eine flexible Rollenverteilung als Alternative zu der bürgerlich-traditionellen Lebensform, welche sie bei ihren Eltern oft als einengend erfahren haben.

Katy und Markus wählten einen „modernen", aber nicht radikalen Typus des Zusammenlebens: In der ersten Phase nach den beiden Geburten war damit die seit dem letzten Jahrhundert übliche Arbeitsteilung der Geschlechter verbunden. Aber der wichtige Unterschied war, dass beide sich ursprünglich gleich stark an der *Planung einer flexiblen Balancierung zwischen Familien- und Berufsarbeit* beteiligt hatten und später in der Krise auf diese Erfahrung zurückgreifen konnten.

Die Vorteile des Dreiphasen-Modells liegen auf der Hand: In der ersten Phase nach der Geburt bleibt die Frau zu Hause, dann balancieren Frau und Mann so lange, bis schließlich beide in beiden Welten Fuß gefasst haben, sie etwas mehr als üblich im Beruf, er etwas mehr als üblich in der Familie … Soweit die Vision. Wo und weshalb aber wird die Vision so oft brüchig? Was hat zum Beispiel Katy und Markus gehindert, nach dem Tod von Markus' Vater ihre Situation neu zu besprechen und eigene, ihren Vorstellungen entsprechende Pläne zu machen? Offenbar war es für beide einfacher, vorerst in einer traditionellen Form hängen zu bleiben: Markus erfüllte damit seinen Familienauftrag als Stammhalter, und Katy lebte nach der ihr selbst kaum bewussten Devise, eigentlich sei die Arbeit des Mannes doch wichtiger als die der Frau. So geht es, wie ich beobachte, vielen Frauen in der Situation mit kleinen Kindern. Ihre Sehnsucht nach Sicherheit in dieser Lebensphase verführt sie leicht dazu, eigene berufliche Ziele zurückzustecken – bis auf weiteres, meinen sie. Die Gefahr, dass diese erste Phase dann zum eigentlichen Lebensmodell wird, erhöht sich aber, wenn der Mann rasch aufsteigt und sich in der Berufswelt etabliert.

Im Alltag, in den typischen Tagesabläufen, zeigt sich, was Ideologie und was Wirklichkeit ist. Arlie Hochschild und Anne Machung[2] haben in einer großen amerikanischen Untersuchung die verschiedenen „Geschlechterstrategien" untersucht, mit denen Frauen und Männer das Spannungsfeld zwischen Vision und Alltag zu verschleiern suchen, also zum Beispiel die Tatsache, dass Männer sich kaum je in gleicher Weise wie Frauen an der Kinderbetreuung und Hausarbeit beteiligen, selbst wenn beide berufstätig sind. Frauen leiden intensiver als Männer unter diesem Spannungsfeld, das fast gänzlich zu ihren Lasten geht, wenn sie berufstätig bleiben. Die Autorinnen fanden, dass Frauen pro Jahr einen zusätzlichen Arbeitsmonat leisten, wenn sie Familie und Beruf als „Dreiphasenfrauen" oder als „Wechslerinnen" zu verbinden suchen. Bei vielen Befragten stellen sie eine Tendenz zur Selbstbestrafung fest, indem sie sich vormachen, es läge an ihnen selber, dass sie den Balanceakt nicht besser bewältigen. In Wirklichkeit sind es aber die alten Rollenbilder und die Bedingungen der Arbeitswelt, welche immer noch voraussetzen, dass die Männer von ihren Frauen zu Hause versorgt werden. Wenn Frauen berufstätig bleiben, fehlt ihnen nicht nur eine versorgende Frau zu Hause, sie sind oft auch in der Arbeitswelt benachteiligt. „Frauen, die in diese traditionellen Strukturen eindringen und zusätzlich Haushalt und Kinder zu versorgen haben, können nach männlichen Maßstäben nicht konkurrieren. Sie müssen feststellen, dass in dem Alter, in dem Frauen vorwiegend Kinder bekommen – also von Mitte zwanzig bis Mitte dreißig –, die höchsten Anforderungen an sie gestellt werden." (op. cit.)

Wenn teilzeittätige Frauen (und natürlich auch die wenigen Männer, die tageweise zu Hause bleiben mit den Kindern) nach der Familienphase wieder voll in den Beruf einsteigen wollen, erleben sie oft Zurückstufung. Sie erfahren, dass sie weniger wahrgenommen werden als während ihrer Vollzeitbeschäftigung und fühlen sich schnell einmal als zweitklassige Angestellte behandelt. Katy hat diese Erfahrung dramatisch geschildert. Auch zwei Männer in meiner Untersuchung, welche eine Zeit lang die Berufsarbeit zugunsten der Familienarbeit zurücksteckten, erzählen von ähnlichen Erfahrungen. „Sowohl auf dem Kinderspielplatz als an der Arbeit war ich der Exot", schreibt einer von ihnen. „An keinem Ort fühlte ich mich richtig ernst genommen – ich kann mir nun besser erklären, warum bloß wenige Männer mit dieser Lebensform experimentieren."

Kein Wunder, dass das Dreiphasen-Modell oder jenes der „beruflichen Wechslerinnen" mit so viel Stress verbunden ist, dass die seelische und körperliche Gesundheit jener Frauen, die es versuchen, gefährdet sein kann. Eine amerikanische Untersuchung, welche diese progressive Lebensform mit depressiven Erkrankungen bei Frauen verbindet, verweist darauf, dass beim Modell der „unfertigen sozialen Revolution" psychosomatische und depressive Störungen gehäuft vorkommen.[3] Dass sich dieser permanente Stress häufig als Paarproblem manifestiert, oft in Form von gestörter Kommunikation und Intimität wie bei Katy und Markus, gehört zu meiner Alltagserfahrung als Therapeutin.

Individuelle Lösungsmöglichkeiten

Welche Aspekte der persönlichen und gemeinsamen Bewältigungsprozesse machen das Phasenmodell trotz allem wünschenswert, wie ausnahmslos alle Befragten in dieser Gruppe berichten? Folgende Bedingungen scheinen positiv zur Bewältigung der voraussehbaren Krisen in dieser Lebensform beizutragen:

Beziehungsarrangements diskutieren

Damit meine ich, dass sich ein Paar schon früh, vor der Geburt des ersten Kindes, explizit mit der Frage der Balance zwischen Haus-, Familien- und Berufsarbeit auseinander setzt. Das bedeutet: einander von Visionen und Träumen erzählen, aber auch ganz konkrete, alltägliche Szenarien entwerfen mit der Frage: „Wenn … dann", „wer … was".

Ein Blick auf meine persönliche Erfahrung:

Im eigenen Leben als junges Paar wussten wir damals, Mitte der 60er Jahre, nicht genau, wie wir leben wollten. Die allgemeine Tendenz ging noch immer in die Richtung konventioneller Rollenverteilung. Alternativen dazu kannten wir in unserer Umgebung kaum. Aber es gab für uns deutliche Negativ-Szenarien, wie zum Beispiel: uns nicht niederzulassen, bevor wir die Welt gesehen hatten, keine vorgespurten Pfade bezüglich Rollenverteilung zu gehen, nicht allzufrüh Kinder zu haben, uns nicht mit finanziellen Verpflichtungen abhängig zu machen. Und vor allem: keinesfalls auf persönliche Weiterbildung für beide zu verzichten. Aus dem gemeinsamen Austausch darüber, was wir nicht wollten, ergaben sich dann bei Wegkreuzungen immer wieder Entscheidungen zur Erweiterung unserer Möglichkeiten. Natürlich gehörten dazu Anstrengungen und Krisen, aber sie waren für meinen Mann und mich wohl immer mit weniger Stress verbunden als das Leben in ausgetretenen Bahnen.

Wenn Frauen und Männer sich über die Bedingungen in der Arbeitswelt und der Gesellschaft klar werden, welche flexible Modelle von Familie und Arbeit selten unterstützen, bedeutet es, dass sie sich früh kundig machen, in welchen Situationen sie Handlungsfreiräume finden und wo diese fehlen. Wenn zum Beispiel beide Medizin studieren und Jahre als Assistentin und Assistent vor sich haben, wenig Geld haben und dennoch nicht zu spät Kinder haben wollen, werden sie nicht darum herum kommen, Jahre im voraus Pläne zu entwerfen und mit Klinikchefs zu verhandeln, wer wann ein Klinikjahr absolviert oder zu Hause bleibt. „Wir müssen verrückt sein vor Hoffnung", zitierte ein Kollege Wolf Biermann, als seine Frau und er in ähnlicher Situation die Geburt eines weiteren Kindes ankündeten.

Was ich von Paaren in dieser Konstellation wie auch im eigenen Leben gelernt habe, ist, dass verknorzte Sparsamkeit in der Aufbauzeit einer Familie mit zwei beruflichen Laufbahnen fehl am Platz ist. Einige Paare in dieser Gruppe erzählen, dass es ihre Angst vor Schulden und Abhängigkeit war, welche sie während dieser Phase elendiglich rackern ließ, statt dass sie eine größere Wohnung suchten oder sich bezahlte Hilfe leisteten. Der Groll beider Partner, dass sie vor lauter „Schuften und Für-die-Kinder-da-Sein" sich selber und einander verloren haben, ist später bedeutend schwerer auszugleichen als ein Schuldenkonto auf der Bank!

Leitbilder finden, die zum Experiment und zur Flexibilität ermutigen

Wie Katy sich rückblickend von der Lebensweise und den Leitbildern ihrer Großmutter unterstützt fühlte, unkonventionelle Wege zu gehen, hat sich Markus im Zusammenhang mit der Paarkrise intensiv mit Männerbildern auseinander gesetzt. Besonders die Erkenntnis, wie viel Lebendigkeit sein eigener Vater einer vorprogrammierten Laufbahn geopfert hatte, und wie er selber nun dabei war, dessen Schicksal zu wiederholen, ermutigte Markus bei der Suche nach neuen Lösungen.

Interessant ist für mich die Beobachtung, wie viel leichter jene Frauen progressive Lebensformen wählen, die von ihren *Vätern* in ihrer Eigenständigkeit und Durchsetzungsbereitschaft unterstützt wurden. Als „Vater-Tochter" aufzuwachsen, vielleicht mit einer gewissen Rivalität von Seiten der Mutter – Katys Erfahrung –, scheint eine wichtige Voraussetzung zu sein, mit neuen Lebensformen zu experimentieren und nicht klein beizugeben. Männer, welche den Mut aufbringen, sich aus konventionellen Laufbahnen zu lösen, brauchen dafür die Provokation und Unterstützung ihrer Partnerin und ihrer Kinder. Aber am meisten brauchen sie das Gespräch mit anderen Männern über persönliche Anliegen – etwas, das in der Welt der Männer noch weitgehend fehlt.

Sich nichts mehr vormachen:
Einander Konflikte und offene Gespräche zumuten

Wie aus der Geschichte von Markus und Katy hervorgeht, sind es eher die alltäglichen Brüche ursprünglicher Vereinbarungen und das schleichende Geschehenlassen als irgendwelche tragischen Ereignisse, welche Paaren zum Verhängnis werden. Der Begriff der verschleiernden „Geschlechterstrategie" passt zu dieser Erfahrung. Indem Katy sich zuerst selber und später ihren Mann beschuldigt, dass der Balanceakt nicht gelingt, und indem Markus jedesmal den Rolladen herunterlässt und seine Schuldgefühle herunterwürgt, wenn sie mit ihm reden will, vermeiden beide zwar handfeste Kräche. Aber die schwelenden Spannungen zehren an ihrer Lebens- und Liebeslust, und Katys gelegentlich vulkanartige Ausbrüche und Markus' Fluchttendenzen in Schweigen oder Sucht ändern nichts daran.

Ich erlebe bei vielen Paaren, dass sie den Stress dieses Arrangements manchmal jahrelang verschleiern, nach innen, aber besonders nach außen, wo sie sich scharf beobachtet fühlen von Familie und Freunden. Die Illusion von der „Supermutter und tüchtigen Berufsfrau" und vom „steilen Aufsteiger und gleichzeitig zugewandten Vater" täuscht das Paar oft selber. Auf diese Weise wird die allgemeine Vorstellung immer wieder reproduziert, es gäbe halt einige besonders Tüchtige, welchen solche progressiven Lebensmodelle einfach gelingen, während die meisten anderen daran zerbrechen. Das Politische wird auf diese Weise individualisiert. Die Abhängigkeit der Familie von der Arbeitswelt wird oft auch vom Paar selbst verleugnet oder pathologisiert. Ich bin der Meinung, dass es beides braucht: das Erkennen von Zusammenhängen zwischen individuellen und gesellschaftlichen Strukturen, womit die eigene Situation in einen größeren Rahmen gestellt wird, aber auch den konkreten Umgang damit in alltäglichem Reden und Tun. Als Katy und Markus offen über ihre Konflikte, ihre Wut und ihre Trauer über die uneingelösten Versprechungen zu reden begannen, erhöhte sich ihre Spannung gewaltig. Einige Gesprächstermine lang bestand damals meine Arbeit darin, Katy zu unterstützen, ihre Wünsche rücksichtslos deutlich zu formulieren sowie Markus zu ermutigen, dazu ebenso deutlich Stellung zu nehmen und sich auf seine eigenen zu besinnen. Dabei wurden beider Stimmen oft sehr laut, und es gab Tränen der Wut und der Trauer bei Frau und Mann. Wichtig wurde für beide, regelmäßig solche Konfliktsitzungen in den Alltag einzuplanen und auch Inseln zum Auftanken zu finden, wo sie ihre „Fliederhäuschenzeit" wiederbeleben konnten – ohne Kinder und ohne Arbeit.

Nur improvisierende Paare überleben
diese unkonventionelle Konstellation

Die Erfahrung, welche Markus und Katy als Auslöser für die Paarberatung schildern, scheint mir eine typische: Wenn der Mann in Haushalt und Familie einspringt, tut er das als großen Wurf und sichtbare Selbstdarstellung, für die er Anerkennung will. Der dramatische Hausputz, das Kochen, wenn Gäste kommen, die Wartung des Autos oder das Flicken des Garagentors sind zwar wichtige Beiträge von Männern. Aber sie gehören genauso zur verschleiernden Geschlechtsstrategie wie das „Supermutter-Syndrom", welches berufstätige Frauen die alltägliche Arbeit mit Kindern und Haushalt quasi nebenbei, aber besonders kreativ, tun lässt, um sich „ja nichts zuschulden kommen zu lassen". Die alten Leitbilder leben dank dieser Strategie unverändert weiter: *Er* tut der Familie ab und zu etwas zuliebe mit seinen Beiträgen, *sie* versorgt diese selbstverständlich mit den täglichen Einzelheiten. Er gradlinig und flott organisierend, sie im Zickzack-Kurs auf die kleinen Dinge achtend. Für ihn das Leben am Stück, für sie das Leben in Stücken. Wenn zu solchen Beziehungsmustern von Frauen und Männern noch persönliche Motive kommen, welche ihren gemeinsamen „Mythos" ausmachen, können die Missverständnisse besonders penetrant werden. Bei Katy und Markus wurde das problematische Muster aufrechterhalten von ihrer Vorstellung, dass er als Junge derart gedemütigt worden war von seinem Vater, dass sie jetzt alles tun müsse, sein hungriges Ego zu nähren, damit sie seine Stärke genießen könne. Markus' Vorstellung von Katy als naturwüchsiger

Mutter und tüchtiger Frau ließ ihn umgekehrt erst erkennen, wie verwundbar und abhängig sie *auch* war, als sie verzweifelt schrie und krank wurde.

Wenn ich hier dem *alltäglichen Improvisieren* einen so hohen Stellenwert beimesse, meine ich damit explizit Frau und Mann. Dass eine berufstätige Frau ihre Identität nicht mehr aus dem Supermutter-Bild bezieht, setzt voraus, dass sie das Bild erst einmal bei sich selber erkennt. Je nach Situation wird sie dann die alltägliche Mitarbeit ihres Mannes mit Kindern und Haus fordern oder, wenn sie allein lebt, fremde Hilfe beanspruchen und sich trauen, öffentliche Unterstützung zu beanspruchen für die Kinderbetreuung. Der Mann in der progressiven Beziehungskonstellation wird nicht darum herumkommen, seine Vorstellungen eines perfekten Heims, in dem er sich regenerieren und das er seinen Gästen vorzeigen kann, zu revidieren. Das ist allerdings leichter gesagt als getan. Ein Bruch mit öffentlichen Erwartungen zugunsten der Improvisation im Privaten bedeutet, dass Frau und Mann diskutieren, welches ihre Prioritäten sind: dass zum Beispiel *vor* irgendwelchen anderen Verpflichtungen die Kinder täglich Zuwendung und Zeit von beiden Eltern bekommen. Und auch, dass der Küchenboden ungewaschen und die Betten ungemacht bleiben dürfen … Prioritäten setzen kann auch bedeuten, dass die Rituale von Familien-, Freundes- und Geschäftseinladungen neu vereinbart werden. Ich kenne viele Paare, bei denen solche schönen Bräuche nicht etwa aufgegeben, sondern zum einfachen Buffet umgewandelt wurden, das von den Gästen mitbestückt wird.

Bewusst zu neuen Lebensformen ja zu sagen, aber über ihre Grenzen unmissverständlich zu reden und sich nicht mehr durch alte Konventionen den Atem abschnüren zu lassen, gehört offensichtlich zur alltäglichen Stressverminderung dieser Paarkonstellation. Am wichtigsten aber wären Veränderungen in der Arbeitswelt. Lösungen zeichnen sich erst langsam ab. Einige Firmen, denen an gut ausgebildeten Mitarbeiterinnen liegt, deren Kräfte nicht vergeudet werden sollen, bieten heute die Möglichkeit neuer Arbeitszeitmodelle an. Frauen werden während ihrer Familienphase ermutigt, den Kontakt zu ihrer Firma durch

Fortbildungen, Vertretungen und Kurzarbeit aufrechtzuerhalten. Damit haben sie nicht nur eine Arbeitsplatzgarantie, sondern sind motiviert, am Geschehen der Firma weiterhin in kleinem Rahmen und später in größerem teilzunehmen. In den Anmerkungen[4] verweise ich auf zwei solcher Projekte.

◾ Anmerkungen

[1] Borkowsky, Anna, Elisabeth Kaestli, Katharina Ley und Ursula Streckeisen: Zwei Welten – ein Leben. Berichte und Anregungen für Frauen zwischen Familie und Beruf. Zürich 1985.

[2] Hochschild, Arlie und Anne Machung: Der 48 Stundentag. Wien, Darmstadt 1990.

[3] Ross, Catherine E., John Mirowsky and Joan Huber: Dividing Work. Sharing Work and In-Between. In: American Social Review 1983/48, S. 809–823.

[4] In der Schweiz habe ich Kontakt mit zwei konkreten Projekten dieser Art. Das eine, „Taten statt Worte" (gegründet von Elisabeth Michel Alder) ist ein Zusammenschluss fortschrittlicher Unternehmungen und Organisationen, die frauen- und mütterfreundliche Arbeitsmöglichkeiten ausprobieren und ihre Erfahrungen damit austauschen. Das andere, der SV-Service in Zürich, ein Unternehmen auf dem Gebiet der Personalverpflegung mit 4000 Angestellten, beschäftigt bis hinauf in die Geschäftsleitung 80 % Frauen. Zur geplanten künftigen Entwicklung des Unternehmens gehören vielfältige Arbeitszeitmodelle, welche Frauen (und Männer!), wenn sie Kinder haben oder wenn sie alte oder kranke Familienangehörige pflegen, Zeit dafür einräumen, ohne sie deswegen in ihrer Laufbahn zu benachteiligen.

Kapitel 9
Paare mit Kind und Doppelkarriere:
„Warum eigentlich nicht alles aufs Mal!"

Anne und Bernd

Diese Lebensform erscheint als die progressivste unter den dargestellten. Sie geht davon aus, dass Frau und Mann ihre Ideen von Gleichwertigkeit verwirklichen, indem beide eine eigene Laufbahn aufbauen und gleichzeitig Kinder haben. Es handelt sich bei meiner Untersuchung um insgesamt vier Paare, bei denen beide Partner nach der Geburt der Kinder voll berufstätig blieben. Bei allen vier haben Frau und Mann einen Beruf, der ihnen Sinn und Anerkennung vermittelt.

Meine Hauptfragen an diese Lebensform waren: Wie balancieren Frau und Mann die Verantwortung für Kinder und Haushalt mit ihren beruflichen Anliegen in fast unveränderten sozialen Strukturen? Wessen Berufsarbeit gilt mehr? Was für besondere Lebensumstände unterstützen oder behindern ihre Alltagsbewältigung? Gibt es noch Liebe und Leidenschaft, wenn die hergebrachten Vorstellungen von Ehe und Familie, Weiblichkeit und Männlichkeit durch Partnerschaft überholt werden?

Die Paargeschichte

Sie sind beide in einer mittelgroßen süddeutschen Stadt aufgewachsen und lernten sich auf einem Fest im Gymnasium kennen, als Anne 18 und Bernd 19 war. Bernd rückblickend: „Ich habe mich verliebt in ihre Schönheit – blond, blauäugig, geschmackvoll angezogen – und in ihre unheimlich nette Art, mir zuzuhören. Ich war damals sehr unsicher, was aus mir werden sollte. Ich schwankte zwischen einem Wirtschafts- und einem Medizinstudium, und ich hatte noch nie eine Freundin gehabt. Anne schien mir erfahrener und wissender als ich, emotional weiterentwickelt, obwohl sie jünger war."

Anne rückblickend: „Bernd war ganz anders als meine bisherigen Freunde, von denen es mehrere gab. Ernsthaft, besonnen, auf eine gute Art schüchtern – ein richtiger Pfadfinder, bei denen er damals mitmachte. Ich verliebte mich wohl eher in sein Potential als in den Jungen, der er noch war. Als Potential sah ich seine Intelligenz und seine unglaublich vielseitigen Interessen. Dass er mich ernst nahm als gleichwertige Partnerin und nicht bloß flirtete wie alle anderen, hat mir imponiert. Aber genau diese Ernsthaftigkeit hat mir auch Angst gemacht. Ich hatte eigene Pläne, wollte mich nicht binden. Nach einem halben Jahr Bekanntschaft erzählte ich ihm ganz offen, dass ich mich auch mit anderen jungen Männern treffe. Bernd reagierte mit Verständnis und ohne Bitterkeit. Erst später habe ich erfahren, dass er seine Kränkung damals heruntergewürgt hat: Pfadfinder-Tapferkeit! Er hatte gerade sein Medizinstudium begonnen, und ich machte mein Abitur und bereitete mich auf ein Biologiestudium vor. Also waren wie beide ausgefüllt mit Arbeit und neuen Erfahrungen. Auch lebten wir beide noch in unseren Familien. Dass unsere Beziehung sich lockerte, war für mich eine Erleichterung, für meine Eltern aber eine Enttäuschung." Lose blieben beide miteinander verbunden dadurch, dass ihre Familien zum gleichen Milieu gehörten.

Die Herkunftsfamilien

Bernd über seine Familie: „Wenn ich an meine Familiengeschichte denke, fällt mir immer wieder das gleiche Bild ein: der Gartenweg hinauf zum Elternhaus. Breit, mit altem Kopfstein gepflastert, links und rechts eine Ligusterhecke. Nichts musste mehr entschieden werden, alles lief in vorhersehbaren, geordneten Bahnen, stellte sich bescheiden und gepflegt dar. So war es auch im Haus drin: Unsere Mutter, Tochter einer respektierten Bauernfamilie, die keinen Beruf erlernt hatte, pflegte es wunderbar. Zu meiner Kindheit gehörte der Duft von getrockneten Kräutern, von Bodenwichse und frisch gewaschener Wäsche.

Wir drei Kinder – eine ältere und eine jüngere Schwester und ich – hatten große eigene Zimmer, aber im Repräsentierteil des Hauses waren wir nicht willkommen. Dorthin brachte Vater „seine Herren", Geschäftskollegen und Parteifreunde, und manchmal auch deren Damen zum Essen mit, selbstverständlich ohne Kinder. Vater hatte von seiner Familie zwei Hotels und eine Konditorei in der Stadt übernommen. Schon als Bub wusste ich, wir sind eine Institution, keine gewöhnliche Familie. Als ich mich für Medizin und gegen ein Wirtschaftsstudium entschloss, war ich erstaunt, dass mein Vater sich nicht dagegen stellte. Von Mutter wusste ich, dass sie stolz war auf mich. Ich habe mir damals vorgenommen: Ich werde der Familie auch als Mediziner Ehre machen. Meine ältere Schwester hat später beide Hotels übernommen. Sie ist unverheiratet geblieben und schuftet Tag und Nacht, während die jüngere in einer traurigen, bürgerlichen Ehe gefangen ist. Der gerade, gepflasterte Weg, der mir Halt gegeben hat, ist für beide Schwestern zur Einöde geworden."

Anne über ihre Familie: „Als Kind schon habe ich Bernds Familie aus der Ferne wahrgenommen, weil über sie manchmal bei uns am Tisch geredet wurde, respektvoll, aber auch mit Neid. Als ich Bernds Freundin wurde, merkte ich, was für einen großen Gefallen ich meinen Eltern damit erwies. Die Frau als Anhängsel des erfolgreichen Sohnes …"

Mein Vater, Oberstudienrat, war ein Aufsteiger aus ländlicher Armut. Er hatte sich seine Stellung in der städtischen Gesellschaft durch besonderes Engagement für kulturelle Belange erworben. Nach dem Krieg war er in Gefangenschaft, und er sei verändert und unglücklich zurückgekommen, weiß ich von meiner Mutter. Er selber redete nie über diese Erfahrung, und ich traute mich nie, ihn danach zu fragen. Ich habe Vaters Verbitterung und Lebensangst hinter seiner Fassade von Arroganz schon als Kind gespürt und auch die große Distanz zwischen ihm und meiner Mutter, auf die er immer etwas herunterschaute. Sie war Primarlehrerin, kam aus demselben Dorf wie Vater, aus einer kleinbürgerlichen Familie. Mutter hat wieder zu arbeiten begonnen, als die Konflikte zwischen ihr und Vater offen ausbrachen. Er hatte damals eine Geliebte, eine viel jüngere Kollegin, hat wohl auch übermäßig getrunken und ist schließlich herzkrank geworden. Meine Eltern blieben zwar zusammen, den Kindern zuliebe, wie sie sagten, aber es war ein trauriges Arrangement. Meine Mutter hat früh ihre eigene und später auch Vaters Mutter bei uns zu Hause gepflegt, aber dafür nie Anerkennung bekommen. Nach ihrer vorzeitigen Pensionierung pflegt sie heute auch meinen kranken Vater. Die Fassade der intakten Familie wurde immer gewahrt durch Mutters Aufopferung.

Mein jüngerer Bruder hat sich inzwischen nach Australien abgesetzt und dort ein Geschäft gegründet. Die jüngste Schwester hat Literatur studiert und ist der Liebling des Vaters. Sie lebt mit einem Freund zusammen und hat häufigen Kontakt zu den Eltern, aber kaum zu mir. Meine Kindheit war geprägt von Mitleid mit meiner Mutter und Zorn auf meinen hypochondrischen, unerreichbaren Vater. Durch unsere Paarkrise hat sich in meiner Beziehung zur Familie vieles verändert, ich sehe vieles klarer und bin versöhnlicher geworden."

Wiederbegegnung, Heirat und frühe Jahre

Nach der Trennung fand Bernd eine Stelle als Assistent der inneren Medizin an einer renommierten amerikanischen Universität. Anne schloss ihr Biologiestudium ab und arbeitete in der Forschung an der heimischen Universität. Beide sind darauf länger dauernde Beziehungen mit anderen Menschen eingegangen. Als Anne 26 war, trennte sie sich von ihrem damaligen Freund und nahm ebenfalls eine Stelle in den USA an. Von Bernds Familie bekam sie seine Adresse, schrieb ihm und traf ihn einige Monate später in New York. Beide lebten inzwischen allein. „Die alten Gefühle füreinander haben wohl unter der Oberfläche weitergelebt", erzählt Anne im Rückblick, „auch nachdem wir uns aus den Augen verloren hatten. Als wir uns trafen, war es, als ob eine frische Brise in die Glut fuhr. Es gab ein kräftiges Feuer, das uns beide herrlich erregte und wärmte. Wir heirateten in den USA, ohne Familien-Clan und ohne Fest. Es war 1974, wir fühlten uns zum alternativen Milieu gehörig und wollten uns mög-

lichst abnabeln von der Tradition und den familiären Verstrickungen. Meine Mutter reagierte mit der erwarteten depressiven
Verstimmung, mein Vater mit moralisierenden Briefen über den
Verlust von guten Sitten. Bernds Eltern machten kein Hehl aus
ihrer Empörung, dass der einzige Sohn ihnen keine standesge-
mäße Hochzeit bescherte. Auch wenn sie es nie direkt sagten,
war mir klar, dass sie mich als Urheberin dieser Entscheidung
sahen. Damals kümmerte mich das wenig."

Weil Annes damalige Stelle ihren Idealen widersprach, zog
sie schon vor der Heirat in die Universitätsstadt im Westen der
USA, wo Bernd seit zwei Jahren lebte. Sie mieteten eine Studen-
tenwohnung, und Anne fand eine Stelle als Biologielehrerin am
lokalen College. Bernd war begeistert von seinem Beruf, gleichzeitig als Arzt und als Forscher und hatte schon einige Publika-
tionen vorgelegt. Ein Jahr nach der Heirat kam ihre Tochter zur
Welt. Anne konnte ihr Pensum reduzieren und fand mühelos
eine Tagesmutter in der Nachbarschaft. Sie erlebte eine gute Balance zwischen Kinderzeit und Arbeitszeit, und auch Bernd war
relativ flexibel in seiner Arbeit und nahm sich viel Zeit für das
Baby. Unter dem Druck des damaligen Zeitgeistes, welcher die
Idee von der „älteren", über 30-jährigen Mutter ablehnte, entschieden sich Anne und Bernd, bald ein zweites Kind zu haben.
Nachher wollte Anne in die Forschung zurückkehren und ihr
Doktorat schreiben. Die Geburt ihres Sohnes verlief allerdings
mit Komplikationen: Er kam vorzeitig zur Welt und bean-
spruchte seine Mutter viel intensiver als das erste Kind. Ein Jahr
lang blieb Anne ganz zu Hause, dann fand sie die Stelle, die sie
gesucht hatte und nahm die Arbeit an ihrer Dissertation wieder
auf. Ein junges Au-pair Mädchen, die Tochter von Verwandten,
kam aus Deutschland. Als Älteste einer kinderreichen Familie
machte sie es wunderbar mit den Kindern, spielte mit ihnen und
war voller Wärme. „Das war das Wichtigste, dass es den Kindern gut ging. Aber die ganze übrige Arbeit blieb an mir hängen,
ich war ständig erschöpft", berichtet Anne im Rückblick. Bernd
war inzwischen Abteilungsarzt geworden und arbeitete jede Woche seine 60 bis 70 Stunden. Trotz der großen zeitlichen Belastung durch beider Berufsarbeit und Annes „doppelter Schicht"

als Familienfrau schildern sie die ersten Jahre mit den Kindern als glücklich. Sie lebten in einer Umgebung, welche dieses Familienmodell als normal, als wünschbarer einschätzte als die traditionelle Rollenverteilung. Und sie fühlten sich unterstützt von den Nachbarinnen und Nachbarn, Kolleginnen und Kollegen, die alle im gleichen Boot saßen, sowie durch die vorhandenen Einrichtungen eines Vorkindergartens und einer Tageskrippe an der Universität. „Wir lebten wie eine große, ausgedehnte Familie. Es war ein stetes Kommen und Gehen in unserer Siedlung. Wir waren eingebettet in ein selbstverständliches Beziehungsnetz, das wir seither nie mehr in dieser Form erlebt haben", erzählt Bernd im Rückblick. „Unsere kritische Zeit begann erst, als wir in die alten Strukturen in Europa zurückkehrten. Der eingewachsene Weg meiner Kindheit, die vorgefassten Anschauungen beider Familien und der ganzen Kultur bedrückten uns beide. Meine Frau litt darunter noch mehr als ich. In meinem Beruf erntete ich so viele Früchte und war so ausgefüllt, dass ich kaum zum Nachdenken kam."

Der Paarmythos

Wenn ich an Anne und Bernd denke, fällt mir zu beiden der Begriff *Musterkinder* ein. Bernd war schon während seiner Kindheit als einziger Sohn der Augapfel seiner Mutter. An Stelle der Mutter mühte er sich, den kühl distanzierten Vater emotional zu erreichen. Er tat es durch gute Schulleistung und angepasstes Verhalten. Als unkompliziertem Jungen, der früh über alles und jedes las und dennoch kein Stubenhocker war, gelang ihm das häufig. Dann durfte er Vater jeweils auf den Gängen in seine Hotels und die Konditorei begleiten und manchmal sogar in der Backstube helfen, wo er mit seinen geschickten Händen willkommen war. „Liebling der Götter" nannte man ihn in der Verwandtschaft, und „dem Bernd gelingt alles, was er in die Hände nimmt". Dass mit diesen hohen Erwartungen auch eine Kehrseite verbunden war, ging ihm erst spät auf. Liebe und Leistung waren stets miteinander verkoppelt, und wenn er sich ängstlich oder unsicher fühlte, fraß er diese Gefühle in sich hinein. Sie passten nicht zum Bild des Musterschülers, „allzeit zum Helfen bereit", wie er das bei den Pfadfindern gelernt hatte. Von Anne erhoffte er sich beides: eine eigenständige Partnerin, die ohne seine Hilfe auskam, aber auch eine mütterlich versorgende Frau, die ihm ein warmes Nest bereitete. Er war stolz auf ihre Intelligenz, aber Anerkennung gab er ihr leichter für ihre Schönheit und Mütterlichkeit als für ihren wachen Geist und ihre berufliche Eigenständigkeit.

Anne sei zwar mit einer klaren Vorstellung über ihre Zukunft aufgewachsen, erzählt sie im Rückblick: „Nur ja nicht so werden wie meine Mutter, so verbissen und aufopfernd, sondern etwas aus mir machen." Aber sie wagte nie offen zu rebellieren, weder gegen Mutter noch gegen Vater, der sich selber mit allen Mitteln ins Zentrum zu schieben wusste, zuerst mit seinem „Bildungs- und Kulturfimmel", dann mit seiner Freundin, später mit Alkohol und Krankheit. Annes Loyalität und Verantwortlichkeit beiden Eltern gegenüber waren immer stärker als ihr Interesse am Eigenen. Unbewusst schrieb sie sich damit selber eine Zwei auf den Rücken.

Die Illusion von der Wunderfrau, die intelligent und autonom „funktioniert" und stets lächelt, verstärkte sich für Anne in den USA, wo sie bewundert wurde, weil sie nicht nur in Familie und Beruf tüchtig, sondern auch hübsch und gut gekleidet war. Wieder zu Hause in Süddeutschland, wurden ihr diese vielfältigen Fähigkeiten jedoch zum Makel. Sie sollte nun unauffällig, nett und pflegeleicht die Frau hinter dem erfolgreichen Mann markieren, erfuhr sie von ihrer Umgebung. „Und ich habe mich immer an all diese Erwartungen angepasst, wie ein Chamäleon!", erzählt sie rückblickend. „Bin in alle Rollen geschlüpft und habe in Bernd einen gefunden, der ebenso an äußeren Erwartungen orientiert war wie ich. Ein ebenso hilfsbereiter Sohn wie ich eine hilfsbereite Tochter, aber immer nach außen und nicht nach innen orientiert. Zu Hause war für ihn der Ort seiner Erholung, nicht für Hilfeleistungen. Die hatte er ja in der Klinik reichlich absolviert!"

Ursprünglich hatte Anne sich in Bernds Hilfsbereitschaft und

Selbstsicherheit verliebt, in der Hoffnung, von ihm als Partnerin auch geistig anerkannt zu werden. Aber das war nur ein Teil der Geschichte. Lange hatte sie nicht bemerkt, dass er in ihrer Paarbeziehung noch immer die Rolle des braven Sohnes spielte, nur äußerlich anwesend war und immer auf der Hut vor gefühlsmäßiger Beanspruchung. Nur bei den Kindern konnte er sich fallen lassen – oft schlief er beim Gutenachtsagen auf dem Stuhl neben dem Bett seiner Tochter oder seines Sohnes ein. Die Vorstellung, bei einer möglichen Trennung von Anne ohne die Kinder leben zu müssen, machte ihn „schier wahnsinnig", erzählt er.

Anne und Bernd hatten früher beide als Leinwände für ihre Eltern gedient, auf welche diese ihre Sehnsüchte projizierten und später ihre Enttäuschungen, als sie ihnen nicht mehr entsprachen. Im Lauf ihrer Geschichte wurden sie unbemerkt zu Leinwänden füreinander. Anne übernahm die Seelenarbeit für Bernd und die volle Familienarbeit neben ihrer beruflichen Laufbahn. Bernd wurde unbemerkt zum Aushängeschild für Anne; seine Karriere wichtiger als die eigene. Anne, im Rückblick: „Subtil ließ mich Bernd spüren, dass ich zur Familien- und Seelenarbeit ohnehin besser geeignet sei als zu einer beruflichen Karriere, da wissenschaftlich weniger begabt als er. Aufgrund meiner eigenen Geschichte glaubte ich das mit der Zeit selber."

Bernd: „Durch die Krise merkte ich, dass Annes Unabhängigkeit im Denken viel weniger anziehend für mich gewesen war als ihre Wärme und ihre Schönheit. Ich suchte eine Frau, keine Rivalin!"

Wendepunkte und Entwicklungen

Als Bernd für eine Paartherapie anrief, war Anne zur Erholung in einer Höhenklinik. Sie leide an Erschöpfung und „agitiert-depressiven" Zuständen und sei manchmal unheimlich aggressiv gegen ihn, berichtet er zu Beginn unseres gemeinsamen Gesprächs. Anne erzählt, dass sie in den Jahren seit ihrer Rückkehr aus den USA in einem ständigen Kampf mit Arbeit, Zeit und schlechtem Gewissen gegenüber den Kindern lebe. Inzwischen sei sie bald 40, die Kinder 8 und 10 Jahre alt, und noch immer renne sie atemlos durchs Leben. Den Grund für ihre Depression sieht sie in einer Schreibhemmung, die nun schon zwei Jahre dauere. Sie könne beim besten Willen nicht an ihrer Dissertation schreiben, auch wenn die Forschungsarbeit dafür abgeschlossen sei. Zwar arbeite sie nach wie vor ganztags und versehe auch einen Lehrauftrag, aber die Lust am Beruf sei ihr vergangen. Am einfachsten wäre wohl, sie würde alles hinschmeißen …

Den Kindern gehe es gut, erzählen Anne und Bernd auf meine Frage, sie seien überraschend selbständig. Die Tochter rebelliere allerdings ab und zu mit pingeligem Essverhalten auf die Spannung zwischen ihnen, und der Sohn bringe es fertig, dass Anne tagelang zu Hause bleibe, wenn er Bauchweh oder ein halbes Grad Fieber vorweise … Annes Angst, die Kinder müssten für ihren so genannten Ehrgeiz bezahlen, lasse sie ganz besonders intensiv auf deren Bedürfnisse und Launen eingehen.

Bernd erzählt, dass seit der Rückkehr nach Deutschland zwischen ihnen nichts mehr so sei, wie es einmal war. Er sei daran, sich zu habilitieren, was ihm viel Spaß mache, und leite eine Spezialabteilung an einer Klinik, sei also leider fast 200-prozentig von der Arbeit absorbiert. Allerdings könnten sie sich nun auch eine Kinderfrau leisten, und in kritischen Zeiten würden die beiden Großmütter noch so gern einspringen, was Anne aber lieber nicht wollte. Auch habe er seiner Frau versprochen, sich nach seiner Habilitation wieder mehr um die Familie zu kümmern, weshalb er ihre ständige Verstimmung und ihre unheimlichen Wutausbrüche ihm gegenüber „doch nicht so ganz akzeptieren könne". Kürzlich hätte sie ihm sein bestes Paar Schuhe zum Fenster hinaus in den Schnee geworfen, als er sich gerade für einen wichtigen Vortrag anzog!

In einem Punkt sind Anne und Bernd sich einig: Ihre Probleme zeigen sich am schmerzlichsten in ihrer mangelnden Kommunikation und dem Fehlen von emotionaler und sexueller Intimität. Selbst wenn sie ab und zu ein Wochenende allein hätten, wenn die Kinder bei den Großeltern sind, „passiere" gar nichts mehr zwischen ihnen, wofür sie doch etwas zu jung seien.

Wie sie im Rückblick, vier Jahre später, ihre Krise verstehen

Anne: „Ich habe Bernd lange bewundert für seinen Ideenreichtum, seine Hilfsbereitschaft und seinen Einsatz im Beruf – solange, als ich das Gefühl hatte, er unterstütze auch mein geistiges Fortkommen. Früher hatte ich neidlose Freude an seinen Erfolgen. Ich zeigte ihm meine Bewunderung und tat alles für ihn. Aber mehr und mehr fühlte ich mich von ihm ausgenutzt. Sein Nichtverstehen meiner Situation, die so anders war als die seine, fand ich unglaublich. Da ist er beschenkt mit so vielen Gaben, kann auf andere eingehen, hat einen guten Verstand und weiß in der Arbeit auch menschliche Beziehungen zu durchschauen. Das mache ihn zu einem vorzüglichen Arzt, sagen die Leute. Aber daheim schaltete er mich mit seiner rhetorisch überlegenen, schnellen Gangart einfach aus und walzte förmlich über mich hinweg. Er dozierte auch in der Familie über alles und hatte auf jede Frage eine Antwort. Aber ob ich ihm etwas bedeutete, wusste ich seit Jahren nicht mehr. Ursprünglich habe ich mir mit unserem ausgiebig diskutierten Arrangement ein gegenseitiges Geben und Nehmen erhofft. Während der Jahre in den USA war das auch so. Aber seit unserer Rückkehr in die alten Verhältnisse wirkte Bernd wie der letzte Patriarch. Sein Wohlwollen verströmte er bloß dort, wo ihm Ruhm und Anerkennung sicher waren."

Bernd: „Ich verstehe zwar, dass Anne mit mir unzufrieden war. Ich habe meine Karriere vorwiegend dank ihrer Unterstützung aufgebaut. Aber ihre Unterstützung gab sie mir nicht ohne hohe Ansprüche an meine Leistung. Wie oft hat sie mich wissen lassen, dass sie damit rechne, die Frau eines berühmten Mannes zu sein! Wie oft auch, dass sie sich in ihrem eigenen Beruf nichts zutraut. Meine Unterstützung und Herausforderungen an sie, etwas aus ihren Talenten zu machen, waren in den Wind geredet. Anne entwertete sich selber viel zu sehr. Mit der Zeit gab ich auf – aus Hilflosigkeit, nicht aus Bosheit. Irgendwie erinnerte mich Anne immer mehr an meinen fordernden, nie zufriedenzustellenden Vater und meine zwar liebevolle, aber unheimlich anspruchsvolle Mutter. Erst langsam merkte ich, dass ich eigentlich so traurig war wie Anne, vor allem über unsere abhanden gekommene Leidenschaft."

In einer kurzen Außenbeziehung zu einer jungen Kinderschwester lebten Bernds frühe Gefühle der lustvollen Unbekümmertheit auf. Er konnte leidenschaftlich sein, sich fallen lassen. Und er merkte, dass er Angst hatte vor so genannt starken Frauen, besonders vor Anne. Er wünschte sich, nicht ständig aktiv, kompetent und überlegen sein zu müssen. Seine Außenbeziehung ließ ihn nachholen, was er bisher nur sehr kontrolliert gelebt hatte: Genussfähigkeit und Ekstase. Er lernte, auf seine eigenen Bedürfnisse zu achten, und wollte seiner Freundin, Anne und sich selber beweisen, wie liebesfähig er sei. Aber langsam merkte er, dass sporadische Leidenschaft anstelle einer verbindlichen Alltagsbeziehung keine Antwort war auf die vielen Fragen, welche diese Krise an ihn stellte. Irgendwann erwachte er wie aus einer Trance. „Ich wollte Durchblick und Perspektiven, und ich wollte Anne nicht verlieren. Das war, als ich um Paartherapie bat. Anne hatte diese schon lange vorgeschlagen, aber ich habe immer ein gesundes Misstrauen gegen Psychologie vorgebracht."

Im Nachhinein verstehen beide ihre Entwicklung so, dass sie sich anfänglich wie zwei Kinder aneinander geklammert hatten – nach außen strahlend, nach innen gierig auf Liebe und Bestätigung. Richtig zusammengeschmust hätten sie sich in den ersten Jahren, zwei Gute gegen die böse Welt, erzählen sie. Als Bernd sich dann in dieser Welt etabliert hatte und seine frühere Unsicherheit dank Ruhm und Anerkennung abgebaut war, wurde Anne fordernd und unbequem. Mit ihrer Zwei auf dem Rücken sehnte sie sich intensiv nach seiner Bestätigung für alles, was sie selber war und was sie zum gemeinsamen Leben beitrug. Aber Bernd hörte in ihren Wünschen bloß noch, dass sie sich als sein Opfer sah. Da lief er ihr innerlich und äußerlich davon. Zu sehr erinnerte Anne ihn an seine Mutter, die ihrem Mann Unterlegene, an seine alte Hilflosigkeit und die Schuldgefühle ihr gegenüber.

Lösungen

Die Anfangszeit dieser Therapie war mühsam. Bernd forderte mich genau so wie seine Frau heraus, Position zu beziehen, ihn nicht länger mit seiner Ungewissheit, ob sich Anne ihm je wieder zuwenden würde, allein zu lassen. „Unsere Krise wurde durch Sie als Therapeutin zuerst sogar gepflegt", schreibt er im Rückblick. „Vielleicht haben Sie gespürt, dass eine Schonzeit nötig war und dass unserer Atemlosigkeit nicht durch Rezepte oder eine Herausforderung, uns endlich zu entscheiden, beizukommen war. Aber für mich schien das anfänglich verlorene Zeit. Ich wollte eine klare Stellungnahme, auch von Ihnen. Ich wollte wissen, woran ich war, und ich habe mich über Sie geärgert, dass ich mein Anliegen nicht durchsetzen konnte. Erst nachträglich merke ich, dass Ihr langer Atem uns zu einem eigenen Weg verholfen hat. Damals hasste ich Ihre Langsamkeit."

Anne: „Ich wollte mich rächen an Bernd und nicht einfach klein beigeben. Als Therapeutin empfand ich Sie manchmal zu wenig auf meiner Seite. So wütete ich noch eine Zeit lang, auch gegen Sie, bis ich merkte, was meine Wut bedeutete. Es war Wut auf meinen Mann, aber auch auf meine Eltern, die mir alle Arbeit für ihre Beziehung zugeschoben hatten und mich glauben ließen, ich sei zwar lieb und hübsch, aber eigentlich nicht intelligent. Vor allem galt meine Wut mir selber, dass ich nämlich wie eine Marionette den alten Tanz der Geschlechter mitgetanzt habe, so „modern" ich nach außen auch auftrat. In meiner tiefsten Depression begann ich, Philosophie zu studieren. Da merkte ich, dass ich wirklich eigenständig denken kann. Ich bin noch heute am Lesen von Philosophen, besonders von feministischen Philosophinnen, und fülle mein Leben mit neuen Inhalten."

Anne hat inzwischen ihre Dissertation abgeschlossen und ist von der Universität weggegangen. Sie hat ein Teilzeit-Deputat an einem Gymnasium übernommen und arbeitet in einer Umweltorganisation, insgesamt ein volles Pensum. Ihre Arbeit erlebt sie nun als anregend und sinnvoll. Auch die Balance zwischen Familie und Arbeit gelingt besser als zuvor, da die zwei Löhne von Frau und Mann ihnen erlauben, jeden Tag eine ältere Frau als „bezahlte Großmutter" anzustellen.

Bernd hat nach ausgiebigen Diskussionen mit Anne und den Kindern ein Angebot für eine Professur in den USA ausgeschlagen. Die ganze Familie fühlt sich inzwischen in Deutschland wieder so verwurzelt, dass ihm diese Entscheidung nicht schwer gefallen sei. Allerdings gab es zwischen Anne und ihm nochmals eine heftige Auseinandersetzung, als sie ihn aufforderte, nun endlich vorwärts zu machen und sich im eigenen Land nach einem Lehrstuhl umzusehen. Der alte Traum, dass sie durch ihn zu sozialem Ansehen komme, war lebendig geblieben, selbst als es ihr beruflich besser ging.

Anne hatte während der Paarkrise ebenfalls eine kurze Außenbeziehung: „Balsam für mein angeschlagenes Selbstwertgefühl, aber keine Alternative zu Bernd", nennt sie die Erfahrung im Nachhinein. Die damit verbundenen Konflikte intensivierten den gemeinsamen Dialog. Schmerzhaft erlebten beide ihre Verletzlichkeit auf mögliche Liebesverluste. Bernd konnte zum ersten Mal über seine eigenen Ängste reden, für Anne emotional und sexuell nicht „gut genug" zu sein. Auch Konkurrenzängste kamen hoch: Wer muss mehr geben, wer bekommt mehr? Wer gilt mehr, wer stellt sich in den Schatten? Anne und Bernd kamen auf ihre frühere romantische Vorstellung von der wundersamen gegenseitigen Ergänzung zu reden: Zwei halbe Menschen werden zu einem vollkommenen Ganzen und schmusen sich gegen Gott und die Welt zusammen. Das Risiko dabei ist, dass immer einer sich aufbläht und der andere einschrumpft, um die Harmonie des Ganzen zu bewahren. Lange war Anne es gewesen, die einschrumpfte, um Bernd das Aufblähen zu überlassen. Erst durch ihre Schreibhemmung und die depressive Krise konnte sie ihre Selbstentwertungs-Tendenzen erkennen und die Verantwortung dafür übernehmen. Sie hörte auf, ihren Mann zu beruflichem Erfolg anzutreiben, um sich darin zu sonnen.

Anne über ihre Entwicklung: „Erstaunlich, wie bei uns trotz unserer modernen Lebensform die alten Ideen unter der Oberfläche weiter lebten: dem Mann die Vernunft und der Erfolg, der Frau die Familie und im Beruf den zweiten Rang. Inzwischen habe ich ein Selbstwertgefühl gefunden, das mich innerlich unabhängiger macht von Bernd. Das ist manchmal traurig, für ihn wohl mehr als für mich. Vielleicht sucht er sich doch einmal eine altmodische Frau, die von ihm materiell abhängig ist und ihn seelisch versorgt? Das wäre nun nicht mehr mein Ende, obwohl ich eigentlich gern mit ihm zusammen alt werden möchte. Ich lerne jetzt täglich, auf mich zu hören, mir Zeit zu nehmen für mich selber. Das Allerwichtigste, was ich gelernt habe, ist ein neues Gefühl für die Zeit: Sie auskosten und bewusst erfahren, nichts mehr erzwingen oder überstürzen, das bedeutet Leben für mich. Am meisten profitieren davon unsere Kinder. Ich erlebe in einer politischen Arbeitsgruppe zum ersten Mal nahe Beziehungen zu Frauen, mit denen ich sogar streiten kann, ohne dass sie mich ablehnen. Inzwischen habe ich eine Einzeltherapie begonnen, weil ich mich mit den nun anstehenden Entflechtungen dort befassen will, wo sie hingehören: bei meinen Eltern. Zum ersten Mal in meinem Leben rede ich über ganz Persönliches mit meinem Vater und meiner Mutter. Das ist eine sehr bewegende Erfahrung."

Bernd über seine Entwicklung: „Ich habe gelernt, wie unterschiedlich wir sind, trotz scheinbar ähnlicher Geschichten. Das Fremde an Anne, besonders ihre geistige Unabhängigkeit, zieht mich viel mehr an als das, was ich früher an Vertrautem bei ihr fand. Manchmal erleben wir gerade wegen dieser Fremdheit Höhepunkte wie nie zuvor. Aber es macht mir auch Angst, dass ich jetzt so wenig von Anne weiß. Ich möchte gern, dass sie mich noch mehr informiert über sich selber und mich gefühlsmäßig herausfordert. Trotzdem bin ich vorläufig bereit, Anne den eigenen Weg zu lassen, für den sie offenbar andere Menschen braucht. Wie lange ich Geduld habe, weiß ich allerdings nicht.

Dadurch, dass ich mich in der Therapie intensiv mit den Aufträgen aus meiner Biografie auseinander gesetzt und viele von ihnen zurückgewiesen habe, bin ich ruhiger geworden und muss nicht mehr atemlos auf immer neue Ziele zusteuern. Ich habe beschlossen, mich nicht um einen Lehrstuhl zu bewerben, sondern leitender Arzt mit Lehrauftrag zu bleiben auf das Risiko hin, meine Eltern zu betrüben. Anne steht in dieser Entscheidung nun hinter mir, und die Erleichterung darüber spüre ich täglich. Nur darum halte ich dieses Warten auf sie überhaupt aus. Entscheidend verändert hat sich inzwischen meine Beziehung zu den Kindern. Sie blühen beide richtig auf, ganz besonders unser so genannt schwieriger Sohn. Mit dem Risiko, dass Anne vielleicht doch noch eine Trennung wählt, kann ich auch darum besser leben."

Kommentar zum Doppelkarrieren-Modell und zu Anne und Bernds Geschichte

Die Konstellation von Doppelkarriere und Familie ist wohl die reichste, aber auch die widersprüchlichste von allen bisher beschriebenen. Auf der einen Seite existiert dafür die moderne Vorstellung einer „symmetrischen", gleichwertigen Beziehung, auf der anderen bleiben die alten Bilder der Komplementarität von Frau und Mann unter dem Firnis des Neuen lebendig.

Solche Leitbilder existieren nach wie vor als Landkarten in unseren Köpfen, anhand derer wir unsere Welt einschätzen, und sie werden mehr oder weniger deutlich bestätigt von den Erfahrungen in dieser Welt. Erst wenn das Leben damit unerträglich wird und mehr desselben Verhaltens zu mehr Problemen führt, raffen wir uns auf, unsere Landkarten zu revidieren. In meiner Befragung sind es deutlich mehr Frauen als Männer, welche eine solche Revision vornehmen, ganz besonders um die Lebensmitte, wie bei Anne. Ihre neuen Durchsichten sind aber nicht nur befreiend, sondern auch schmerzlich, weil sie neben Handlungsmöglichkeiten auch Grenzen deutlich machen. Und sie rufen nach Entscheidungen zum Wandel – mit oder ohne Partner.

Hier ein paar dieser alten Leitbilder, die ich unter dem Firnis progressiver Ideen von Doppelkarriere-Paaren gefunden habe:

Nur Mütter sind Eltern

Diese Idee wird nicht nur von Großeltern, Lehrern und Nachbarinnen vertreten, sie lebt auch in den Köpfen der Mütter selber. Die Vorstellung, dass andere Menschen ihre Kinder versorgen, ist für viele berufstätige Mütter nach wie vor schwierig. Diese Schwierigkeit wird genährt durch ihr Umfeld sowie die eigenen hohen Erwartungen: „Gerade weil ich eine eigene Karriere will, darf es meinen Kindern an gar nichts fehlen." Kinder reagieren mit ihren wunderbaren Antennen passend und präzis auf ein solches Klima der ständigen mütterlichen Überanstrengung. Sie karikieren nicht selten die Ängste ihrer Mutter: ein 8-Jähriger isst zum Beispiel, wenn die Großmutter ins Haus kommt (welche zwiespältig auf die Laufbahn ihrer Tochter reagiert), nichts anderes als Butterbrot – da kann Großmutter kochen, was sie will. Oder eine 10-Jährige, ein selbstsicheres, temperamentvolles Kind, ruft ihre Mutter oft mitten aus einer Geschäftssitzung mit der dramatischen Nachricht, sie habe schreckliche Angst vor dem Alleinsein – obwohl ihre langjährige geliebte Kinderfrau und ihre ältere Schwester bei ihr sind. Wenn dann ihre Mutter heimgerast kommt, weiß die Tochter meistens selber nicht mehr, warum sie telefonierte …

Auch wenn Väter ihren Teil an der Familienarbeit übernehmen, bleiben Mütter häufig die wichtigsten Ansprechpartnerinnen der Kinder und ihrer Bezugspersonen: Die Musiklehrerin beklagt sich bei der Mutter, nicht beim Vater des Kindes, wenn es nicht geübt hat, und der Lehrer oder die Lehrerin schickt selbstverständlich Müttern den Auftrag zum Kuchenbacken für den Elternabend.

Seine Profession ist wichtiger als ihre Arbeit

Professionalität hat definitionsgemäß mit einer guten beruflichen Ausbildung auf einem Gebiet zu tun, das der Sinnfindung und Selbstentfaltung dient. Berufliche Identität wird ihnen nicht geschenkt, sie setzt Jahre des Verzichts auf Einkommen und Anerkennung voraus. Wenn ein Mann und eine Frau mit ähnlichem Ausbildungsstand eine dauerhafte Beziehung eingehen und schließlich Kinder wollen, verkommt aber die Profession der Frau häufig zu einem Job. Die erhofften Früchte erntet sie selten. Es sind dabei, wie bei Anne und Bernd, nicht bloß egoistische Interessen des Mannes oder Unsicherheit der Frau, sondern die Bedingungen von Arbeitswelt und Familienleben, welche diese Enttäuschung bewirken.

Ganz besonders in den „alten Professionen" des Arztes, des Pfarrers und des Richters scheint es programmatisch, dass die Frauen bei gleicher Ausbildung beruflich eher zurückstecken und einen Job ausfüllen, während die Männer dem gesellschaftlichen Professionalisierungsanspruch genügen. Besonders bei Ehen zwischen einem Arzt und einer Ärztin oder einer Akademikerin aus einem anderen Gebiet fällt mir auf, als wie viel „schützenswerter" die Arbeit des Mannes eingestuft wird, auch von Frauen. Das entspricht nicht immer dem Wunsch des Mannes, wie meine Untersuchung zeigt. Ein Arzt, dessen Frau als Zahnärztin mit einem Kind einen Tag pro Woche arbeitet, schreibt: „Ich fände es wunderbar, wenn meine Frau Gleichberechtigung auch bezüglich unserer Finanzen möchte. Ich strebe nicht den 1 zu 1 Unterhaltsfall an, aber ich möchte schon gerne, dass sich die Emanzipation meiner Frau auch auf diesem Gebiet zeigt. Entweder könnte sie sagen ‚Danke, Mann, dass du uns so toll versorgst' oder ‚Ich bin bereit, mich mit dir in die Ernährer- und Führungsrolle der Familie zu teilen'." Beides würde er mit Handkuss akzeptieren, schreibt er.

Natürlich kann die Arbeit des Mannes als die so genannt sinnvollere und ertragreichere von ihm jederzeit auch als Argument gegen sein Familienengagement vorgeschoben werden, vor allem dort, wo sie mit einer „Berufung" verbunden ist.

Alte Erwartungen im Gewand progressiver Rollenverteilung

Viele Frauen und Männer mit akademischer Ausbildung heiraten spät und haben auch erst spät Kinder. Während die Frauen meistens eine Alternative zur Ehe ihrer Eltern entwerfen, rutschen ihre Männer oft unbemerkt auf die Schiene der elterlichen Ehe. Die Frau sucht Gleichwertigkeit von Privilegien und Pflichten, der Mann möchte die alte Komplementarität, bei der er die materielle Versorgung leistet und dafür von seiner Frau emotional genährt wird.

Wenn sich zu diesen Unterschieden in den Rollenvorstellungen die Unsicherheit einer Frau in einer für sie neuen Situation gesellt wie bei Anne, ist ihre Zuflucht zu alten, mit „Weiblichkeit" gekoppelten Verhaltensweisen fast unvermeidbar. Professionellen Frauen kann ihre Fremdheit in Männerdomänen zum Verhängnis werden, weil sie deren Regeln und Rituale nicht verstehen – beispielsweise, was Rivalität betrifft. Wenn eine solche Frau eine familienähnliche Bindung an ihren Arbeitskontext eingeht, geschieht es leicht, dass ihre eigenen Anliegen und Projekte darin verschwimmen. Das ist bequem für andere, besonders für paternalistische Vorgesetzte, die eine kompetente Mitarbeiterin schätzen, solange sie keinen eigenen Platz an der Sonne beansprucht. Aber auch die übrige Welt trägt zu dieser Verwirrung des weiblichen Selbstverständnisses bei. Wenn zum Beispiel Frau Doktor X, also Anne in diesem Porträt, am Telefon hartnäckig als Vorzimmerdame des Chefs behandelt wird, kann es ihr schwer fallen, sich durchzusetzen, ohne damit eine andere Frau zu diskriminieren.

Frauen mit eigenen Karriereanliegen werden in der Arbeitswelt kaum mehr offen zurückgewiesen, aber sie werden auch nicht fraglos akzeptiert, weshalb bei diesem Dilemma ihr Rückgriff auf vertraute, familienähnliche Interaktionsformen verständlich, aber für sie selber wenig hilfreich ist.

Alles gleichzeitig leben wollen verstößt gegen das puritanische Ethos

Ich habe mich gefragt, wie es kommt, dass so viele Angehörige progressiver Lebensformen, so viele kreative, erfolgreiche Menschen wie Anne und Bernd, die Früchte nicht genießen, die sie gepflanzt haben. Und wie es kommt, dass ein *lustfeindliches Ethos* sich bei ihnen so unheilvoll mit den positiven Möglichkeiten des Individualisierungsprozesses verknüpft, der sie ursprünglich aus konventionellen Bahnen austreten ließ.

Mit Schaudern höre ich zum Beispiel von Politikern, aber auch von Berufskolleginnen und -kollegen, dass Menschen wie Anne und Bernd, welche „alles gleichzeitig leben wollen", selber schuld seien, wenn sie damit Probleme hätten. Aus eigener Erfahrung mit dieser Lebensform weiß ich nur zu gut, wie solche Vorstellungen zu sich selbst erfüllenden negativen Prophezeiungen werden können. Erfolgreich sein ist zwar in unserer Welt wichtig, aber eher nicht, wenn ein Mann (und besonders eine Frau) die konventionellen Vorstellungen von Askese ablehnt! Das heißt, wenn Frau und Mann ihre Familie und auch ihre Arbeit lieben und trotz aller Plackerei beides gleichzeitig pflegen.

Ich kenne zwei Erklärungsmodelle für das Dilemma, welches einerseits als Lust am Beeinflussen der Welt (*„alles wollen"*) und andererseits als *Angst vor Strafe* dafür beschreibbar ist. Das erste entspricht einem psychoanalytischen, das zweite einem soziologischen Modell. In gewissen Tendenzen der Psychoanalyse wird das beschriebene Dilemma als „narzisstische Störung"[1] bezeichnet. Dieser Begriff bezieht sich auf Menschen, welche in einer zwanghaften Bindung an die Vorstellungen anderer leben, die sie jedoch nie erfüllen können, weil sie sich selber als nie ganz in Ordnung bewerten. Die Erwartungen an sich selber sind so hoch, dass sie ihnen niemals ganz entsprechen können. Was sie eigentlich selber wünschen, wissen sie nicht. Arbeit und Familie dienen ihnen als Bühne der Selbstthematisierung und Selbstdarstellung, als Basis für Identitätsfindung und die Hoffnung, irgendwann würden durch ihr „richtiges Handeln" alle Sehnsüchte nach bedingungsloser Liebe erfüllt.

Normalität bedeutet gemäß der narzisstischen Theorie also „Nicht-Individuation" durch Nicht-Ablösung von den Vorstellungen anderer. Die Frage: „Was erwarten andere von mir?" steht an Stelle der Frage: „Was tue ich, und wie tue ich es?" Wird die unmenschlich hoch angesetzte Leistungslatte nicht erreicht, muss die Erklärung dafür in den Mängeln der eigenen Person gesucht werden. Distanzlosigkeit zum Selbst kann mit dem Mythos von Narziss beschrieben werden:

„Der Mythos von Narziss hat eine doppelte Bedeutung: Die Versenkung ins eigene Selbst hindert Narziss daran zu erfahren, was er ist und was er nicht ist; und die Versenkung ins eigene Selbst zerstört den, der sich auf sie einlässt. Narziss sieht sein Spiegelbild auf der Wasseroberfläche, vergisst, dass das Wasser etwas außer ihm Existierendes ist und wird blind gegenüber dessen Gefahren." [2]

In der populärpsychologischen Literatur zum Narzissmus-Thema hat Alice Miller [3] auf diese Problematik verwiesen. Die so genannte narzisstische Charakterstörung wird von der Autorin mit den Erfahrungen der Kindheit begründet. „Begabte", in besonderer Weise für die Bedürfnisse ihrer Eltern sensible Kinder entziffern gemäß dieser Theorie auch die subtilsten Erwartungen ihrer „unbegabten Mütter (oder Väter)", ihrer übermäßig bindenden oder ausbeutenden Eltern. Dabei verlieren sie sich selbst und ihre Lebendigkeit. Zwei typische Gefühlszustände resultieren aus solchen frühen Erfahrungen: 1. die Furcht, nie zu genügen, verbunden mit der Angst davor, etwas zum Abschluss zu bringen; 2. ein Zustand ständiger Selbstentwertung und innerer Leere. Solche Gefühle können bewirken, wie Anne und Bernd es von sich beschreiben, dass ihre Fähigkeit zum Genuss und zum spielerischen Umgang mit ihren vielen Talenten einem atemlosen Leistungsstreben geopfert wird. Sie hoffen damit, die bedingungslose Anerkennung zu finden, welche sie als Kinder fast nur als Musterschülerin oder Musterschüler erfuhren. Solche Menschen können sich nur über Arbeit sicher definieren. Sie sind ihre Arbeit! Die Härte gegenüber sich selber und das „Superman- und Superwoman-Syndrom", mit dem Anne und Bernd sich selber beschreiben, passt zur Theorie des Narzissmus. Ihre individualistische Sichtweise engt meines Erachtens jedoch zu sehr ein auf Persönlichkeit als Produkt von Biografie und erzeugt das, wovon sie befreien will: Die Psychologisierung der Kindheit und die Tendenz, dass Familie als Hort von Unterdrückung bzw. als einziger Nährboden für eine gesunde Entwicklung definiert wird.

Das zweite Erklärungsmodell, das soziologische, kommt ohne Beschuldigung der Familie und der Eltern aus, indem narzisstisches Verhalten mit dem historischen und gesellschaftlichen Prozess begründet wird. Anhand des Werkes von Richard Sennett[4], einem amerikanischen Soziologen, lässt sich der Blick auf den Modernisierungsprozess werfen, welcher die Entstehung einer „narzisstischen Gesellschaft" historisch begründet. Der Autor stellt damit den Mythos in Frage, menschliches Unglück resultiere aus der Entfremdung und Kälte der Gesellschaft. Seine These ist im Gegenteil, dass die emotionale Verschmelzung von Selbst und Welt, also die „Privatisierung der öffentlichen Räume" von Arbeit, Politik und Kultur, diese Entfremdung bewirke. Die Folge ist eine übermäßige Anheizung der Erwartungen an persönliche Beziehungen, draußen in der Welt und drinnen in der Familie. Sennett nennt diesen Prozess die „Tyrannei der Intimität".

Auf der einen Seite lässt sich in der „Moderne" die Aufhebung der alten Orientierungsmerkmale beobachten, welche Menschen mittels Herkunft und Schichtzugehörigkeit eine lebenslängliche soziale Identität zuwiesen, die kaum zu ändern war. Die meisten Frauen und Männer sind heute freigesetzt von traditionellen Einengungen. Sie haben die Möglichkeit, Identität und Individualität durch persönliche Leistung selbst zu entfalten. Bildungsbereitschaft, Fleiß und Anpassungskraft werden von den gesellschaftlichen Bedingungen belohnt. „Jeder als seines Glückes Schmied, jede als ihres Glückes Schmiedin" heißt das Motto dafür. Auf der anderen Seite muss gemäß dieser Vorstellung die Ursache für persönliches Unglück in individuellen Mängeln gesucht werden. Mehr Anstrengung und noch mehr Bereitschaft, auf Lebensfreude zu verzichten, gilt als Zeichen von Charakter. Ständige Selbstprüfung, um die Mängel der eigenen Person zu beheben, wie Anne das in den Tiefen ihrer depressiven Krise durch ihre Schreibhemmung signalisierte, sowie die laufende Verbesserung der eigenen Fähigkeiten, sollten zu persönlicher Identität und Bezogenheit mit anderen führen. Erfolg und Aufstieg wird in der soziologischen Beschreibung von narzisstischen Menschen als wichtigstes Lebensziel definiert. Ihr Handeln messen sie jedoch nicht daran, wie eigenständig sie ihre Arbeit leisten, sondern wie sie sich dabei fühlen. Bei allem, was ein narzisstisch geprägter Mensch tut, muss er in erster Linie *sich selbst* spüren, muss die Welt für ihn „stimmen".

Wer, wie Anne und Bernd, die Konventionen ihrer Herkunft verlassen hat und im privaten und beruflichen Leben in neuen Bahnen geht, gehört zur breiten „Klasse der Neuankömmlinge".[5] Sie bewegen sich in Räumen, welche vor ihnen noch keiner aus der Familie betreten hat. Anne zum Beispiel ist die erste Frau in ihrer Familiengeschichte und Bernd der erste Mann in der seinen mit einem Universitätsabschluss. Weil aber Sinnstrukturen in der neuen Lebenswelt nicht an sich vorgegeben sind, existieren sie vorwiegend dort, wo das Selbst sich spiegeln kann, um sich zu finden, in der ständigen Reflexion. Natürlich betrifft diese Erfahrung auch Menschen in anderen Lebensformen. Sie ist kein ausschließliches Merkmal von Paaren mit Kindern und zwei Berufslaufbahnen.

Soweit die einengenden Zwänge individualistischer und narzisstischer Tendenzen unserer Zeit, wie ich sie in Kapitel 2 ausführlich beschrieben habe. Auf der positiven Seite vermittelt aber der Individualisierungsprozess Frauen und Männern eine Chance zur Selbstentfaltung, wie ihre Eltern sie nicht zu träumen gewagt hätten. Bernd musste nicht das Geschäft seines Vaters übernehmen, und Anne konnte als erste Frau ihrer Familiengeschichte ein Studium machen. Traurig finde ich, dass die lustfeindliche calvinistische Ethik sich so unheilvoll mit den positiven Möglichkeiten der Moderne verbindet, welche diese Paare mutig aus vorgespurten Bahnen ausbrechen ließ und sie dann leidvoll in die „Frage der Angemessenheit ihres Selbst verstrickt".[6] Nach meiner Erfahrung heißt das, dass Paare wie Anne und Bernd als Neuankömmlinge in einer für sie fremden Welt vorerst gar nicht anders können, als sich „narzisstisch" zu verhalten. „Erwachsene, die heute im Einklang mit den gesellschaftlichen Normen handeln wollen, müssen sich narzisstisch verhalten".[7] Wenn zu den Bedingungen modernen Lebens, welche die Versenkung ins Selbst und die Geringschätzung von sich selber fördern, außerdem eine persönliche Biographie als gebundene Musterkinder kommt, lässt sich ihr Perfektionismus und ihre Tendenz zu „alles oder nichts" noch besser verstehen.

Improvisation statt Perfektion

Was hat Anne und Bernd geholfen, mit der gewählten Lebensform Doppelkarriere und Elternschaft schließlich aus dem Ge-
fängnis der Musterkinder auszubrechen? Wie gelingt es anderen
Paaren in ähnlicher Situation, die Verführung, Superwoman und
Superman zu spielen, zurückzuweisen?

Ich habe in den Erzählungen von Paaren in dieser progressiven
Lebensform immer wieder das Wort von der alltäglichen „Abnützungsschlacht" in Beruf und Familie gefunden, selbst dort,
wo beide ihre Laufbahn in Teilzeitarbeit gestaltet haben. Dazu
kam bei Frauen und manchmal auch Männern die Beschreibung
des ewigen Gefühls, zu wenig Zeit zu haben für sich selber,
für entspannte Sinnlichkeit, für die Familie, für Kultur und für
Freunde. Sie hätten zwar fleißig geplant und berechnet, erzählen einige, aber statt sich daran zu freuen, dass so vieles gut
läuft im Alltag, bleiben sie unzufrieden. Ein Mann, Bautechni-
ker und 42 Jahre alt, nennt den Zustand einen „ehelichen Trott
wie von zwei chronisch ausgeleierten, müden Hausfrauen. Ich
kontrollierte das Konsumverhalten meiner Frau, sie die Minu-
ten, welche ich mit den Kindern verbrachte. Unsere Arbeits- und
Familienwelt wurde von uns aufgebläht zulasten von Freundschaft, Familie und Kultur. Bis wir merkten, dass wir alle inte-
ressanten Projekte außerhalb der Routine ablehnten, aus dem
Gefühl heraus, wir müssten ‚sparsam‘ umgehen mit unserem
Leben. Eben auf keinen Fall zu viel wollen, sonst würde sich
das Schicksal an uns rächen."

Beeindruckend ist für mich, wie unermüdlich von den meisten Paaren, die diese Lebensform gewählt haben, im Beratungsprozess „gearbeitet" wird. Das Wort von der Arbeit an der Beziehung ist nicht von ihnen selber, sondern von uns Beraterinnen
und Beratern in die Welt gesetzt worden, genauso wie andere
puritanische Wörter, die sich auf Krisen und Entwicklungen im
Lebenslauf beziehen, zum Beispiel Trauerarbeit. Aber gerade bei
den vielen ehemaligen Musterkindern, die wie Anne und Bernd
als Paar in eine Krise geraten, hüte ich mich davor, sie zum Ar-

beiten anzuleiten. Lieber ermutige ich sie zum spielerischen Experimentieren mit Versuch und Irrtum anstelle des unendlichen Reflektierens, das sie sowieso besser beherrschen als ich selber. Auf diese Weise erspare ich ihnen (und mir) mehr von der beschriebenen Abnützungsschlacht und lade sie zum Genießen ihrer vielen Fähigkeiten ein, an denen ich mich mehr freue als an fleißiger „Beziehungsarbeit".

Mein Anliegen bei der Therapie solcher Paare ist, daraus keine unendliche Geschichte zu machen, sondern sie gelegentlich wieder auf den Weg zu schicken mit der Anregung zu Experimenten statt zur Versenkung im Selbst. Meine Überzeugung, dass uns niemand einen Rosengarten versprochen hat und dass Leiden zum Leben gehört, ohne es als „Pathologie" zu bezeichnen, ist für sie manchmal ärgerlich, weil sie ihnen den Anspruch auf das Besondere vergällt. Aber sie kann auch befreien zu neuer Lebenslust, wie die Frauen und Männer in der Gruppe der Progressiven mir erzählten.

Anstelle angestrengter Persönlichkeitsentfaltung und Beziehungsarbeit also Chaos und Lebenslust. Anstelle der „sanften Führung durch meine Frau als Voraussetzung für mein beziehungsmäßiges Funktionieren", wie Bernd es sich ursprünglich von Anne wünschte, eigenes Handeln mit Versuch und Irrtum. Anstelle von Annes „allen alles recht machen und sich selber verlieren" das tun, was eigene Projekte vorantreibt, gut zu sich selber schauen und individuelle Räume beanspruchen. Anstelle angestrengter Ablehnung von Konventionen, für welche Anne und Bernd früher viel Energie brauchten, ein spielerisches Umgehen mit den Normen. Und anstelle von Domestizierung der Leidenschaft ein „aufgeklärtes Eigeninteresse" leben, wie Sennett[8] es nennt:

„Die beste Definition eines ‚funktionierenden' Ichs ist die folgende: Es hat gelernt zu nehmen und nicht bloß zu wünschen. Das klingt besitz- und herrschaftsorientiert; in Wirklichkeit jedoch sind Leute, die gelernt haben zu nehmen, bescheidener als die, die im Narzissmus eines ziellosen Wünschens stecken geblieben sind."

Es ist also nicht die Lebensform von Zweikarrieren-Paaren an sich, sondern ihre unheilvolle Verquickung mit puritanischen Vorstellungen, die ihnen zum Verhängnis werden kann. Wenn ich die Geschichten der Befragten in dieser Gruppe lese, ist die beschriebene Abnützungsschlacht aber nicht zwingend mit dieser Lebensform verbunden. Sie entspricht vielmehr der Meinung, welche Paare haben, die „alles" wollen: dem schlechten Gewissen als Musterkinder. Wenn sie bei Woody Allen-Filmen, welche diese Lage wunderbar karikieren, herzhaft lachen können, im eigenen Leben aber ihre „Gefühle bearbeiten" müssen, statt zu lachen oder zu schimpfen und sich das zu nehmen, was sie brauchen, geben sie den Auftrag zur penetranten Selbst- und Beziehungsreflexion auch an ihre Kinder weiter. Besonders ihretwegen lohnt es sich, dass Vater und Mutter nehmen lernen statt bloß vage zu wünschen.

Es dürfte der Leserin und dem Leser deutlich geworden sein, dass ich besonders in diesem Kapitel die eigene Geschichte in einer progressiven Lebensform mitlaufen ließ. Mein Interesse gilt nicht nur der persönlichen Selbstentfaltung von Frau, Mann und Kind, wie sie in dieser Konstellation besonders möglich ist, wenn Leben improvisiert statt perfektioniert wird. Mein Interesse gilt der Frage, wie in Lebensformen, bei denen Menschen leidenschaftlich ihren Interessen und Projekten nachgehen und Anteil nehmen an nicht-persönlichem Leben, der so oft beklagte Ehe- und Familienmief überwunden wird. Sennett nennt diesen Prozess weg von der Intimisierung des Lebens die „Wiederentdeckung der Grundlagen politischen Verhaltens"[9].

Das bedeutet, und darin liegt der Vorteil dieses Lebensmodells, dass auch Frauen und Kindern eine Tradition eröffnet wird, sich mit Dingen zu befassen, die nicht unmittelbar sie selber betreffen, sondern über den engen familiären Rahmen der Kleinfamilie hinausreichen. Das „Haus" des Paares und der Familie wird auf diese Weise zu einem gut gelüfteten Haus. Das Leben draußen ist dann nicht ein kaltes, angstmachendes, wenn Familien als Gastgeber das Fremde einladen, ohne es domestizieren zu wollen.

Anmerkungen

[1] Kohut, Heinz: Narzissmus. Eine Theorie der psychoanalytischen Behandlung narzisstischer Persönlichkeitsstörungen. Frankfurt a. M. 1976.

[2] Sennett, Richard: Verfall und Ende des öffentlichen Lebens. Die Tyrannei der Intimität. Frankfurt a. M. 1986, S. 408.

[3] Miller, Alice: Das Drama des begabten Kindes. Frankfurt a. M. 1980.

[4] Sennett, Richard: Intimität. op. cit.

[5] Ebd., S. 412.

[6] Ebd., S. 335.

[7] Ebd., S. 411.

[8] Ebd., S. 283.

[9] Ebd., S. 428.

Teil III

Die Hauptanliegen
und Empfehlungen
der Befragten

Kapitel 10
Von Paaren, Leidenschaft und langer Weile: Kommunikation, Intimität und Sexualität

Ein Mann schreibt:
Wenn eine Liebe, die sich unabhängig von der Ehe entfaltet hat, in die Ehe überführt wird, dann ist dies nicht so sehr ein Vorgang physiologischer Art, der die Leidenschaft mit kaltem Wasser übergießt und der Langeweile die Türen öffnet, sondern es ist ein Vorgang, in dem eine bewegliche, aus sich selbst gesteuerte Beziehungsstruktur mit einer festen, vorgegebenen Einrichtung kollidiert.[1]

Eine Frau schreibt:
Nach meiner Erfahrung ist es nicht naturgegeben, dass eine auf Dauer angelegte Paarbeziehung erkalten muss. Wenn eine solche Beziehung entwickelt wird, indem die Partner miteinander reden, streiten, übereinstimmen, sich lieben, dann wieder auseinander fädeln, sich nicht mehr ausstehen können und sich wieder finden – wenn auf diese Weise eine lange Vertrautheit entsteht, finde ich das sexy, nicht langweilig! Intimität, das heißt erkannt zu werden und zu erkennen, ist ein menschliches Wunder.[2]

Diese gegensätzlichen Aussagen eines Mannes und einer Frau treffen den Kern der Fragen, denen ich in diesem Kapitel nachgehen will: Warum wird die Leidenschaft eines Paares so leicht der langen Weile von Verbindlichkeit geopfert? Sind die beiden Grundanliegen jeder Liebesbeziehung: Erregung auf der einen Seite, Sicherheit und Bindung auf der anderen, überhaupt vereinbar? Wie kommt es, dass Frauen und Männer auch im Zeitalter der sexuellen Befreiung und der Vielfalt von Lebensformen solch große Mühe haben mit dem Balanceakt von Leidenschaft und Verbindlichkeit? Was für Erklärungsmöglichkeiten aus der Evolutionsgeschichte, den unterschiedlichen weiblichen und männlichen Sozialisationserfahrungen sowie der jeweiligen Paarstruktur gibt es für die beobachteten Unterschiede in den Intimitätsvorstellungen der Geschlechter? Und wie gehen Frauen und Männer mit dem verbreiteten Widerspruch um?

Die Ergebnisse meiner Befragung

Bei aller Unterschiedlichkeit der einzelnen Geschichten gibt es bei den über 30 Paaren, welche mir zur Frage nach der Bedeutung von Kommunikation, Intimität und Leidenschaft Auskunft gaben, ein paar gemeinsame Nenner, die mich in ihrer Einheitlichkeit überrascht haben. Die deutlichste Gemeinsamkeit aller antwortenden Frauen und Männer liegt in ihrer Sehnsucht nach *befriedigender Kommunikation*. Man könnte auch sagen: nach einer gemeinsamen Welt, in welcher sowohl die Geborgenheit im Wir als auch die Leidenschaft, „die nur sich selber kennt und keine Gründe außerhalb von sich selber gelten lässt",[3] ihren Platz haben. Auf welche Weise ihre Sehnsüchte erfüllt werden könnten, darüber gehen die Ansichten der befragten Frauen und Männer in erstaunlichem Maß auseinander. Deutlich wird jedoch, wie schwer es allen fällt, sexuelle Leidenschaft mit einem verbindlichen Alltag zusammenzubringen.

Im Folgenden geht es darum, die *verschiedenartigen „Landkarten" von Frauen und Männern bezüglich Intimität und Sexualität* genauer zu betrachten. Ich will ihre Auswirkungen auf ihr Erleben beschreiben und dem Einmaligen ihrer Erfahrung die Folie des Allgemeinen unterlegen. Mich interessieren mögliche unterschiedliche weibliche und männliche Entwicklungen, welche zum Beispiel stammes- oder lebensgeschichtlich begründbar sind, und ganz besonders die historisch und gesellschaftlich bedingten Bilder von Weiblichkeit und Männlichkeit. Neben der Dimension von Geschichte und individueller Biographie soll auch jene der Kommunikations- und Entscheidungsmuster eines Paares im Umgang mit diesem Spannungsfeld reflektiert werden. Und auch, wessen Landkarte von Intimität und Sexualität im konkreten Fall entscheidet, welche Muster gelten, ihre oder seine. Allgemeine Ideen für Lösungen taugen bei diesem persönlichsten und verwirrendsten aller beschriebenen Paarthemen wenig. Ein Blick in die Schatzkammer individueller und gemeinsamer Geschichten vermittelt aber trotz der Widersprüche tröstliche Perspektiven. Dank der Entwicklung zu mehr Gleichwertigkeit und Gelassenheit wurden bei vielen Befragten

Intimität, Kommunikation und Leidenschaft durch Krisen wieder möglich, wenn auch nicht in selbstverständlicher Übereinstimmung und Harmonie. Am Ende dieses Kapitels will ich auf ihre Lösungen eingehen.

Seine Intimität ist nicht ihre Intimität

Er will zuerst begehren und sexuelle Erfüllung finden und nachher zärtlich mit ihr reden. *Sie* will zuerst seine und ihre Gefühle erforschen und Nähe erleben, dann erst mag sie ihn begehren und von ihm begehrt werden. Gibt es also einen eingebauten Konflikt bei Paaren: dem Mann die Sexualität, der Frau die Liebe? Angeregt durch die Antworten auf meine Befragung habe ich in letzter Zeit bei Veranstaltungen zum Thema „Moderne Partnerschaft und Familie" die folgende Passage aus einem Paargespräch vorgelesen und mit Faszination erlebt, wie jeweils ein Saal voller Männer und Frauen in Bewegung geriet:

Ein Paar, beide um die 40, hat 2 Kinder in den oberen Schuljahren. Er ist Maschinenmonteur, sie hat ein Schneideratelier in der Wohnung. Sie kommen mit dem gemeinsam definierten Problem „erloschene Intimität und Sexualität" in die Beratung.

Er: Wenn ich nur wüsste, was sie eigentlich will von mir. Ständig nörgelt sie an mir herum, nichts kann ich ihr recht machen. Immer will sie etwas von mir, was sie, glaube ich, selber nicht weiß. Ich fühle mich echt an die Wand gedrückt von ihren ständigen Forderungen nach Liebe. Liebe! Ist denn das, was ich täglich für sie und die Familie tue, keine Liebe?

Sie: Genau das ist es. Liebe ist Arbeit und Pflicht bei dir, den Sex nimmst du dir. Bei allem guten Willen: so nicht mehr, nicht mit mir. (Zur Therapeutin:) Nie redet er persönlich mit mir. Nie über seine Gefühle. Er will sich bloß an mich kuscheln und mit mir schlafen, ohne je ein persönliches Wort. Wie soll ich denn wissen: „Ich bin gemeint, nicht bloß mein Körper"? Wenn er mal etwas Persönliches sagt, dann ist es meistens kritisierend. Zum Beispiel: „Warum bist du eigentlich so dick geworden?" Was in seinem Inneren vorgeht, muss ich erraten, weil er mir nie etwas von sich selber erzählt. Ich habe keine Ahnung, ob ich ihm noch etwas bedeute als Mensch oder ob er bei mir einfach seine Batterien wieder auflädt.

Er: Aber du solltest doch wissen, dass ich dich gern habe, so wie du bist. Warum brauchst du denn ständig dieses Süßholzgeraspel? (Zur Therapeutin:) Wissen Sie, ich habe überhaupt keine Lust, mich hier von ihr bloßlegen zu lassen. Das kann ich zu Hause haben. Dieses Zerreden von allem, was simpel und gut sein könnte, habe ich satt! Ständig dringt sie in mich ein. Ständig soll ich bei ihr den Sex mit Reden verdienen. Ich will aber begehrt werden von ihr, nicht beredet! Nachher, wenn wir es gut gehabt haben sexuell, dann mag ich vielleicht reden, aber nicht als Vorleistung!

Sie: Ja, genau so geht es. Und wenn ich nachfrage über seine Gefühle, sagt er, ich dringe in ihn ein, wie seine Mutter. Dann „mauert" er tagelang. Und jedesmal stirbt bei mir ein Stück Zuneigung. Wie soll ich mit ihm schlafen, wenn er mich gefühlsmäßig draußen vor der Tür stehen lässt? Da werde ich eiskalt innerlich, da geht gar nichts mehr.

Wenn ich beim Rezitieren dieses Dialoges Frauen und Männer einander zunicken sehe und wenn sie mir davon erzählen, dass es bei ihnen zu Hause genauso sei, scheint etwas an der Sache zu liegen, das über den Einzelfall hinaus Gültigkeit hat. Sind es vorwiegend Paare in altmodischen Strukturen, welche das Muster aufrechterhalten? Dutzende von Paaren in progressiven Beziehungskonstellationen sagen jedoch, dass sie dieselbe Erfahrung machen. Sie erzählen, dass ihr Zusammenkommen für sie genau in der beschriebenen Art schwierig sei: Frauen wünschen, dass sie von den Männern mit Worten, nicht mit Gesten begehrt werden. Mit Worten, die so persönlich sind, dass sie wissen, ich bin als Person gemeint, nicht als Kuschel-Objekt. „Ich möchte mir zuerst die Seele und erst dann die Haut streicheln lassen", schreibt Anne im Paarporträt zur Lebensform der Doppelkarriere. Männer, wie ihr Partner Bernd, sehen es genau umgekehrt: „Wenn ich mit ihr schlafen will, habe ich einfach keine Lust, mich zuerst verbal zu entwickeln. Ich will angefasst, gerochen, geleckt und begehrt werden, nicht psychotherapiert."

In der Umgangssprache wird Intimität meistens gleichgesetzt mit Sexualität. „Die beiden sind intim miteinander" heißt, dass sie miteinander schlafen. Aber offenbar bedeutet *Intimität* etwas anderes für Männer und Frauen: *Voraussetzung zu sexueller Lust für die Frauen, Ergebnis sexueller Leidenschaft für die Männer.* Die Frau sagt: Intimität heißt für mich Bestätigung, dass ich nicht bloß dein Teddybär bin, sondern mich als einmaliger Mensch mit Seele, Geist und Körper gemeint fühle. Nicht anhänglich-schlapp oder fordernd-aggressiv, sondern persönlich will ich von dir begehrt werden. Für mich beginnt Intimität am Morgen beim Frühstück, wenn wir noch „zu" sind, nicht erst abends im Bett als Vorspiel zum Sex. *Der Mann*: Intimität ist für mich das Zeichen dafür, dass ich als Mann und Mensch fraglos und ohne emotionale Entblößung angenommen bin. Dass du meine Art zu lieben allen anderen vorziehst, mich aber nicht dominierst mit verschlingender Gefühligkeit! Ich will nicht auch noch in der Liebe zuerst Leistung erbringen, bevor ich etwas bekomme.

Das alte Muster weiblichen Begehrens lebt auch in neuen Beziehungsformen:

„Immer noch, obwohl sich, vor allem im letzten Jahrzehnt, viele Frauen künstlerisch auf dem Gebiet der Erotik versucht haben, ist dieses alte Muster erkennbar. Zwar wird das begehrende weibliche Ich selbstbewusster; es bricht Tabus und wagt sich abenteuernd in bisher fremde Bereiche vor … Aber auch diese Heldinnen sehnen sich noch immer danach, dass etwas mit ihnen gemacht wird; sie begehren danach, begehrt zu werden."[4]

Wo liegen die Wurzeln für dieses Muster? Was macht die intime Begegnung von Frau und Mann bei aller gemeinsamen Sehnsucht nach Erregung und Nähe so schwierig? Ich habe darauf keine eindeutige, aber vielfältige Erklärungsmöglichkeiten gefunden: Stammesgeschichtliche, sozialgeschichtliche und biographische Aspekte der Entwicklung von „Männlichkeit" und Weiblichkeit sowie psychologische und strukturelle beleben den Intimitäts-Diskurs. In den letzten Jahren wird dieser noch zögerlich, dafür unter vielfältigen Aspekten geführt, ganz besonders von Frauen.

Die Theorie der Geschlechterpolarität als evolutionsgeschichtliches Erbe

Hier wird davon ausgegangen, dass das beschriebene Muster Wurzeln in der evolutionsgeschichtlichen Grundausstattung von Mann und Frau habe. Das Hauptargument der stammesgeschichtlichen Erklärung des Musters „er wirbt, sie will umworben werden" liegt gemäß dieser Theorie in den Konsequenzen der inneren Befruchtung, „die erfunden wurde, um die zuvor unvermeidliche Vergeudung von Keimmaterial einzuschränken. (Sie) ... erforderte die Entwicklung dimorpher Geschlechtsorgane. Dabei musste eine der beiden gegebenen Morphen der Schauplatz der inneren Befruchtung werden. Und da die Samenzellen schon auf Beweglichkeit vorselektiert waren, kam nur der Produzent der Eizellen für Empfängnis und Schwangerschaft in Frage".[5]

Die Unterschiedlichkeit im Verhalten der Geschlechter wird so begründet, dass als Folge des Differenzierungsprozesses der weibliche Organismus sich im Vergleich zum männlichen viel länger mit dem entstehenden neuen Lebewesen beschäftigen muss. Aus diesem biologisch bedingten Ungleichgewicht wird abgeleitet, dass die Partnerin deutlich selektiver sein müsse als der Partner und eher dazu tendiere als dieser, „eine exklusive eheliche Bindung einzugehen". Wenn das Weibchen die Auswahl trifft, wird es ausführlich damit beschäftigt sein müssen, „sein Herz zu befragen", während die Selektivität auf Seiten des Männchens, das zur Sicherung der Art die Initiative zu ergreifen hat, „für gewöhnlich viel weniger anspruchsvoll ist". Im Wettkampf um Fortpflanzungsgelegenheiten muss das männliche Geschlecht alle erreichbaren Chancen nutzen, während das weibliche Geschlecht ein Interesse an einem „höheren Qualitätsanspruch" haben muss.

Kommt *ihm* also der impulsiv fordernde, *ihr* der anspruchsvoll wählerische Teil im stammesgeschichtlich begründeten Tanz der Geschlechter um sexuelle Vereinigung zu? Und was bringt uns eine solche Begründung? Sollen Frau und Mann sich angesichts ihrer alltäglichen Konflikte überhaupt mit diesen Annahmen herumschlagen? Bedeuten sie nicht einfach, dass das, was uns unglücklich macht, biologisch bedingt und darum unveränderbar sei? Aus welcher Interessenlage wird eine solche Theorie vertreten? Dient sie einfach der Erhaltung des geschichtlich und gesellschaftlich bedingten Status quo: Der Mann muss naturbedingt nehmen, was er sexuell kriegt, und die Frau muss dazu schauen, dass sie wählerisch mit ihrer Sexualität umgeht … Ich bin auf Umwegen zu einer anderen Meinung gekommen. Für mich ist es tröstlich, nicht ärgerlich anzunehmen, dass unsere menschliche Art des Empfindens und unsere Kultur eine biologische Tiefenstruktur haben, die nicht mit individuellen Motiven, Bedürfnissen oder Interessen verwechselt werden sollte. Durch Annahmen darüber, wie etwas geworden ist, erhöht sich unsere Freiheit, etwas Eigenes daraus zu machen. Wenn wir das Motivationsspektrum der menschlichen Natur ahnend verstehen, fühlen wir uns dieser Natur weniger hilflos ausgeliefert und können aufbrechen zu neuen Horizonten. Unser Wissen, dass Natur nicht einfach Schicksal ist, so wenig wie Biographie oder Gesellschaft, und dass uns *Handlungsspielräume* zur Verfügung stehen, verstehe ich als Aufforderung, diese zu gestalten, nicht als Begründung für die Festigung des Status quo. Die Theorie von der stammesgeschichtlichen Verschiedenheit begründet schließlich nicht, warum Lehrstühle und Direktionsposten immer noch bloß zu etwa 2 bis 3 % von Frauen besetzt sind!

„Der Mensch ist biologisch bestimmt, eine Welt zu konstruieren und sie mit anderen zu bewohnen. Diese Welt wird ihm zur dominierenden und definitiven Wirklichkeit. Ihre Grenzen sind von der Natur gesetzt. Hat er sie jedoch erst einmal konstruiert, so wirkt sie zurück auf die Natur. In der Dialektik zwischen Natur und gesellschaftlich konstruierter Welt wird noch der menschliche Organismus umgemodelt. In dieser Dialektik produziert der Mensch Wirklichkeit – und sich selbst."[6]

Ich meine, dass die Frage, was Menschen aus den angelegten Bedingungen machen, für unsere Alltagsbewältigung die wichtigste ist.

Geschlecht als gesellschaftliche Konstruktion von Wirklichkeit: Unterschiedliche Entwicklungsgeschichten von Frauen und Männern

Vorweihnachtszeit in der Kleinstadt. Felix und Regula, die 6-jährigen Zwillinge, warten vor dem Supermarkt auf ihre Mutter, die drinnen einkauft. Felix steht in der Türecke, drückt seinen Plüschhund an sich und schaut ängstlich den vielen Menschen zu, die hektisch ein- und ausgehen. Dann zieht er schlotternd die Schultern ein und schaut angespannt auf die Ladentür, wo noch immer keine Mutter erscheint. Schließlich rinnen ihm Tränen übers Gesicht, er kuschelt sich an seinen Hund und schaut wie ein Häufchen Elend in die Welt ... Regula klettert auf dem eisbedeckten Gestänge über der Eingangstreppe herum, rutscht, fängt sich auf und klettert energisch weiter. Als ein alter Mann sie vor der Gefahr des Absturzes warnt, zieht sie eine Grimasse und turnt noch höher. Dann bemerkt sie ihren heulenden Bruder, lässt sich auf den Boden fallen und weist ihn zurecht: „So tu doch nicht so blöd. Mama kommt gewiss wieder", putzt ihm die Nase und legt ihm tröstend den Arm um die Schultern.

Wann und wie geschieht die zu erwartende Rollenumkehr bei den beiden? Wann und wie lernt Felix, dass es sich für einen Mann nicht gehört, sich an ein Plüschtier zu klammern und vor Angst zu weinen? Wie wird aus dem verträumten kleinen Buben ein vernünftiger, vorwärtsstrebender Mann, der seine Gefühlsantennen einzieht und gradlinig auf ein Ziel zuläuft?

„Wir setzen unsere Leute permanent unter Druck, und wir verlangen Unmögliches, um das Mögliche zu erreichen", erzählt der schweizerische Konzernleiter eines multinationalen Unternehmens stolz seinem Interviewpartner.[7]

„Unsere Leute", damit sind selbstverständlich Männer gemeint. Und mit denen, die ihnen als warme „Kuscheltiere" Erholung vom Druck in der Arbeitswelt vermitteln, vermutlich Frauen und Kinder. Wann und wie lernt die wilde Regula, dass es nicht in Ordnung ist, auf Geländer zu klettern, Grimassen zu ziehen und ihre Eigenständigkeit zu behaupten? Sondern dass sie den zweiten Teil der Geschichte zu leben hat: die emotionalen Antennen ausfahren, gut auf Männer aufpassen, sie schützen vor dem übermäßigen Druck in der Arbeitswelt und dafür das eigene Spiel abbrechen. Wie kommt es umgekehrt, dass so viele Männer mit eingezogenen Gefühlsantennen durch die Welt laufen und sich Angst abtrainieren lassen? Dass so viele Frauen die Männer vor ihrer eigenen Empfindsamkeit schützen und sie als Helden auf der Weltbühne auftreten lassen, indem sie sie von hinter den Kulissen versorgen und ihnen aus dem Zuschauerraum applaudieren? Warum vergessen Männer, dass sie einmal eine zärtlich-verletzbare, aber auch eine lustvoll-bezogene Seite gelebt haben? Und warum Frauen, dass sie mit Freude an ihrer eigenen Kraft auf Treppengeländer kletterten? Was hat es mit unserem Thema vom Widerspruch zwischen Liebe und Leidenschaft zu tun, dass so viele Frauen und Männer wichtige Teile abgespalten haben im Korsett stereotyper Weiblichkeit und Männlichkeit: er seine verträumte, weiche Seite, sie ihre wilde, lustvolle Körperlichkeit?

Wer begehrt, macht die Bilder: Entwicklungsbarrieren

Die unterschiedlichen Leitmelodien von Frauen und Männern, zu denen sie ihren Tanz von Liebe und Leidenschaft tanzen, sitzen tief in den Hinterköpfen. Er versteht ihre Melodie kaum, und sie auch nicht die seine. Denn bei allen äußeren Ähnlichkeiten in den Geschichten einer bestimmten Generation und eines bestimmten Milieus trennt ein Fluss unterschiedlicher Vorstellungen die Geschlechter. Er wird gespeist aus den Unterschieden ihrer Erfahrungen in Familie, Kultur und Gesellschaft. Mich bewegt die Frage, wie Frauen und Männer über diese Verschiedenheit hinaus die Handlungsfreiräume erkennen und nutzen lernen, welche ihre „Natur" ihnen offen lässt. Wenn wir wissen wollen, warum es Frauen und Männern so schwer fällt, ausgerechnet im Kern ihres Zusammenseins, in Liebe und Sexualität, eine gemeinsame Sprache zu finden, müssen wir fragen, wie die Unterschiede ihrer Lernerfahrungen wirken und besonders, wie daraus später Wandel möglich wird.

Die Kluft in den Intimitätsvorstellungen der Geschlechter wird entwicklungstheoretisch damit begründet, dass in unserer Kultur sowohl Jungen wie Mädchen während vieler Jahre Frauen als wichtigste Bezugspersonen haben, in der Kleinfamilie, aber auch in Kindertagesstätten, Kindergarten und Schule, und dass später ein Bruch in ihrer geschlechtlichen Orientierung erfolgt, dessen Folgen sie lebenslänglich begleiten. Die Tatsache, dass *Frauen* das erste intime Gegenüber der meisten Kinder sind, bedeutet, dass sowohl Jungen wie Mädchen sich vorerst mit „weiblichen" Moral- und Beziehungsvorstellungen identifizieren. Verkürzt ausgedrückt heisst das, dass weibliche Moral Bezogenheit zu anderen Menschen bedeutet, männliche aber Autonomie und Leistungsbereitschaft. So wird in einer Studie[8] beobachtet, dass Mädchen um der Beziehungsharmonie willen eher ein begonnenes Spiel abbrechen, wenn sich Konflikte anbahnen, als diese auszutragen. Jungen neigen in ähnlicher Situation dazu, zu kämpfen und dann ihr Spiel fortzusetzen. „Männliche" Moral bedeutet gemäß dieser Studie also, dass Autonomie um jeden Preis wichtiger sei als persönliche Bezogenheit.

Wie kommt der Bruch zustande, nachdem ursprünglich sowohl Jungen als auch Mädchen sich mit derselben weiblichen Welt identifiziert haben? Und wie wirken sich seine Folgen später auf ihren Umgang miteinander aus? Für das Mädchen kann die Orientierung an einer weiblichen Bezugsperson während der ganzen Kindheit aufrechterhalten bleiben. Selbst wenn seine Eltern sich scheiden lassen, wird es sich mit der Mutter oder mit betreuenden Frauen identifizieren können. Um Frau zu werden, kann die Tochter vorerst mit ihrem Vorbild verschmelzen (ich bin wie Mama) und sich später von ihm abgrenzen oder mit ihm rivalisieren (ich bin schöner als Mama). Immer steht ihr ein gleichgeschlechtliches Vorbild zur Verfügung. Dass sich zwischen Mutter und Tochter allerdings – besonders wenn der Vater psychisch oder physisch abwesend ist – eine verstrickte, zwiespältige „Notgemeinschaft" bilden kann, habe ich im Kapitel Familienehe beschrieben. Sie kann, wie wir das bei einigen Paarporträts gesehen haben, den Ablöseprozess der Tochter von der Mutter und ihre spätere Intimität und Sexualität dramatisch behindern.

Um in unserer Gesellschaft zum Mann zu werden, muss sich der Junge im Lauf seiner Entwicklung von der weiblichen Welt abgrenzen. Nachdem er seine erste Erfahrung von Sinnlichkeit und Geborgenheit bei der Mutter machte, kann dieser Prozess nicht ohne Ambivalenz geschehen. Zwischen trotzigem „Kein Kuss für Mutter!" und ängstlicher Anklammerung oder versteckter Verzweiflung darüber, dass er in der fremden Männerwelt keinen Platz findet, erlebt er Brüche, die ihn „für immer sehnsüchtig und gleichzeitig misstrauisch machen Frauen gegenüber", wie Robert in Kapitel 6 erzählte. Wenn einem solchen Jungen ein kräftiges väterliches Gegenüber fehlt, wird er der männlichen Welt gegenüber entweder fremd bleiben oder in den Hierarchien der Männerbünde um einen Platz kämpfen. Natürlich gibt es viele Varianten zwischen diesen Polen von Flucht und Kampf. Dass ihr Konkurrenzkampf oft mit Angst vor dem Absturz verbunden sei, haben mir mehrere vaterfremde soziale „Aufsteiger" berichtet.

Wenn eine Mutter ihren Sohn durch Krankheit, emotionalen Rückzug, Trennung oder Tod in den frühen Jahren verlassen hat, kann es geschehen, dass er fortan in jeder Frau die „verlorene Mutter" sucht und gleichzeitig mit seiner misstrauischen Erwartung, sie werde ihn sowieso verlassen, dauerhafte Intimität verhindert. Lieber verlässt er sie bei den ersten Anzeichen von Konflikt, als dass er von ihr verlassen wird. Von ähnlichen Erfahrungen und Ängsten berichten einige Männer bei meiner Befragung, am eindrücklichsten einer, dessen Mutter durch Suizid aus dem Leben schied, nachdem sein Vater sich eine Freundin genommen hatte.

Das Dilemma der männlichen Sehnsucht nach emotionaler Abhängigkeit und der weiblichen nach Autonomie hat also offensichtlich tiefe Wurzeln in den Erfahrungen von Jungen und Mädchen. Durch die geschlechtsabhängige Rollentrennung in der Lebensform der Kleinfamilie, die weit über die fünfziger Jahre hinaus wegweisend war, haben die meisten befragten Frauen und Männer emotional „über-präsente", aber unglückliche Mütter und

„unter-präsente", emotional unerreichbare Väter erlebt. Zwar hat die neoromantische Bewegung der 68er Jahre das bürgerliche Ideal der Versorgungsehe in Frage gestellt, aber die alten Bilder von Weiblichkeit und Männlichkeit sind unter dem Firnis des Neuen in Form ihrer Mystifizierung wiederbelebt worden. Diese Bilder leben nicht nur in unseren Köpfen weiter, sie existieren auch in weiblichen und männlichen Sprachformen, welche auf subtile, oft kaum durchschaubare Weise soziale Wirklichkeit erzeugen.

Die widersprüchlichen Vorstellungen von Frauen und Männern zu Intimität erscheinen also trotz aller kulturellen Veränderungen durch die „sexuelle Revolution" wie auch durch den Wandel des weiblichen Selbstverständnisses weitgehend unverändert. Ich habe zwei Vermutungen, warum das so sein könnte. Zum einen gehe ich davon aus, dass trotz sozialen Wandels und veränderter Bilder von uns selber Frauen noch immer vorwiegend an den Normen der Männerwelt orientiert sind. Ich bin überzeugt, dass wir unsere Vorstellungen von Liebe und Sexualität mehr nach ihnen richten, als uns bewusst ist. Zwar ist die sexuell attraktive und selbstsichere Frau gefragt, aber zu direkt und begehrend soll sie auf keinen Fall sein. Das Gespenst der „Kastrations-Angst" der Männer vor starken Frauen sitzt uns bedrohlich im Genick. Sicherer ist darum, dass wir uns am alten Bild von passivem Geschehen-Lassen orientieren. Zur Illustration zitiere ich Reaktionen von modernen Frauen auf erotische Vorlagen: „Frauen teilen also offenbar beim Anschauen erotischer Vorlagen den männlichen Blick auf sich selbst. Sie identifizieren sich mit dem Objekt männlicher Begierde – aber das ist nur eine Seite der Angelegenheit. Eigentlich sind sie Objekt und Subjekt dieses Blickes zugleich; sie schauen sich selbst an und präsentieren sich zugleich dem fremden Blick, der sie begehrt ... Der Mann begehrt, die Frau will begehrt werden. Wer begehrt, macht die Bilder. Die Frau orientiert sich an ihnen, auch wenn sie mit ihnen spielt." (4 op. cit)

Zum Zweiten meine ich, dass die Anheizung der Intimsphäre in der Moderne – Ehe und Familie als Hafen in einer unsicheren

Welt – Frauen gute Gründe dafür liefert, als Gefühlsspezialistinnen ihre „weichen" Machtquellen in privaten Beziehungen so weit als möglich auszubauen. Solange den meisten Frauen Ressourcen für „harte" Macht (wie Geld und Status) weit weniger zur Verfügung stehen als Männern, ist die traditionelle weibliche Moral „Mach dich rar, wirf dich nicht weg" und die damit legitimierbare sexuelle Verweigerung zwar ich- und lustfeindlich, aber immerhin eine Machtquelle. Da sie jedoch an den engen Rahmen einer Paarbeziehung gebunden bleibt, handelt es sich eher um die Macht der Ohnmacht.

Unsere kollektive Sehnsucht nach Selbstfindung und Wärme in privaten Beziehungen, wie sie sich als „Tyrannei der Intimität"[9] aus dem Zerfall der öffentlichen Kultur entwickelt hat, scheint bisher kaum zu kreativen Beziehungsmustern zwischen den Geschlechtern geführt zu haben. Solange wir an einem geschichtslosen, individualistischen Bild von Liebe und Ehe festhalten, werden wir die prägenden Einflüsse der vorangegangenen Generationen und der sozialen Strukturen auf unsere Bilder von Weiblichkeit und Männlichkeit kaum erkennen. In der Auseinandersetzung mit diesen Bildern und den äußeren Strukturen, die sich gegenseitig reproduzieren, anstelle von simplen Reparaturmodellen für Beziehungskonflikte, liegen meines Erachtens die Chancen für eine Intimitätsgestaltung von Paaren, welche über den Zweierkisten-Katzenjammer hinausführt. Es geht also nicht einfach um Liebe als Gefühl – um „Frauen, die zu sehr lieben" oder um „Männer, die lieben lassen" –, sondern um die Einbettung des Intimitäts-Diskurses in den alltäglichen Rahmen sozialer und ehelicher Machtverhältnisse. Diesen will ich mich im folgenden Teil zuwenden.

Kommunikation, Intimität und Machtverhältnisse

Gespräche stiften subjektive Wirklichkeiten in der Form von Welten, von Paarwelt, Familienwelt, Arbeitswelt. Selbst wo die Gespräche eines lange zusammenlebenden Paares beiläufig und alltäglich werden, haben sie Wirklichkeits-wahrenden und Wirklichkeits-ordnenden Wert. „Im weitesten Sinne sind alle, die dieselbe Sprache sprechen, füreinander wirklichkeitswahrende andere." (6 op. cit.) Damit Frau und Mann füreinander den Charakter des „jeweils wirklichkeitswahrenden anderen" bekommen, wodurch ihre alltägliche Rückkehr in die gemeinsame Welt ermöglicht wird, muss ihre „Konversationsmaschine" gut geölt und verlässlich sein. Das Reißen der Gesprächsfäden ist eine Gefahr für die persönliche Identität in einem Milieu, das eine solche in hohem Maße stiften sollte. Wie wird die Konversationskultur eines Paares entwickelt und erhalten? Und warum ist es so schwer, sie befriedigend zu pflegen? Ich meine, wir verstehen das besser, wenn wir einen Blick auf das Thema Kommunikation im Rahmen des in Kapitel 2 beschriebenen Modernisierungsprozesses werfen.

In meiner Befragung wurde deutlich: Befriedigende Kommunikation ist der höchste Wert auf der Skala ehelicher Zufriedenheit für Frauen und Männer. Offene Kommunikation, konstruktive Kommunikation und das laufende persönliche Gespräch stehen hoch im Kurs. Dass „offenes, persönliches Reden miteinander" Voraussetzung zum Verstehen und Verstandenwerden, Erkennen und Erkanntwerden ist, was eigentlich der Definition von Intimität entspricht, gehört zu unserem Alltagswissen. Wie kommt es aber, dass bei so viel Wertschätzung und so viel Anstrengung für dieses Anliegen so viel tägliches Elend damit verbunden ist? Es gibt für mich zwei mögliche Erklärungen. Die erste hat mit dem modernen Kult von Selbstdarstellung und Selbstthematisierung zu tun, welcher uns blind macht für die *politischen Aspekte* unseres Lebens. Die zweite ist eng damit verknüpft: Kommunikation als Ritual kann zum *Austausch von Sprechblasen* werden, wenn sie nicht verankert ist in der Alltagswelt und ignoriert, dass Sprache Wirklichkeiten schafft und Machtverhältnisse festschreibt.

Die Darstellung der „wirklich wahren Gefühle" wie auch des „wirklich wahren Selbst", welche in einer Gesellschaft ohne Götter und ohne verbindliche Institutionen gefordert wird, hat zum Rückzug ins Private geführt, der mit vorgestanzten Bildern von Intimität und Liebe als gleichmäßig fließenden Quellen von

Wärme und Zuneigung verbunden ist. Die allgemeine Psychologisierung des Lebens gebietet eine ständige Beschäftigung mit dem Ich. „Wenn die Beziehungen dieser Belastung nicht mehr standhalten, bringen wir das nicht mit unseren unausgesprochenen Erwartungen in Zusammenhang, sondern mit der Beziehung selbst" (9 op. cit.). Schwierig finde ich, dass von dieser Forderung nach der anheimelnden Art der offenen Kommunikation die „harten" Aspekte, also die Verteilung der Ressourcen im menschlichen Zusammenleben, so leicht zugedeckt werden. Dass ungleiche Verhältnisse ohne Artikulationsmöglichkeit besonders schmerzlich erlebt werden, erfahre ich täglich in der Beratung von Paaren. Beim jungen Elternpaar aus dem Porträt „Das frohe Ereignis als kritisches Ereignis" zum Beispiel, wo die Frau jede Nacht mehrmals aufsteht, damit der Mann durchschlafen kann, und wo umgekehrt die Frau den alleinigen Zugang zum Kind beansprucht, hat der Groll über ihr unverhandeltes Arrangement langfristig zum Erlöschen ihrer Leidenschaft geführt. Auch die Erfahrung, dass ein Mann seiner Frau keine Auskunft gibt über seine finanziellen Verhältnisse und sie sich zur Strafe emotionell und sexuell von ihm zurückzieht, ist in der Paarberatung alltäglich. „Offene Kommunikation" als Austausch von Gefühlen erzeugt da kaum Wandel.

Wenn strukturelle und politische Kategorien in psychologische Begriffe von Wärme und Intimität verwandelt werden, mag das vorübergehend der Stabilisierung einer Beziehung dienen. Weil Männer und Frauen aber nicht bloß Träger und Trägerinnen von Information über Gefühlszustände sind, sondern auch von Machtquellen, ist es wenig menschenfreundlich, ihnen den Mund mit Gefühlswörtern vollzustopfen und die Augen vor ihren ungleichen Lebensbedingungen zu verschließen. Auch die Erklärungsmodelle von der evolutionsgeschichtlichen oder der entwicklungsmäßigen Unterschiedlichkeit von Frau und Mann können den Blick auf ihr konkretes Zusammenleben verstellen. Wenn wir einseitig biologische oder soziale Erklärungen benützen, laufen wir Gefahr, festzuschreiben, warum Männer und Frauen so geworden sind, ohne zu fragen, wessen Weltbild in der Gegenwart dominiert und was für Handlungsräume jedem offen stehen.

Als Reaktion auf das gängige Argument, dass die meisten Männer aus Angst vor dem Verschlungenwerden durch Frauen kämpfend oder schweigend ihre Autonomie verteidigen, gibt es für die Frau zwei Reaktionsmöglichkeiten: einerseits die Zementierung seiner Sohn-Rolle im offiziellen Patriarchat durch das heimliche Matriarchat in der Form des „Geheimdienstmodells"[10], und andererseits die Verantwortlichkeit für eine eigene Position. Im ersten Fall dient die Frau im Geheimen und zieht ebenso geheim die Fäden, an denen der Mann hängt. Die zweite Möglichkeit, dass Frauen eine klare Position vertreten, birgt die Gefahr, dass sie sich abwenden von den Männern, die sie als „unerwachsene Söhne" verstehen, welche draußen die Starken spielen, innen aber keine Partner sind. Wenn das Argument von der natürlichen weiblichen Abhängigkeit beziehungsweise von ihrer natürlichen Unfähigkeit zu Ich-bezogenem sexuellem Begehren vertreten wird, übersehen wir, in was für Verhältnissen solche Beobachtungen gemacht werden: am häufigsten in jenen, die materielle Abhängigkeit einer Frau voraussetzen. Wo hingegen Frauen sich für eine eigene Position stark machen, werden sie durch den Vergleich mit natürlicher Weiblichkeit rasch als unweiblich beziehungsweise „männlich-phallisch" abgestempelt.

Zur Statusabhängigkeit von Sprache

Sprache ist das Medium, das unsere persönliche Wahrnehmung organisiert und unsere Interaktionen mit Menschen prägt. „Sprache drückt der Welt, an die sie gerichtet ist, ihren Stempel auf. Sie bezieht sich dabei immer auf die Anwendung eines Bildes des Menschen und des menschlichen Geistes."[11]

Wie wir unsere Welt in Sprache erzeugen und wie dieser Vorgang legitimiert wird, ist entscheidend für die Verteilung der Machtquellen einer Beziehung. „Sprache ist nie unschuldig und schon gar nicht neutral"[12]. Im Lauf der menschlichen Geschichte haben sich die jeweils dominierenden Gruppen mittels ihres Umgangs mit Sprache durchgesetzt. Das Ideal der Gleichwertigkeit von Frau und Mann zum Beispiel zerbricht sowohl in der Öffentlichkeit als auch in der Intimsphäre eines Paares oft an der Art ihrer Sprachregulierung. Linguistinnen ist dafür zu danken, dass sie durch Mikroanalysen sprachlichen Handelns von Frauen und Männern auf solche Erfahrungen aufmerksam machen. Dabei wird die gesprochene Sprache durch affektive Kommunikation[13] zusätzlich unterstützt. Bei aller Gemeinsamkeit der Sehnsüchte nach Intimität und Leidenschaft und trotz meiner Überzeugung, dass grundsätzlich beide Geschlechter zu solchem Erleben fähig sind, komme ich also nicht darum herum zu fragen, wessen Sprache die Situation eines Paares prägt, ihre oder seine. Wenn zum Beispiel eine Frau sagt: „In meiner Erfahrung ist die Vorstellung des durchschnittlichen Mannes von Intimität die Vorstellung der durchschnittlichen Frau von einem beiläufigen Gespräch ...", interessiert mich, wessen Vorstellung bei ihnen zu Hause maßgebend ist und wie die beiden über Nähe und Distanz entscheiden.

Frauensprache, Männersprache – Die Unzufriedenheit der Frauen mit dem gemeinsamen Dialog

Jede Botschaft hat zwei Ebenen: eine inhaltliche, welche der Informationsvermittlung dient, und eine markierende, welche die Beziehung zwischen Redenden und Zuhörenden definiert. Die Unterscheidung von Sprachschemata scheint mir dafür nützlich: Sie definieren, wie in einem bestimmten sozialen Rahmen durch Sprache auf das Gegenüber Einfluss genommen wird. Douglas[14] verwendet dafür die beiden Kategorien von *positionaler* und *personaler* Sprache. Untersuchungen zeigen, dass die „männliche" Art des Redens dem Austausch von Information sowie der Festlegung sozialer Positionen dient. Die „weibliche" Art des Redens dient vor allem der Beziehungsaufnahme und -pflege. Eine holländische Studie[15] über unterschiedliches Verhalten in weiblichen und männlichen Arbeitsgruppen stützt diese Beschreibung. Während die beobachteten *Männer* beim ersten Kontakt miteinander spontan eine Hierarchie mit führenden beziehungsweise zur Anpassung bereiten Mitgliedern bilden, organisieren sich *Frauen* in Arbeitsgruppen, indem sie einen Kreis bilden, damit alle auf derselben sozialen Ebene bleiben. Mit dem Begriff des „Krabbenkorb-Syndroms" beschreibt der Autor, wie in männlichen Arbeitsgruppen Rivalität als notwendig und konstruktiv, in Frauengruppen jedoch eher als destruktiv bewertet wird. Frauen tendieren dazu, sich mit ihrem Anspruch „wir sind alle gleich" gegenseitig am Hochkommen zu hindern, ähnlich wie Krabben, welche im Korb vom Fischer nicht zugedeckt werden müssen, weil sie selber dafür sorgen, dass jede, die hochklettern will, heruntergeholt wird. Wer sich als Frau in einer weiblichen Arbeitsgruppe profiliert, kennt das Schimpfwort von der „weiblichen Rivalität" oder „mangelnden Solidarität".

Interessant ist, dass sich ein bedeutender *Geschlechterunterschied zwischen privatem und öffentlichem Reden* feststellen lässt. In der Öffentlichkeit setzen die ranghöchsten Männer die Redeordnung fest und bestimmen die Themen und die Art, wie darüber geredet wird. Frauen hingegen melden sich, selbst wenn sie ranggleich sind mit den Männern, öffentlich oft zögernd und nervös zu Wort. Aus der Erfahrung, dass ihnen wenig Rederaum zur Verfügung steht, reden sie häufig schnell und atemlos. Wenn sie sich selbstsicher ihren Rederaum nehmen, werden sie häufiger vom Gesprächsleiter unterbrochen als ihre Kollegen. In der Privatsphäre von Paaren wird dieselbe unausgesprochene Regel wirksam, sobald Dritte dabei sind: Kinder, Gäste, Freundinnen und Freunde. Frauen spielen mit, wenn sie ihrem Partner mit Stichworten oder Fragen die Bühne für seine Selbstdarstellung bereiten. Sie überlassen es ihm aber auch, sich zu exponieren, während sie sich selber vorsichtig bedeckt halten. In der Lebensform der „Familien- oder Versorgungsehe", der in meiner Untersuchung am meisten vertretenen, berichten Paare häufig über solche selbstverständlichen, aber für beide unbefriedigende Erfahrungen.

Ganz anders ist die Situation, wenn Frau und Mann allein sind. Dazu erzählen fast alle befragten Paare, dass Männer über den alltäglichen Informationsaustausch hinaus schweigen,

Frauen jedoch auch über persönliche Stimmungen und Erfahrungen reden. Ein befragter Mann erzählt irritiert von dem ständigen Geräuschpegel, den umgekehrt seine beruflich erfolgreiche Frau als ihr wichtigstes „Beziehungspolster" so beschreibt:

Mit meinem Reden meine ich: „Hilf mir, dass ich mich spüren kann, dass ich weiß, ich gefalle dir, ich bin die Beste und Einzige für dich. Auch wenn ich draußen meine Frau stelle, brauche ich deine Bestätigung mehr, als du ahnst. Du könntest den Himmel auf Erden haben, wenn du das tätest!"

Ist es möglich, dass dieses Verlangen nach Bestätigung für Männer gerade bei jenen Frauen schwer zu verstehen ist, die in mancher Hinsicht aus der Tradition ausgebrochen sind und beruflich auf eigenem Boden stehen? Mich wundert das eigentlich nicht. Angesichts der modernen Widersprüche, die für viele Frauen bestehen, erleben sich viele von ihnen auf rutschigem Treibsand und hoffen, dass ein Mann das verstehen kann, ohne sie klein zu machen oder sich in hilfloses Schweigen zurückzuziehen. Der angesprochene Mann im Beispiel könnte Stellung beziehen als ein ebenbürtiges Gegenüber, weder als Besserwisser noch als hilfloser kleiner Junge, selbst wenn er eine radikal andere Meinung vertritt als sie. Wenn er schweigt, lautet seine versteckt-trotzige Botschaft an die Frau häufig, wie Männer mir erzählten: „Ich hasse dein Eindringen, ich fühle mich dir ausgeliefert, weil du mir im Erzählen von Geschichten und in der Gefühlssprache überlegen bist. Ich fürchte, dass du mich damit ausnützt und ich meine Überlegenheit verliere. Wer wäre ich denn ohne diese – ein Niemand!"

Falls er auf ihre Aufforderung hin Auskunft gibt, knapp und sachlich, wie er es vermutlich gelernt hat, sie hingegen Einzelheiten wissen will, die ihm als Füllmaterial erscheinen – wird sie dann seine andere Sprache verstehen oder zumindest nachfragen? Und wird er ihre Fragen als Interesse verstehen oder als Kontrollversuch bekämpfen? Wagt seine Frau trotzdem ihren Rederaum zu nehmen, oder lässt sie ihn ins Leere laufen und rächt sich an ihm durch emotionale Kälte und sexuellen Rückzug? Widersprüche sind also in moderne Beziehungen eingebaut – für Frauen und für Männer.

Lösungsmöglichkeiten

Mich interessierte bei der Analyse der Paarporträts die Frage, wie Liebesbeziehungen sich entfalten, wenn Frauen so viel an eigenem Raum in sich selber und in der Welt gewonnen haben, dass sie Sexualität nicht mehr über den Umweg dienender Intimitätsgestaltung leben. Wenn sie nicht mehr die ständige Bestätigung durch den Mann fordern, sondern selbstbezogen und kräftig auf ihn zugehen. Wie kann eine Paarbeziehung sich entwickeln, wenn die Frau sich nicht mehr mit dem männlichen Bild von Weiblichkeit identifiziert, sondern sich ihre eigenen Bilder schafft von Begehren und Begehrtwerden – spielerisch und aggressiv, nicht destruktiv. Und wie geht es dabei dem entsprechenden Mann – genießt er die neuen Möglichkeiten, oder machen sie ihm mehr Angst als Lust? Ich habe Entwicklungen zu solch eigenem Begehren bei vielen der befragten Frauen festgestellt, ganz besonders nach dem Aufbruch der Lebensmitte. Und ich habe eine umgekehrte Entwicklung auch bei etlichen Männern beobachtet. Nicht bei allzu vielen, aber bei bemerkenswert vielen dennoch. Männlicher Wandel bezieht sich auf einen neuen, spielerischen Umgang mit der Gestaltung von Intimität, besonders über persönliche Sprache und Zärtlichkeit. Männer wagen sowohl lustvolles Experimentieren als auch entspanntes Geschehen-lassen. Viele erzählten über ihre Entlastung vom Druck, Frauen durch die einseitig männliche Initiative als „Eisenhans" zu imponieren. Die größte Veränderung bei den erzählenden Männern ist, dass sie ihre Partnerin herausfordern lernten, statt Vorträge zu halten oder bockig zu schweigen.

Zum Schluss skizziere ich zwei der in meiner Untersuchung am häufigsten vorkommenden Paar-Szenarien des Umgangs mit Intimität und Sexualität:

1. „Bei uns läuft es wunderbar im Bett, aber außerhalb ist es wüst und leer": *Die patriarchale Romanze.*

2. „Unser gemeinsamer Alltag ist schon in Ordnung, aber im Bett läuft nichts mehr": *Familienliebe ohne Leidenschaft.*

1. Die patriarchale Romanze

Diese Konstellation habe ich vorwiegend bei der Lebensform der offenen Zweierbeziehung getroffen. Sie scheint bei sexuellen Außenbeziehungen die Regel zu sein, meistens als Alternative zum bekannten Szenario Familienliebe ohne Leidenschaft. Merkmal der patriarchalen Romanze ist, dass ein Paar den Alltag nicht miteinander teilt (das heißt in der postmodernen Sprache: „living apart together") oder unter demselben Dach in zwei verschiedenen Welten lebt, vereint durch das gemeinsame Schlafzimmer. Sexualität spielt die Hauptrolle der gegenseitigen Verbindung: Das erotisch-sexuelle Zusammenkommen muss jedesmal wieder ein großes Ereignis sein, wodurch der lästige, aber wirklichkeitsstiftende Alltag weitgehend ausgeklammert wird.

Das patriarchal-romantische Spiel eines solchen Paares ist jenes von Dornröschen und dem Prinzen: Sie wartet auf Erlösung durch ihn, und er bezieht seine Lust aus seiner männlichen Potenz und ihrem Warten. Er ist oben in der sozialen Hierarchie, nicht selten weil er älter ist als sie oder einen Beruf hat, der ihm Prestige und Status verleiht. Sie befindet sich in der Paarkonstellation unten, vielleicht als seine Studentin oder Mitarbeiterin. Selbst wenn sie einen eigenen Status in der Welt draußen hat, lässt sie sich drinnen von ihm führen. Er beschützt und kontrolliert sie, sie dient ihm und führt ihn gleichzeitig am Gängelband ihrer Bewunderung mit dem Wissen, dass sie allein bestimmt, wann und wie sie zu „erlösen" ist. Seine Vorstellung von Sexualität ist: „Ich muss sie nehmen, von sich aus wäre sie nicht aktiv"; und ihre: „Ich muss seine Macht dämpfen mit meiner Hingabe, sonst wird er mir gefährlich."

Wenn ich mit einem Paar aus dieser Konstellation zusammensitze, welches in Konflikt geraten ist, nehme ich fast jedesmal ein kräftiges erotisches Knistern wahr. Ob die spürbare Erregung zwischen Frau und Mann sich wandelt zu freundschaftlicher Nähe oder – häufiger – umschlägt in eine Form von Feindseligkeit, die zu Hause manchmal auch zu Gewalt führt, scheint abhängig davon, ob es mir gelingt, freundlich draußen zu bleiben oder ob die erotisierte Feindseligkeit der beiden mich in ihren Bann zieht. Der Grund für eine Paartherapie liegt bei dieser Konstellation häufig darin, dass Dornröschen versucht, aus eigener Kraft und ohne den Prinzen den Weg aus dem Schloss in die Welt eines erwachsenen Selbstverständnisses zu finden. Manchmal mit einem neuen Prinzen, was für sie lebensgefährlich sein kann, im besseren Fall durch berufliches Engagement und die Freundschaft mit Frauen, die ihr zu Eigenständigkeit verhelfen. Seltener, aber auch das kommt vor, hat der „Prinz" die Nase voll von diesem Spiel und drängt seine Frau oder Freundin, „endlich erwachsen zu werden". Eine gute Chance haben beide, wenn sie neugierig darauf werden, wie sie die Stunden oder Tage *zwischen* ihren sexuellen Begegnungen füllen können und was sie außer Sex miteinander haben – vielleicht die lange Weile vertrauter Gespräche und alltäglicher Unternehmungen?

Die sexuelle Bindung von Frau und Mann wird bei dieser Konstellation nicht selten zu einer Art Zwangsjacke für beide. Er bindet sie und sie lässt sich binden, leider auch mit Gewalt. Als erotisches Spiel kann diese Beziehungsform phantastisch und lustvoll sein. Sado-masochistische Phantasien sind auch in modernen Paarbeziehungen lebendig, trotz aller Wünsche nach gleichberechtigter Partnerschaft. Es gibt vielerlei Erläuterungen dafür, warum Liebe in Hass kippen kann, auch aus dem psychopathologischen Bereich, dem Borderline-Syndrom[16]. Am plausibelsten scheint mir die Erklärung, dass auch emanzipierte Frauen sich danach sehnen, „einmal alles mit sich geschehen zu lassen". Und dass andererseits auch emanzipierte Männer gerne „kräftig nehmen mögen", wozu sie Lust haben, ohne den Anspruch, alles korrekt zu machen. Solange beide, Frau und Mann, sich über den Spielcharakter dieser Form des sexuellen Zusammenkommens einig sind und damit so umgehen, dass ihre Rollen auch umkehrbar sind – sie die aktiv Nehmende, er der passiv Gewährende – ist das wunderbar. Die erotisierte Feindseligkeit, welche ich unter dem Aspekt des Borderline-Syndroms erwähnt habe, zeigt sich hingegen in den Situationen, in denen „Oben-Unten"-Verhältnisse auch außerhalb des Bettes die Beziehung dominieren. Das ist dann die Regel, wenn die Biographie beider Partner subtile oder weniger subtile Formen von Gewalt aufweist.[17] Bei der Frau sind es manchmal Erfahrungen in der ganz „gewöhnlichen" Herkunftsfamilie, die mit ihrem Gewächshausklima von Bindung und Verwöhnung ein wirksames Unterdrückungsmanöver darstellt. Nicht selten hat sie in der Kindheit sexuelle Übergriffe erlebt. Männer in dieser Konstellation haben in ihrer Herkunftsfamilie dagegen oft emotionale oder aggressive Gewalt erlitten von ihren Vätern, manchmal auch von den Müttern. Ihr überwältigendes Bedürfnis nach besitzergreifender Nähe, gekoppelt mit Verlustangst, lässt sie zu aggressiven Verfolgern werden, sobald die „Prinzessin" nicht mehr gefügig ist.

Wenn zu den biographischen die gesellschaftlichen Verhältnisse mitbedacht werden, ist leicht zu verstehen, dass eine solche Konstellation als Teil der allgemeinen sozialen Ordnung dem Paar oft als die natürlichste vorkommt: er der Meister, sie die Gefährtin. Er idealisiert sie, indem er sie auf Händen trägt, sie lässt sich tragen und bewundert seine Fähigkeit zur Selbstdarstellung. Er ist paternalistisch, aber nicht väterlich, sie ist kindlich-anhänglich, aber unbeständig. Wenn die Konstellation kippt und beide sich nicht mehr vor der Gewöhnlichkeit einer verbindlichen Beziehung verstecken können, gibt es nach meiner Erfahrung zwei Lösungsmöglichkeiten: Das Paar versucht eine Entflechtung, indem beide ihr Zusammenkommen nicht mehr von aggressiv-erotischen Stimmungen abhängig machen, sondern „trocken" von Mal zu Mal miteinander vereinbaren. Jene Frauen und Männer, die in der patriarchalen Romanze unter demselben Dach leben, entflechten sich, indem sie sich zum Beispiel vom gemeinsamen Schlafzimmer trennen und lernen, für ihre Anliegen selber Verantwortung zu übernehmen. Eine zweite Lösung besteht darin, dass beide Partner sich vermehrt in ihrer *eigenen Welt als Frau und als Mann einnisten* und darin Wurzeln entwickeln, oft zum ersten Mal richtig. Von dieser Welt aus können sie dann ohne das bisherige Oben-Unten einander neu kennen lernen und den Raum zwischen Bett und Bett mit Intimität füllen oder, wenn er leer bleibt, auseinander gehen.

Es gibt Hinweise darauf, dass die patriarchale Romanze wieder im Kommen ist. Im Lauf der 70er und 80er Jahre machten viele Frauen Inventur über ihre Beziehungen zu Männern und fanden nicht gut, was sie sahen. Das war der Grund, warum sie ihre eigene Sicht von Liebe, Arbeit und Familie konkret auszudrücken begannen und damit oft Ärger erregten bei Männern, aber auch bei „angepassten" Frauen. In der Zwischenzeit wird vieles, was die Bewegung der Frauen an Wandel in den Liebesvorstellungen und den gesellschaftlichen Strukturen bewirkt hat, als selbstverständlich betrachtet. Außerdem gibt es wirtschaftliche und politische Unsicherheiten, welche bei Frauen und Männern wieder den Rückzug in die patriarchale Romanze bewirken. Mir fällt auf, dass die vielen Zweitbeziehungen eines älteren Mannes mit einer jüngeren Frau vom sexuellen Modus der romantischen Verführung auch dort leben, wo die Frau ökonomisch unabhängig ist. Vermutlich hat die Zerbrechlichkeit der patriarchalen Romanze immer dann negative Wirkungen für das Paar, wenn sie die einzige Möglichkeit ihres Zusammenseins ist.

2. Familienliebe ohne Leidenschaft

Ob wir es mögen oder nicht, sind die intimen Beziehungen von Erwachsenen in irgendeiner Weise den früher erlebten oder ersehnten Eltern-Kind-Mustern nachgebildet. In der Konstellation, die ich hier beschreibe, nennen Frau und Mann sich sogar manchmal „Mama" und „Papa". Sie vergessen dabei nicht nur, wie anziehend sie zum Beispiel als Roland und Sonja einmal füreinander waren, sie vergessen sogar ihre Vornamen. Ich habe solche Paare besonders häufig in der Lebensform der traditionellen Familienehe und nach der Geburt des ersten Kindes gefunden, wenn Frau und Mann sich fast nur als Eltern und kaum noch als Liebende begegnen. Robert im Paarporträt (Kapitel 6) nennt diese Form des Zusammenlebens die „Kinderaufzucht, in der unsere Leidenschaft erstickte". Die *Domestizierung des Fremden*, das die beiden früher zueinander gezogen hat, geschieht nun auf Kosten ihrer Leidenschaft. Mit der abgestorbenen Neu-Gier geht häufig auch ihr früheres Begehren verloren. Sie werden zu Vögeln im Käfig, die nur noch vom Fliegen träumen, mit gestutzten Flügeln.

Jellouschek[18] vergleicht die Frau in dieser Konstellation mit der mythologischen Hera, den Mann mit Zeus, dem Göttervater: zwei Menschen, die sich bei aller Unterschiedlichkeit ähnlich sind in der Überzeugung, dass die Frau nicht das Recht hatte, ihren Vater zu verlassen, und der Mann nicht das Recht, von seiner Mutter wegzugehen. Seine Liebe bleibt im mütterlichen Raum gefangen und ihre im väterlichen, in der kaum bewussten Hoffnung, dass beide voneinander für ihre Treue einmal die bedingungslose Liebe erringen, nach der sie sich sehnen. Wenn Kinder kommen, perfektioniert das Paar die Rolle der idealisierten Eltern. Die Frau gestaltet mit Elan ihre Aufgabe als hingebungsvolle, zärtliche Mutter. Sie zieht sich in die Welt der Kinderstube zurück und versorgt von dort ihren Mann gleich mit. Er hat wohl Zutritt dazu, aber nur in der Rolle des guten Vaters, nicht als ihr Geliebter. Und weil er das Gewand des Verführers im Haus der Familienliebe längst eingemottet hat, macht er sich dafür auch nicht stark. Wie es zu dieser Lebensform gehört, ist er jedoch ein vorbildlicher Versorger. Das offizielle Patriarchat, das der Mann lebt, wird begleitet vom heimlichen Matriarchat, „in dem es nur Frauen und Kinder gibt, unter ihnen einen Sohn-Geliebten, an den sich eine leise, vage Hoffnung nach Erlösung knüpft, wie damals an den jungen Zeus-Mann" (18 op. cit.).

Wenn ein solches Paar zu mir in Beratung kommt, bin ich jedes Mal beeindruckt, wie umgänglich und höflich sie miteinander umgehen. Sie leben in geordneten Verhältnissen, bewältigen ihre Alltagsangelegenheiten gut, haben nette Freunde und laden abwechslungsweise jeden Sonntag ihre oder seine Eltern zum

Essen ein. Aber lustvolle Leidenschaft gehört nicht mehr zu ihrem Leben, auch wenn sie erst vierzig sind. Als Eintrittskarte für die Beratung bietet sich, wie ich es beim Porträt von Claudia und Robert in Kapitel 6 beschrieben habe, manchmal eine Drittbeziehung an, aber noch öfters ist der Dritte der „Sohn-Geliebte", der mit seinem destruktiven Verhalten beide Eltern alarmiert. Wenn es ihm gelingt, seinen Vater auf den Plan zu bringen, und wenn der dem Sohn ein Gegenüber wird und ihm dadurch Halt gibt, leisten Frau und Mann sich oft zum ersten Mal, sich miteinander zu befassen. Die bisherige Freundlichkeit zeigt sich dann häufig als Firnis, unter dem ein erbitterter Machtkampf darüber tobt, wessen Träume von Liebe und Intimität wichtiger sind, seine oder ihre, und wie sie erfüllt werden sollen.

Voraussetzung für lustvolle Geborgenheit: Autonomie im Wir

Die traurigste Erfahrung für viele Frauen in dieser Lebensform ist die Art und Weise, wie ihr Mann sie, ihren Geist und ihre Sinnlichkeit so energielos abschreibt und sich dafür mit seiner Arbeit stimuliert. Warum lässt sie das geschehen, manchmal über Jahrzehnte, bevor sie sich wehrt? Aus ihrer Lebenserfahrung bringt sie vielleicht die Vorstellung, dass Pflege und emotionale Versorgung des Partners ihr endlich seine Zuneigung verschafft. Also versorgt sie ihn und hofft, dass sie dafür „erkannt und anerkannt" werde von dem, den sie einmal aus Liebe gewählt hat. Aber Pflegen und Gepflegtwerden ist nicht gleichbedeutend mit Intimität und schon gar nicht mit Leidenschaft! Im warmen Gewächshausklima, das sie für ihn und die Kinder schafft, erstickt oft alles, was mit ich-bezogener Lust vereinbar wäre. Wenn die Frau nach der ersten Phase der Familienehe sich endlich auf sich selber besinnt und ihre Leidenschaft wieder entdeckt, merkt sie oft, dass sie ihrem Mann damit Angst macht und zieht sich wieder zurück.

Für den Mann in dieser Konstellation ist die größte Enttäuschung, dass die ständige körperliche Nähe im Treibhaus und das ersehnte Eintauchen in die mütterliche Welt ihn so lustlos gemacht hat. Als „Sohn" wird er zwar zu Hause versorgt, aber als Mann weiß er nur noch in der Rolle des „Göttervaters" draußen, wer er ist. Erwachsene Sexualität erlebt er manchmal zum ersten Mal in einer Außenbeziehung. Meine Beobachtung zeigt, dass gerade in den Lebensformen, in denen die beiderseitige Sehnsucht nach kindlicher Regression besonders stark ist, der versteckte Kampf darum, wer die Eltern- und wer die Kindrolle einnimmt, unvermeidbar ist. Bloß: Kindliche Regression behindert auf Dauer Leidenschaft und Intimität, denn zu gesunden Eltern-Kind-Beziehungen gehört sexuelle Intimität nicht. In dieser Konstellation ist verstehbar, dass die Partner sich nur noch Mama und Papa nennen. Wenn Frau und Mann in einer Eltern–Kind-Beziehung leben, einmal sie als Mutter und er als Sohn, dann wieder er als Vater und sie als Tochter, hat das den Vorteil des Vertrauten im Gehäuse der Familienliebe. Die Pflege dieses Gehäuses ist dann ein verbindendes Motiv, manchmal mit verteilten Rollen, manchmal auch im Wettbewerb darum, wer noch perfekter damit umgeht. Um aus dem Versinken in der stickigwarmen Familienliebe herauszufinden, ist der wichtigste Schritt darum, endlich eigene Inseln von Autonomie zu beanspruchen. Nach meiner Erfahrung tendieren Therapeuten mit dem naheliegenden Vorschlag zur Pflege von *gemeinsamen* Paar-Inseln dahin, mehr desselben zu fördern: stickige Verklammerung. Ich meine, dass die spannungsvolle Fremdheit von Mann und Frau, welche im Treibhausklima erstickte, nur mit ihrer Entwicklung zu mehr emotionaler Eigenständigkeit entsteht. Dass zu solchen individuellen Reisen ins Unbekannte auch Einbrüche und Ängste gehören, ist nicht zu vermeiden.

Sexuelle Leidenschaft als Teil von Intimität ist auf Dauer nur bei ich-nahen, einander ebenbürtigen Partnern möglich, davon bin ich überzeugt. Das heißt: Nur wer gut allein leben kann, ist auch fähig, ohne Angst vor dem Aufgefressenwerden den gemeinsamen Beziehungsraum zu gestalten und sich immer wieder lustvoll fallen zu lassen in die sexuelle Begegnung. Das bedeutet aber nicht, dass erwachsene Intimität und Leidenschaft unvereinbar seien mit der gelegentlichen Übernahme der Eltern- oder Kindrolle. Solange ein solches Spiel von einander „Kind und Eltern-Sein" flexibel bleibt, ist es die beste Voraussetzung für eine leidenschaftliche *und* dauerhafte Beziehung. Jede Paarkrise ist meines Erachtens auch eine Chance, dass Frau und Mann eine Balance zwischen Eltern- und Kindrollen finden. Meine eigene Erfahrung hat mir gezeigt, wie gut die Entwicklungsmöglichkeiten für beide sind, wenn sie zulassen, dass diese Balance in Bewegung bleibt.

„Lass mich dein Valium sein"
Als ich als „Älteste", früh getrimmt auf die Rolle der mütterlichen Gefährtin, in einer frühen Phase unserer Ehe in einer Krise war und mir die Wellen über dem Kopf zusammenschlugen, bat ich meinen Mann, der eben an einem Spitalprojekt arbeitete, mir doch bitte ein Rezept für ein Beruhigungsmittel zu besorgen. Gelernt ist gelernt; wie so viele Frauen es mit ihren Männern halten, wollte ich ihn mit meinem Elend verschonen. Darauf schrieb er mir in einem Brief, den er mir aufs Bett legte, den unvergesslichen Satz: „Lass mich dein Valium sein!" Ich konnte mich bei ihm fallen lassen wie noch kaum je in meinem Leben und mich „bevatern" lassen ohne Angst, dafür klein gemacht zu werden. Das Wissen: „Hier darf ich schwach sein, wenn ich es nötig habe, ohne dafür meine Stärke preiszugeben", hat mich seither begleitet.

Wenn zwei Menschen durch Krisen ihre eigenen Träume wieder beanspruchen lernen, der Mann seiner lustvoll-bezogenen Seite und die Frau ihrem Körper und ihrem Geist Raum gibt, ist das die beste Voraussetzung für ihre gemeinsame Entwicklung. Auf diese Weise kann es ihnen gelingen, das Leben mit dem Widerspruch von Leidenschaft und langer Weile als „menschliches Wunder" zu erfahren, wie es im Eingangszitat heißt.

■ *Anmerkungen*

[1] von Matt, Peter: Liebesverrat. München, Wien 1989, S. 73.
[2] Scarf, Maggy, In: Intimate Environments. New York 1989, S. 218 (Übersetzung durch Autorin).

[3] Sichtermann, Barbara, in: Burkart, Günter und Martin Kohli, München 1992. op. cit., S. 106.

[4] Schenk, Herrad: Die Befreiung des weiblichen Begehrens. München 1991.

[5] Bischof, Norbert: Der biologische Sinn der Zweigeschlechtlichkeit. In: Sullerot, Evelyne und Odette Thibault. (Hrsg): Die Wirklichkeit der Frau. München 1979.

[6] Berger, Peter L. und Thomas Luckmann: Die gesellschaftliche Konstruktion von Wirklichkeit. Op. cit., S. 195/164.

[7] Weltwoche 1/1992, Gespräch mit Thomas P. Gasser, ABB Schweiz.

[8] Gilligan, Carol, 1982, op. cit.

[9] Sennett, Richard, op. cit., S. 330.

[10] Weber-Kellermann, Ingeborg, in: Zs. System Familie 3/4/1990, S. 206-227.

[11] Bruner, Jerome: Actual Minds, Possible Worlds. Cambridge 1986, S. 121 (Übersetzung durch Autorin).

[12] Hare-Mustin, Rachel T. und Jeanne Marecek: Making a Difference. 1990, op. cit.

[13] Ciompi, Luc: Affektlogik, Stuttgart, 1982.

[14] Douglas, Mary: Ritual, Tabu und Körpersymbolik. Frankfurt a. M. 1981.

[15] Gleym, Hans: Working together, Women and Men. EWMD, London 1987.

[16] Gneist, Joachim: Wenn Hass und Liebe sich umarmen. Das Borderline-Syndrom. München, Zürich 1997.

[17] Welter-Enderlin, Rosmarie: Konflikt und Gewalt in Paarbeziehungen. In: Pflüger, P.M. (Hrsg.): Das Paar, Mythos und Wirklichkeit. Olten 1988, S. 61 ff.

[18] Jellouschek, Hans: Semele, Zeus und Hera. Zürich 1987. S. 84 ff.

Kapitel 11
Untreue: Kitzel der Grenzüberschreitung oder Vorbote von Wandel

„Es handelt sich um ein simples und ungeheures Lebensproblem, das der Treue. An dem Verlorenen festhalten, ewig beharren, bis an den Tod – oder aber leben, weitergehen, hinwegkommen, sich verwandeln, und dennoch nicht zum gedächtnislosen Tier hinabsinken."

(Hugo von Hofmannsthal)

„In Liebesbeziehungen gibt es zwei Grundtendenzen und Prinzipien: Das eine ist das dem Kinderbereich zugehörige Gebot der Treue, des Zusammenhalts in guten und in schlechten Tagen. All das verlangt sehr viel Kultivierung, Erziehung des Herzens und der Gefühle, Toleranz und Einfühlung und all das. Das Gegenprinzip ist die Leidenschaft, die nur sich selber kennt und keine Gründe außerhalb von sich selber gelten lässt und natürlich auch so etwas wie moralische Gebote wie Treue und „man muss auch an andere denken" und Kinder usw. lächerlich findet und sich darüber hinwegsetzt, alle Normen verletzt, wenn es sein muss … Du kannst das nicht vereinbaren. Die Ehe ist insofern furchtbar, als sie tut, als ginge das zusammen."

(Barbara Sichtermann)[1]

In diesem Kapitel geht es um die Widersprüche, die in den Zitaten zum Ausdruck kommen. Kann Untreue eine Art von Treue zu sich selber sein, rettender Ausbruch aus erstarrtem Leben und vielleicht Auslöser für die Neuschreibung eines Paarentwurfes? Oder ist sie immer der bittere Anfang vom Ende? Anhand von Berichten aus meiner Untersuchung und der Literatur[2] will ich das Thema vorerst in den kulturgeschichtlichen Rahmen verschiedener Paarbilder stellen und dann die Geschichten und Meinungen der Befragten erzählen. Ich werde aus Erfahrung dafür plädieren, dass es bei diesem Thema nicht so sehr die Tragödie des Herausfallens aus der ersehnten Verschmelzung ist, welche Abgründe von Angst, Wut und Gewalt öffnet, sondern liebloses Verhalten und Kränkungen durch Verschleierung und

Lügen. Zeigen will ich auch, wie der Konflikt durch eine Dritt-beziehung, wenn er eingegrenzt wird auf Moral oder Psycho-pathologie, zu Lösungen führt, die als unendliche Schleifen von Schuld und Unschuld zum eigentlichen Problem werden. Mit den Männern und Frauen, die „hinweggekommen sind und sich verwandelt" haben, bin ich der Ansicht, dass nicht Melodrama, sondern eine gewisse persönliche Autonomie, eine Paarkultur der Auseinandersetzung, sowie Erziehung des Herzens zum Annehmen der Unvollkommenheit der Liebe angezeigt ist. Aber natürlich ist das ein Idealzustand. Die menschliche Miesigkeit kann sich gerade beim Ehebruch in vielen Facetten zeigen.

Ein stickiges Thema der Paartherapie

Das Thema von Treue und Untreue in Zweierbeziehungen ist kein Lieblingsthema von Paartherapeutinnen und -therapeuten, das zeigt die relativ spärliche Literatur. Obwohl keine und keiner von uns um das Thema herumkommt, weder im beruflichen Le-ben noch im privaten, ist es ein facettenreiches Ding, mit dem wir es da zu tun haben, das sich nicht ordentlich in psychologi-sche Kategorien verpacken lässt. Den mit Treue und Untreue verbundenen Aspekten von Moral und Kultur des Herzens kön-nen wir nicht mit einem gut gemeinten therapeutischen Neutra-litätsbegriff begegnen. Das Problem geht unter die Haut, auch unter die unsere. Eigene Ängste vor dem Abgrund, der sich für jeden Menschen auftut, wenn seine tiefe Sehnsucht nach Sicher-heit bedroht wird durch die Schritte des anderen in Richtung Autonomie, lassen sich nicht beiseite schieben.

Die schrecklich vertraute Dreieckserfahrung, welche viele von uns den seltsamen Beruf als Paarberaterin oder -berater ergrei-fen ließ, da wir das Metier als vermittelnde Dritte zwischen Vater und Mutter von Kindsbeinen an kannten, wird durch schmerzhafte Außenbeziehungen unserer Klienten mächtig be-lebt. Beide zerren an uns, auf der einen Seite das so genannte Opfer, auf der anderen der Täter oder die Täterin. Vor lauter An-strengung, gleichzeitig bei beiden zu sein, schmerzt nach einer solchen Stunde das Genick. Aus Erfahrung mag ich mich jeweils weder mit dem Treulosen identifizieren noch bin ich verführbar zum ausschließlichen Mitschwingen mit dem, der verlassen wurde. Selbst wenn dieser als Opfer des Liebesverrats darauf beharrt, das Ereignis als Tragödie, und nur als Tragödie, zu sehen, nicht mehr essen und nicht mehr schlafen mag und vielleicht auch nicht mehr leben, fällt es mir schwer, mich in das Drama zu verlieben. Aber auch selbstgerechte Verteidigungsreden („Du hast es dir selbst zuzuschreiben") des oder der Ungetreuen animieren mich nicht zu Komplizenschaft. Bei keinem anderen Thema im Alltag von Paartherapie ist das teilnehmende „Draußenbleiben-Können" wichtiger als bei diesem. Sich einmal in seine und einmal in ihre Haut versetzen und eine Ahnung davon bekommen, wie es sich darin fühlt, ja. Aber durch eigene Empörung über den Treuebrüchigen oder Mitleid mit dem Opfer zu einer weiteren „stabilisierenden Dritten" zu werden (von denen es im Alltag des Paares sowieso wimmelt), wäre eine verpasste Gelegenheit. Die Frage der Freiwilligkeit der Liebe, die sich bei jedem solchen Ausbruch als Chance auftut: „Bleiben wir zusammen, weil wir wollen oder weil wir müssen? Und wie?", wäre mit meiner Komplizenschaft mit einem gegen den anderen vertan. Nicht, dass die beiden mein Draußenbleiben in solchen Augenblicken schätzten! Ich sage ihnen darum schon in der ersten Stunde, dass ich sie mit langem Atem begleiten und jedem die Möglichkeit zubilligen will, soviel Information über die *Bedeutung der Krise als Vorbote von Wandel* zu gewinnen, bis jeder entscheiden kann, ob er oder sie einen Neuanfang riskieren oder sich trennen will.

„Untreue als Treue zu sich selbst", „lieber lebendig als treu", solche Sätze sagen sich leicht und laufen doch all unseren Sehnsüchten zuwider: nach Zusammenhalt in guten und schlechten Tagen, nach fragloser Geborgenheit und nach Heimat in der Liebe eines anderen Menschen selbst dann, wenn die Leidenschaft nicht mehr glüht. Ich werde im Folgenden von den Krisen der befragten Frauen und Männer berichten und von den Entwicklungen, die sie nach dem Zusammenbruch ihres Liebesideals machten, und was ihnen geholfen hat, „weiterzugehen, hinwegzukommen und sich zu verwandeln". Ich will auch dieses Problem in den gesellschaftlichen Rahmen stellen, so persönlich die Auseinandersetzung damit im Einzelfall gestaltet werden muss.

Von den 33 Paaren, die mir geantwortet haben, leben inzwischen 6 getrennt oder als Geschiedene, zum Teil mit einer Partnerin oder einem Partner, mit welchem sie schon während der Ehe eine Außenbeziehung hatten, die zum Bruch beigetragen hat. Von den 27 Paaren, die nach der Therapie zusammengeblieben sind, haben 9 im Rückblick auf ihre damalige Krise „keine Probleme mit Außenbeziehungen" genannt. Diese leben in den Formen der Familienehe und des progressiven Phasenmodells. Bei allen anderen, das heißt *bei 18 der noch zusammenlebenden 27 Paare*, spielten Außenbeziehungen zur Zeit der Krise eine Rolle.

Von den 11 Paaren, bei denen eine Außenbeziehung nur durch eine/n von beiden gelebt wurde, sind das 6 Männer und 5 Frauen – eine wesentliche Abweichung von dem, was aus der patriarchalen Tradition bekannt ist. Offenbar kommen, wie die Paarporträts gezeigt haben, in erster Linie Menschen in Therapie, welche mit einiger Bewusstheit leben, besonders, was ihr Verständnis von Liebe und Sexualität betrifft. Interessant finde ich, dass das Thema Außenbeziehung bei vier der befragten Paare während der Therapie nie als Problem genannt wurde, auch nicht auf meine entsprechenden Fragen. Ich erfuhr davon erst bei meiner späteren Befragung. Alle vier Paare bewerten das Ereignis im Rückblick als „nicht sehr problematisch", als „ein Alarmzeichen unter anderen", wie ein Mann schreibt.

Bevor ich mich der Frage nach der *Bedeutung* der mit Untreue verbundenen Probleme/Ereignisse im Einzelfall sowie ihren Lösungsmöglichkeiten zuwende, kurz ein Überblick über kulturgeschichtliche Vorstellungen dazu. Ich bin auf drei solcher Vorstellungen gestoßen, von denen die Befragten berührt sind:

1. Leidenschaft und Ehe schließen sich aus

2. Liebsten-Liebe auf Zeit

3. Die neue Moral

1. Sexuelle Doppelmoral:
Leidenschaft und Ehe schließen sich aus

Eine Spaltung von Liebe in den verbindlichen, aber leiden-
schaftslosen Teil innerhalb der Ehe und den aufregend-leiden-
schaftlichen Teil außerhalb gehört zur patriarchalen Kulturgeschichte. Die damit verbundene sexuelle Doppelmoral erwartet
von Frauen, dass sie ihre Sexualität in den Dienst der Erhaltung
der Sippe stellen, während vor- und neben eheliche sexuelle Kontakte die Vitalität der Männer beweisen. Das Motto heißt: „Ehe-
frauen für das Kinderkriegen, Hetären für die Geselligkeit und
Sklavinnen für die Lust".[3] Diese Dreiteilung aus der Antike wird
in der bürgerlichen Gesellschaft der letzten 200 Jahre von der
Zweiteilung in „ehrbare Frauen" und „Huren" abgelöst. Mutterschaft und sexuelle Attraktivität schließen einander in dieser
Vorstellung aus.

Die sexuelle Doppelmoral lebt in Köpfen und Handeln auch
nach den Aufbrüchen der letzten Jahrzehnte weiter, das zeigen
die Erzählungen der befragten Frauen und Männer – besonders
in der Auseinandersetzung mit dem Thema Ehebruch. Ob ein
Mann oder eine Frau es tut, macht allemal einen Unterschied
aus, auch bei aufgeklärten, progressiven Paaren. Als Gegenstück
zur Normalität sexueller Nebenbeziehungen bei Männern beobachte ich immer noch die Pathologisierung von Frauen in der
gleichen Lage: durch sie selber, ihre Umwelt und manchmal
durch Therapeutinnen oder Therapeuten. Der Ehebruch der Frau
war über Jahrhunderte ein Scheidungsgrund, bedeutete ihre Ver-
stoßung und ihren sozialen Abstieg. Bei Männern blieb er ein
Kavaliersdelikt.

Zwar ist *vorehelicher Geschlechtsverkehr* kein Tabu mehr; in
vielen Familien ist es heute in Ordnung, dass Sohn oder Tochter
ihre Liebsten ins Zimmer nach Hause nehmen. Aber die sexuelle
Doppelmoral lebt in den Vorstellungen über die Unterschiede
ehelicher Untreue von Mann und Frau weiter. Das ist kein Wunder. Die Weltliteratur wird seit Jahrhunderten vom „Liebesverrat" gespeist, wie ein Literaturwissenschaftler ihn im gleichna-
migen Buch nachzeichnet.[4] Der Autor zeigt, wie in den großen

Ehebruchsromanen des 19. Jahrhunderts die Ehe verstanden wird als die „falsche Form der Liebe, als institutionalisierte Liebesleere … und dass alles unbedingte Glück nur außerhalb der Ehe, gegen die Ehe, im Bruch der Ehe auf Tod und Leben" gesehen werden kann. Der Ehebruch eines Mannes wird in der Literatur und im Film auch heute als natürliche Reaktion auf das Ehegefängnis legitimiert, der Ehebruch der Frau als moralisches Versagen oder Pathologie dargestellt. Liebesverrat der Frau gilt als Verrat an den Säulen des Patriarchats, denn: „Die Struktur der Ehe ist immer eine Miniaturgestalt des gesamtgesellschaftlichen Machtgefüges" (4 op. cit.). Formen von Gewalt, zu der zum Beispiel drei Männer in der Gruppe der Befragten griffen (zweimal mit Entzug von Geld und einmal mit Schlägen), als sie sich durch die Außenbeziehung ihrer Frau verraten fühlten, müssen auch unter dem Aspekt geschlechtlicher Machtverhältnisse gesehen werden.

Die Spaltung der Liebe in die langlebige, aber langweilige Gattenliebe und die kurzlebige, aber aufregende außereheliche Leidenschaft ist ein altes Thema der Paarpsychologie. Barbara Sichtermann verweist im Eingangszitat auf den in dauerhaften Beziehungen eingebauten Widerspruch zwischen der kindlichregressiven Zärtlichkeit und der ich-bezogenen, erwachsenen Sexualität. Die für mich interessanteste Aussage der hier erzählenden Paare ist, dass es so vielen von ihnen immer wieder gelingt, diesen Widerspruch zu leben, zwar spannungsvoll, mit gelegentlichen Außenbeziehungen und heftigen Krisen, aber gerade deshalb auch leidenschaftlich. Vielleicht wandelt sich doch einiges in Bezug auf die mögliche *Gleichzeitigkeit von Leidenschaft und verbindlicher „langer Weile"*, wenn die Liebe über ihre Kinderjahre hinauswächst?

2. Liebsten-Liebe: Wenn es mit der Verliebtheit vorbei ist, geht man zur Nächsten oder zum Nächsten

Unmittelbar aus dem Ideal der 68er wächst offenbar jenes der „Liebsten-Liebe", wie es von Soziologen[5] als Szenario moderner Kälte beschrieben wird:

„Die irdische Liebe ist eine Liebsten-Liebe, keine Nächsten-Liebe. Sogar die Liebsten-Liebe steht unter der Drohung ihres Gegenteils. Exliebste verlieren ihre Heimat, ihr Aufenthaltsrecht in der Liebe. Asyl nicht vorgesehen. Nichtliebe heißt, erzwingt Verstoßenwerden. Die Therapeuten – die Intensivstation für Scheidungsverletzte – können ein Lied davon singen."

Wenn ich die Geschichten der hier erzählenden Paare lese und mir unsere Gespräche bezüglich ihrer außerehelichen Erfahrungen vergegenwärtige, weiß ich nicht, an wen die zitierten Sozialwissenschaftler dachten, als sie diese lieblose, egozentrische Form der Liebe beschrieben haben. Jedenfalls bin ich bei meiner Befragung keinem Paar begegnet, dessen Auseinandersetzung mit dem schwierigen Thema der Grenzziehung nach innen und außen mit der beschriebenen Brutalität geschehen ist. Mit Stillosigkeit, sicher, aber nicht mit dem „erzwungenen Verstoßenwerden" und dem Verschleiß von Menschen und ihren gemeinsamen Geschichten, wie er hier so global dargestellt wird. Vielleicht hat meine Unkenntnis dieser Lage mit dem naiv-optimistischen Blick auf die Ernsthaftigkeit der Menschen zu tun, die zu mir kommen, sowie ihrem Wunsch, Alternativen zu einem oft überreglementierten Leben zu finden? Im Maßstab 1:1 der einzelnen Lebensgeschichte zeigt sich eben doch vieles, was sich nicht unter dem Aspekt allgemeiner Trends verstehen lässt. Vielleicht übersteigt der Alltag von Frauen und Männern in bestimmten Milieus einfach die wissenschaftliche Möglichkeit, sie aussagekräftig und repräsentativ für die Gesamtbevölkerung darzustellen?

3. Die neue Moral und die „fatale Affäre"

Die Erfahrungen machen es deutlich, auch jene aus meiner kleinen Untersuchung: Außereheliche Sexualität ist nicht mehr das Privileg der Männer und einer kleinen Gruppe von Frauen, wie das lange so war, sondern gehört auch zu weiblichen Biographien. Die negative Reaktion auf das wachsende Selbstbewusstsein von Frauen ist aber nicht ausgeblieben. Ein amerikanischer Film, *Fatal Attraction*, der vor kurzem die Kinos füllte, hat die

Dinge wieder „ins richtige Licht" gerückt. Die Darstellung der treuen Ehefrau und der verführerischen, unersättlichen Berufsfrau in der Lebensmitte, welche den Ehemann mit ihrer Gier verfolgt, bis der sie „aus Notwehr" tötet, war ein deutliches Signal der Wende; im Zeitalter von Aids und „nachfeministischer Ernüchterung" keine Überraschung. Das Bild von der guten Ehefrau und der bösen Hure, die den Mann zum Opfer ihrer Gier macht, belebt alte Mythen. Zur gleichen Zeit nahm sich ein amerikanischer Kollege[6] des Themas und seiner moralischen und psychopathologischen Dimension an und wurde damit über Nacht zum Fernsehstar. Er klassifizierte außereheliche Beziehungen als „versteckte Psychosen" oder als Ausdruck von „latenter Depression" und wies nach, dass in seiner Praxis so genannte Affären fast immer zur Scheidung führten, also ehezerstörerisch seien. Nach seiner Theorie wären etwa die Hälfte der verheirateten amerikanischen Frauen und Männer, die von ehelicher Untreue berichten, latent psychotisch. Kritik an diesen pathologisierenden Expertenideen ist nicht ausgeblieben. Paartherapeutinnen und -therapeuten, die der Meinung sind, Therapie sollte weder von moralistischen noch von pathologisierenden Ideen geleitet sein, stellten sich dem Feldzug ihres Kollegen entgegen. Durch seine Beschreibung alltäglicher „Abweichungen" wie Untreue als Krankheit sowie durch seine moralische Bewertung außerehelicher Liebe, argumentierten sie, würden Möglichkeiten von Wandel behindert und ein Entweder-Oder gefordert, welches individuelle Lösungen des jeweiligen Paares behindere.

Unter dem Titel „Die Affäre" hat eine Kollegin,[7] bezeichnenderweise eine europäische Paartherapeutin, in die Kontroverse eingegriffen, das Thema auf den Boden des Alltäglichen gestellt und vom Nimbus der Tragödie befreit. „Auch wenn Ihre Ehe perfekt war, was natürlich keine Ehe ist", sagt sie zu einem Paar, bei dem der Mann eine außereheliche Beziehung hat, „bin ich überzeugt, dass Ihnen beiden so etwas hätte passieren können."

Die Debatte zeigt, wie sehr auch die Therapiekultur eingebettet ist in das jeweilige Milieu und die Kulturgeschichte. Auf der einen Seite die amerikanisch-puritanische Sehnsucht nach Vollkommenheit, auf der anderen Seite die Kultur von der Vielfalt menschlicher Erfahrung, wie sie aus den Zeilen von Hugo von Hofmannsthal spricht: „Weitergehen, hinwegkommen und sich verwandeln, und dennoch nicht zum gedächtnislosen Tier hinabsinken". Sie stimmt mit der Haltung überein, die ich bei den meisten befragten Paaren gefunden habe und die, nicht überraschend, meiner persönlichen entspricht. Mein Anliegen ist es, Treue und Untreue auf den Boden des Alltags der Liebe zu stellen und vom Nimbus der Tragödie zu befreien, ohne damit die Frage von Schuld und Unschuld zu ignorieren.

Untreue als Treue zu sich selbst: Von den Motiven der befragten Frauen und Männer

So viele unterschiedliche Motive es für eheliche Untreue gibt, scheint es mir sinnvoll, sie im weitesten Sinne als Treue zu sich selbst zu verstehen. Als Versuch also, jene Seiten bei sich selber und der Paarbeziehung zu beleben, welche eingeschlafen sind in den Jahren, da man sich aneinander gewöhnt hat. Als Ausdruck des Gefühls vielleicht auch: „Es muss doch noch mehr geben im Leben als die tägliche Routine". Manchmal benutze ich im Gespräch mit einem Paar zu diesem Thema das Bild des Mondes, der „nur noch halb zu sehen" und doch „rund und schön" ist, wie es im Lied von Matthias Claudius heißt. Ich ermutige damit jeden Einzelnen, sich dieser abgedunkelten Seite nun zuzuwenden, auch wenn sie nicht mehr von der „reinen Erregung und Heimlichkeit und Ungehörigkeit, sonst eigentlich nichts" des Ehebruchs belebt wird.[8]

So schrecklich die Erfahrung mit Untreue für beide sein kann, so birgt sie doch in sich die Möglichkeit von Neuem wie kaum ein anderes Ereignis. Die Konfrontation mit dem eigenen Ich, mit den Sehnsüchten nach dem „Kind in sich selbst", die vielleicht von beiden dem Gut- und Erwachsensein geopfert wurden, kann Anlass für Wandlungen sein, die ohne diesen Einbruch kaum vorstellbar wären. Allerdings braucht es dafür die Auseinandersetzung mit alten Träumen, sowie die Frage, wie der eigenen und der gemeinsamen Geschichte ein neues Kapitel beigefügt wird.

Die Untreue des einen sollte also in einer verbindlichen Paarbeziehung als *Treue zum ursprünglichen individuellen Lebensentwurf* verstanden und damit Vorbote gemeinsamer Entwicklungen werden. Voraussetzung dafür ist, dass es einem Paar trotz des Schocks, der Panik und der Schuldgefühle gelingt, das Bisherige offen zu halten für Wandel. Nur auf diese Weise können *beide* sich Entscheidungsmöglichkeiten zu neuen Entwicklungen oder zum Abschied vom Bisherigen zugestehen und einander dafür Raum geben. Das bedeutet, dass auch der „Verlassene" sich mit der Frage beschäftigt: „Was will denn eigentlich *ich*, und was für Veränderungen stehen für mich an?"; und damit einen Schritt über die Frage hinausgeht: „Warum wurde mir das angetan?". Ich nehme immer an, dass beide, wenn sie mit der Zeit verstehen, was die fälligen Entwicklungen sind, *Facetten von ungelebtem Leben, die sie dem Paarmythos oder der Alltagsroutine untergeordnet haben, für sich beanspruchen und entfalten können.* Wenn ein Paar auf einem verbindlichen Weg ist miteinander, kann manchmal eine erotische Beziehung zu einem Dritten eingebaut werden in den Rahmen einer Ehe. Die Außenbeziehung des einen wandelt sich dann zu einer „Amitié amoureuse", einer verliebten Freundschaft. Bei zwei der befragten Paare, die seit Jahren in solchen Dreiecken leben, besteht offenbar auch eine respektvolle Beziehung zwischen Freund/-in und den jeweiligen Ehepartnern. Aber das scheint doch eher die Ausnahme und bedingt sehr viel Kultur des Herzens bei allen drei Beteiligten sowie emotionale Unabhängigkeit, die wohl eher nach der Lebensmitte als in der Aufbauphase mit Kindern möglich ist. Paare, die undramatisch mit solchen Situationen leben, sind nach meiner Erfahrung immer über die Lebensmitte hinaus und miteinander tief verbunden.

Was die befragten Frauen und Männer erzählen

Im Eingangszitat von Barbara Sichtermann ist sie angesprochen, und später habe ich ihre geschichtlichen Wurzeln skizziert: die Annahme, eine Paarbeziehung auf Dauer sei unvereinbar mit lustvoller Sexualität. Das sei der Grund für die meisten außerehelichen Beziehungen, könnte man annehmen. So einfach ist es im Paaralltag aber nicht. Die Antworten der Befragten ergeben ein weitaus farbigeres Bild. Wenn ich ihre Berichte lese, stelle ich fest, dass immer beide Ideale aufscheinen: die Sehnsucht nach der Vollkommenheit der Liebe als *Nächstenliebe* „in guten wie in schlechten Tagen" und nach der Liebe als *Leidenschaft*. Das bedeutet, dass die antwortenden Frauen und Männer beides wollen: die romantische Form von Liebe als Leidenschaft, und, unter demselben Dach, die Gattenliebe, welche moralische Güte als Nächstenliebe und Verbindlichkeit über die Leidenschaft stellt. Offenbar ein Widerspruch, der aber zur Liebe gehört.

Szenarien der Untreue als Vorboten von Wandel

Die einfachste, aber schrecklich vereinfachende Interpretation von Untreue ist, dass sie eine Quittung sei für zu wenig Liebe oder für eine schlechte Ehe. Diese Interpretation ist zwar handlich, weil scheinbar klar ist, wo die Schuld liegt – immer beim anderen. Aber sie birgt weder den Keim zu Abschied und Versöhnung noch zu einem Neuanfang. Ganz im Gegenteil ist sie meistens der Anfang einer unendlichen Geschichte, bei der es in immer neuen Variationen darum geht, wer wann wem und womit unrecht getan hat. Meistens zerbrechen sich die beiden den Kopf darüber, auch der oder die, denen „es" passiert ist, wieso gerade jetzt und mit diesem Menschen, und was der Verlassene falsch gemacht hat. Selbst bei der stärksten Überschwemmung mit Gefühlen sind solche Fragen da, quälend und aufregend, manchmal bis zur Verrücktheit. Wie geht es denn nun weiter? So einfach ist es für den, der Grenzen verletzt hat, nicht, sich einfach loszureißen von dieser neuen Liebe. Aber wenn er oder sie es nicht tut, kann es das Ende der primären Beziehung bedeuten.

Erotische Außenbeziehungen – ob damit Sexualität verbunden ist oder nicht – werden nach meiner Beobachtung am ehesten in den Lebenslagen eingegangen oder wiederbelebt, die von der *Instabilität notwendiger Übergänge* geprägt sind. Es muss

aber nicht immer eine Instabilität in der Paarbeziehung bestehen – auch *individuelle Krisen* können unbewusst durch den Kit-
zel einer Grenzüberschreitung beantwortet werden. So vielfältig
die einmaligen Motive eines Menschen sind, so allgemein ist
jedoch das Thema der Neubalancierung von Nähe und Distanz
und der Regulierung von *Grenzen* mit dem Thema von Untreue
verbunden. In der Entwicklung jedes Paares gibt es bestimmte
voraussehbare Übergänge, welche Instabilität mit sich bringen.
Typische kritische Übergänge sind die hinausgeschobenen Entscheidungen in der Lebensform der unendlichen Liebeskindheit sowie die Aufbrüche nach der ersten Phase der Familienehe
in der Lebensmitte. Ganz besonders anfällig für eine Außenbeziehung des Mannes scheint der Übergang vom Paar zur Familie
nach der Geburt des ersten Kindes zu sein.

Ich werde nun anhand der Geschichten der befragten Paare *drei
Übergangskrisen* skizzieren, die mit Außenbeziehungen verbunden sein können, mit typischen, immer aber auch einmaligen
Bedeutungen. Frauen und Männer haben erzählt, wie sie selber
im Rückblick eine solche Erfahrung verstehen und wozu diese
vielleicht sogar gut war für ihr Leben.

1. Paare in der Lebensform der unendlichen
   Liebeskindheit

David und Silvia erzählen (in Kapitel 4) davon, wie sie in einer
Lebensform, die bewusst offen und modern geplant war, vor
heimlicher Angst, einander zu verlieren, so kontrolliert-tolerant
miteinander umgingen, bis sie an dieser Enge erstickten. Tapfer
ignorierten sie ihre alltäglichen Konflikte. Ihre ganze Energie
war darauf gerichtet, dem Ideal einer modernen, offenen Zweierbeziehung zu entsprechen. Beide hatten in ihrer eigenen Biographie gelernt, dass Konflikte gefährlich sind und nur Selbstkon-
trolle, Anpassung und Harmonie die Liebe garantieren. Heimliche Ressentiments über alles, was unter den Teppich gekehrt
wurde, waren zwar schon lange da, aber beiden nur dumpf bewusst.

In der stickigen *Glashausatmosphäre einer Liebeskindheit* wirkt eine Außenbeziehung manchmal wie ein frischer Luftzug. „Ich weiß gar nicht, wie mir das passiert ist", erzählt David seine Geschichte, „aber, als ich mich in eine andere Frau verliebte, war es, als ob eine schwere Decke von mir rutschte, unter der ich jahrelang fast erstickt bin." Ein anderer junger Mann, ein Handwerker, der ebenfalls seit früher Jugend mit seiner Freundin zusammenlebte, erzählte im ersten Paargespräch von kürzlichen Besuchen bei Prostituierten, die er selber nicht verstehe und über die er sich „zu Tode schäme". Eine 30-jährige Frau, Laborantin, die seit acht Jahren mit ihrem Freund zusammenlebt, meldete sich für ein gemeinsames Paargespräch an, weil sie schwanger war von einem Mann, mit dem sie eine kurze Außenbeziehung gehabt habe. Sie sei nun völlig verwirrt darüber, wie es weitergehen solle und was das alles bedeute. Ihr Freund wollte die Beziehung unbedingt fortsetzen und das Kind sogar „mit in Kauf nehmen", wie er sagte.

In allen geschilderten Situationen war die Außenbeziehung Anlass für eine gewaltige Erschütterung, aber auch für eine Auseinandersetzung des Paares, während der viele der Themen auf den Tisch kamen, vor denen beide bisher die Augen verschlossen hatten. Die Laborantin im zitierten Beispiel entschied sich nach den gemeinsamen Gesprächen dazu, allein zu leben. Sie brach die Schwangerschaft schweren Herzens ab, um endlich auf eigene Füße zu kommen, bevor sie sich verbindlich auf Mann und Kind einlassen würde.

Der junge Handwerker und seine Freundin entschieden sich, nachdem viele Konflikte endlich besprochen worden waren, beieinander zu bleiben und ihre individuellen Pläne und ihren Paarentwurf neu zu schreiben. David und Silvia leben heute, nach seiner Außenbeziehung und den dadurch ausgelösten Trennungen, noch immer „zusammen und nicht zusammen", einmal im Gewächshaus der Liebeskindheit und einmal an der frischen Luft der Autonomie. Da sie keine Kinder wollen, wird wohl diese Beziehungsform auch über Jahre hinaus für beide eine Möglichkeit sein, sich nicht für und auch nicht gegen eine feste Bindung zu entscheiden. Der frische Luftzug einer Außenbezie-

hung bringt zwar bei Paaren in der Konstellation der Liebeskindheit „Erkältungen" mit heftigem Fieber und Schmerzen mit
sich. Aber wenn beide die versteckte Botschaft entschlüsseln,
die in diesem Ereignis liegt, kann ein Heilungsprozess beginnen,
der mit der Öffnung des Glashauses verbunden ist, ohne dass es
zerschlagen werden muss. Eine Chance für Menschen in dieser
Situation liegt darin, dass sie sich nicht voreilig versöhnen und
wieder unter die schützende Decke kriechen, sondern sich den
Konflikten stellen, die sie so lange weggesteckt haben.

2. Wenn die Zweierbeziehung durch ein Kind zur Dreierbeziehung wird

Mein Erstaunen über die relative Häufigkeit außerehelicher
Beziehungen von jungen Vätern hat sich gelegt, seit ich verstehe, was für eine Krise die Geburt des ersten Kindes nicht nur
im Lebenslauf einer Frau, sondern, versteckter, auch in jenem
eines Mannes bedeuten kann. Der *Verlust der früheren Intimität
des Paares* durch das Erscheinen eines Dritten ist für Männer
in der ersten Zeit nach der Geburt oft schmerzhafter als für
Frauen, wenn sie trotz ihrer Wünsche, dazuzugehören, auf die
Ernährerrolle festgeschrieben werden. Das heißt nicht – und ich
habe beim Porträt von Lisa, Christoph und Mirjam davon erzählt –, dass Frauen deswegen glücklicher seien. Aber ihre Sehnsucht nach Intimität lässt sich in dieser ersten Zeit mit einem
Säugling stillen. Sie ist sogar lebensnotwendig für das Gedeihen des Kindes. Wenn aber aus der anfänglich notwendigen Verschmelzung von Mutter und Kind eine gegenseitige Liebes-
romanze entsteht, weil die Frau sich von ihrem Mann im Stich
gelassen fühlt, schließt diese Symbiose, wie alle Symbiosen, den
Dritten aus.

Die in der Untreue versteckte Botschaft des jungen Vaters an
seine Frau mag zum Beispiel heißen: „Ich darf mich dir mit
meiner großen Bedürftigkeit nicht zumuten, sonst schiebst du
mich weg, als ein Kind zu viel", oder aggressiver: „Da du dir mit
dem Kind einen Geliebten genommen und mich verlassen hast,
will ich jetzt auch jemanden für mich allein haben."

Wenn es dem Paar gelingt, einander die eigenen Erfahrungen mit dem Eindringen eines Dritten in ihre bisherige Zweisamkeit aus einer Ich-Position heraus zu erzählen, kann das zwar schmerzhaft sein. „Ausgerechnet als ich dich am meisten brauchte, bist du zu einer anderen gelaufen" oder „Ich hab mich doch so bemüht um dich und das Kind, aber du hast mich ja gar nicht zugelassen". Solches Erzählen und Zuhören ebnet aber, wenn daraus ein fortlaufender alltäglicher Dialog wird, den Weg für gegenseitiges Verstehen und Verzeihen. Die Erfahrung, dass das Dreieck mit einem Kind (oder einer Geliebten) vorübergehend eine unsichere Zweierbeziehung stabilisiert, aber auch notwendige Wandlungen behindert, kann Anstoß zu einer Konfliktbereitschaft werden, die dem Paar vorher fehlte. Anstelle von eingefrorenem Groll bei ihr und Flucht durch ihn also Aufbruch. Die Prognose für die Paarentwicklung ist dann gut, wenn eine Außenbeziehung in den Rahmen des schwierigen Übergangs zur Elternschaft gestellt wird und der notwendige Wandel geschehen kann. Wenn solche Entwicklungen fehlen, gefriert der Groll der verlassenen Frau manchmal über Jahre zu einem Eispanzer. Ihr Mann interpretiert ihre Distanz dann vielleicht als „naturgegebene" erotische Interesselosigkeit der zur Mutter Gewordenen. Vielleicht verliebt er selbst sich im Laufe des gemeinsamen Lebens immer wieder in neue Frauen und manövriert dann jeweils schuldbeladen zwischen ihnen und seiner Partnerin. Erst wenn die Paarkrise unübersehbar wird, weil zum Beispiel ein Kind Alarm schlägt, können manchmal solche unerledigten Geschichten abgeschlossen werden.

3. Lebensmitte: Bilanz und leeres Nest

Die Mehrheit der antwortenden Frauen und Männer kamen um das vierzigste Altersjahr herum in Therapie, die einen etwas früher, die anderen etwas später. Es ist die Gruppe, bei der in meiner Untersuchung *die meisten Außenbeziehungen vorkamen, sowohl bei Frauen als auch bei Männern*. Bei vielen führten sie zu einer Neuschreibung der eigenen und der gemeinsamen Biographie und zu inner-ehelichen Entflechtungen, ohne dass das Ganze zerrissen wurde. Aber zu dieser Lebensphase gehören auch Trennungen und Scheidungen. Es werden einander Quittungen präsentiert, zum Beispiel für eine jahrelange schiefe Verteilung der Rechte und Pflichten von Frau und Mann. Am schmerzlichsten ist die Quittung für *nicht gelebtes eigenes Leben*[9] – die abgedunkelte Seite des Mondes. Es gibt zwar keine naturgegebene Midlife-Krise, aber für viele Menschen um die vierzig ist die Zeit reif, sich den Fragen zu stellen, die vorher von der Selbstverständlichkeit des Alltags mit beruflichem Aufbau und kleinen Kindern zugedeckt worden sind. Stichworte für diese Phase sind „Bilanz" und „leeres Nest", Chancen zu neuen Fragen: Wieso ist uns diese schreckliche Anpassung und Langeweile geschehen? Wieso haben wir nie offen über unsere Wünsche und Sehnsüchte geredet? Warum sind wir so einsam geworden miteinander? Was bleibt uns noch, wenn die Kinder größer werden und keinen Grund mehr bieten, dass wir zusammenbleiben? Oder: Da unsere Kinderlosigkeit feststeht, die biologische Uhr abgelaufen ist, was hält uns noch zusammen? Wer oder was füllt unser gemeinsames Haus als Paar?

Die Geschichten der befragten Frauen und Männer zeigen ihr unterschiedliches Verstehen von Außenbeziehungen in dieser Lebensphase. Die Frauen waren eher bereit als die Männer, eine solche in den weiten Rahmen ihrer Biographie, der Paargeschichte sowie des Aufbruchs der Frauen in den letzten Jahrzehnten zu stellen und sie als Signal dafür zu verstehen, dass es höchste Zeit sei für Veränderungen bei ihnen selber und miteinander. Das bedeutet jedoch nicht, dass Frauen in dieser Phase eher gewillt sind als ausbrechende Männer, in der Beziehung zu bleiben. Es zeigte sich vielmehr, dass Frauen oft seit Beginn der Ehe unzufrieden waren mit dem gemeinsamen Leben und die Außenbeziehung von ihnen als logische Folge ihres bisherigen Lebens verstanden wird. Die Chancen, dass sie in der Beziehung bleiben, wenn ihr Partner in einen gemeinsamen Entwicklungsprozess einsteigt, sind nach meiner Beobachtung gut. Wenn er sich jedoch distanziert, Konfliktgesprächen ausweicht und die Affäre ihr allein anlastet oder ihr mit Gewalt droht, ist das der

Anfang vom Ende. Männer in der Lebensmitte berichten in meiner Befragung eher, dass ihnen eine Affäre passiert sei, ohne dass sie eine Ahnung hätten warum. Vielleicht war's einfach eine günstige Gelegenheit zu einem Zeitpunkt, als sie sich leer fühlten, vielleicht eine Reaktion auf die Routine in Ehe und Beruf, vielleicht auch Angst vor dem Älterwerden, sagen sie. Es gibt für sie dann zwei mögliche Lösungen: Entweder lassen sie sich in eine Auseinandersetzung mit ihrer eigenen und der Paargeschichte ein, welche sie bisher vermieden haben, oder sie verlassen das gemeinsame Haus so heimlich und so schnell es geht durch die Hintertür und ziehen zu ihrer Geliebten, von der sie noch gestern sagten, es sei eine „nette Freundschaft, sonst gar nichts". Die Geliebte ist dann meistens eine viel jüngere Frau, eine Ersatztochter vielleicht, die dem Mann die Erneuerung seiner Vitalität verspricht.

Meine Untersuchung zeigt, dass die meisten Szenarien ehelicher Außenbeziehungen von Frauen und Männern in der Lebensmitte *ähnliche Ausgangslagen* haben. Die beiden sind vielleicht 15 Jahre oder länger verheiratet, kennen sich seit früher Jugend und sind seinerzeit zusammengezogen in der Hoffnung, sich zu lösen von einengenden Familienbanden oder Ersatz zu finden für ein fehlendes Familiennest. Eine tiefe emotionale Bindung aneinander konnte sich zwischen dem Paar nicht entwickeln, weil Kinder, Beruf und Existenzsorgen alle Energien verbrauchten. Bei zwei Paaren in meiner Befragung erschwerten chronische Krankheit und Behinderungen bei ihren Kindern fällige Auseinandersetzungen. Die jahrelange latente Depression bei einer Frau und die heimliche Alkoholabhängigkeit bei einem Mann ließen sich, als sich ihre Partner in andere Menschen verliebten, nicht mehr verschleiern. Angesichts des leer werdenden Nestes und ermutigt durch eine neue Liebe kann der Gedanke an eine Trennung zumindest vom einen nun gedacht werden. Dort, wo beide bereit sind, die Krise zu verbinden mit ihrer Geschichte und sie als Möglichkeit einer „zweiten Ablösung" von alten Landkarten zu verstehen, wie Robert erzählt, sind ihre individuellen Entwicklungschancen gut.

Natürlich können aus einer solchen Krise auch die schrecklichen und unendlichen Geschichten der *Nicht-Entscheidung und des Doppellebens* folgen, wo ein Mann oder eine Frau inoffiziell mit der neuen Liebe lebt, offiziell aber verheiratet bleibt. Der Mann funktioniert im Beruf meist bemerkenswert gut und jongliert zwischen den beiden Frauen, ist aber nach meiner Beobachtung oft latent depressiv oder neigt zu psychosomatischen Symptomen. Die Geliebten, meist Alleinlebende, tendieren in dieser Konstellation eher dazu, ihre Außenbeziehung zu verschleiern und auf leisem Feuer zu halten, weil sie überzeugt sind davon, dass der Mann sich auf diese Weise eher für sie entscheidet oder weil sie nicht die „Hexen" sein wollen, welche einen unschuldigen Mann von seiner Familie weglocken. Oft zahlen sie den Preis für das Hüten des Geheimnisses aber mit ihrer Einsamkeit. Auch wenn ich sie als Dritte emotional in eine Paarberatung einbeziehe, finde ich es sinnvoll, ihnen eine persönliche Beratung anderswo zu empfehlen, bevor das ursprüngliche Paar zu einer klaren Entscheidung gekommen ist.

„Hinwegkommen und sich verwandeln" und was es dazu braucht

Es ist in der Sicht der befragten Paare nicht das Drama einer sexuellen Außenbeziehung, das eine Paarbeziehung kaputt macht, sondern die Lieblosigkeit und die schäbigen Spiele, welche damit verbunden sein können. Können, nicht müssen! Ich gehe davon aus, dass lebenslängliche Monogamie für die meisten Menschen schwierig ist, vor allem, wenn sie von einer Beziehung alles und nichts von sich selber erwarten. Der Mythos vom Recht auf Wohlfahrt und von der Ausschließlichkeit der romantischen Liebe ist lebendig, so sehr er im Widerspruch steht zur Idee der Unvereinbarkeit von Leidenschaft und Verbindlichkeit. Ich nehme an, dass dieses Dilemma zwischen Treue und Untreue in der Welt von Paaren weiterhin existieren wird und es gut ist, hier von den Befragten zu hören, was ihnen das „Hinwegkommen und dennoch nicht zum gedächtnislosen Tier hinabsinken", ermöglicht hat.

Offenheit und Schweigen, ein jedes hat seine Zeit

Soll, muss eine Affäre gestanden werden, oder ist es besser, sie für sich zu behalten und Partnerin oder Partner zu schonen? Es gibt *zerstörerische Offenheit und zerstörerisches Schweigen*. Ob es so oder so wirkt, ist eine Frage des Vorgehens und der rechten Zeit. „Ich habe ihr sofort gestanden, dass ich mit ihrer Freundin geschlafen habe", erzählte Heiner, 29, der mit Lilly in der offenen Beziehungsform einer Jugendliebe lebte. „Aber ich bedaure das im Nachhinein. Für mich war es eine einmalige Sache, für Lillys Freundin auch, aber durch mein Geständnis ist daraus ein Drama geworden." Lilly: „Mich hat nicht so sehr seine Außenbeziehung fertig gemacht, das kann ja passieren. Aber die Art, wie Heiner durch sein so genanntes Geständnis mir die Rolle der verständnisvollen Mutter zuschob, die ihn tröstet und ihm versichert, dass sie ihn auf keinen Fall verlässt, war für mich mühsam. Wo sollte ich mit meiner eigenen Kränkung hin? Wer tröstete mich? Mir hat diese Erfahrung gezeigt, dass ich von jetzt an mich selber pflegen und nicht mehr seine Wunden lecken will."

Lilly und Heiner sind zusammengeblieben, einen gemeinsamen Weg gegangen und über das ursprüngliche Mutter-Sohn-Verhältnis hinausgekommen. Vier Jahre später erzählen sie, dass Heiners Seitensprung und die anschließende Krise zu einem Wendepunkt in ihrer Beziehung wurde. Lillys Zorn über seine kindliche Erwartung, „wenn ich ihr alles sage, verzeiht sie mir alles", ermutigte sie, Heiner die Verantwortung für sein Verhalten zurückzugeben und sich ihm mit ihrer eigenen Verletztheit zuzumuten. Heiner stellte sich emotional zunehmend auf eigene Füße. Er braucht jetzt Lilly nicht mehr in der Rolle der alles verzeihenden Mutter und sie ihn nicht mehr als schutzbedürftigen Sohn. Eine neue Balance von zwei Erwachsenen ist entstanden, die sich eigene Beziehungsräume wie auch Verantwortlichkeit für das Gemeinsame zutrauen.

Aber auch das *Geheimhalten einer Affäre* kann auf verantwortungslose oder verantwortungsbewusste Weise geschehen: Bettina, 38, und Mutter von zwei Schulkindern, die seit 14 Jahren mit ihrem gleichaltrigen Mann Fritz lebt, verliebte sich Hals über Kopf in ihren Chef, einen 20 Jahre älteren, erfolgreichen Unternehmer. Sie und ihr Mann kamen ursprünglich mit dem Anliegen zu mir, ihre Kommunikation zu verbessern; von der neuen Beziehung war nicht die Rede. Nach fünf Paargesprächen bat mich Bettina um ein Gespräch für sie allein, bei dem sie mir eröffnete, dass sie in einem schrecklichen Dilemma sei. Seit Monaten treffe sie sich heimlich mit ihrem Geliebten und erlebe mit ihm leidenschaftliche Sexualität, wie sie mit Fritz nie möglich war. Sie wolle, antwortet sie auf meine Frage, mit Fritz verheiratet bleiben, weil sie ihn gern habe und wisse, dass sie sich in einen Tagtraum verliebt habe. Bloß könne sie sich von diesem Traum nicht so ohne weiteres trennen.

Mit zwiespältigen Gefühlen stieg ich auf Bettinas Anliegen ein, sie einige Male allein zu sehen, bis sie bereit sei, offen mit Fritz zu reden. Ich bat sie, den „Schonraum" von Einzelsitzungen direkt mit ihrem Mann zu besprechen. Bei den Gesprächen mit ihr wurde deutlich, dass sie mit ihrem Freund stellvertretend die Liebe lebte, die sie sich von ihrem emotional unerreichbaren Vater ein Leben lang ersehnt hatte. Sie erkannte, dass sie daran war, am falschen Ort unerledigte Geschichten mit einer Vaterfigur abzuschließen. Schritt um Schritt löste sie sich von ihrem Geliebten, indem sie Kontakt aufnahm zum noch lebenden Vater und zum ersten Mal eine klare Beziehungsdefinition zu ihm fand. Ihr Vater blieb zwar abwehrend, als sie über Vergangenes reden wollte. Aber er konnte ihr sagen, wieviel sie ihm bedeute und wie froh er über ihre Annäherung sei.

Bettina erzählte ihrem Mann das Geheimnis erst, als sie bereit war, sich von ihrem Freund zu trennen. Er habe seither nicht mehr gegessen und nicht mehr geschlafen, berichtete Fritz in der folgenden gemeinsamen Stunde, obwohl er das geahnt habe. Dennoch sei er jetzt erleichtert über die Klarheit. Im Rückblick auf die Krise, drei Jahre später, schreibt er: „Natürlich wusste ich immer, worüber Sie damals mit meiner Frau in den Einzelstunden geredet haben. Aber ich wollte es nicht wahrhaben und hoffte, Bettinas Affäre gehe einfach weg, ich hätte nichts damit zu tun ... Weil Sie mir später Ihr eigenes Dilemma als Geheimnisträgerin in der Paartherapie geschildert haben, ging mein

Vertrauen in Sie nicht kaputt." In solchen Dreiecks-Situationen steht, zunächst unbewusst, fast immer die *Sehnsucht nach „eigenem Raum"* für beide zur Diskussion. Manchmal beansprucht der oder die, welche sich verliebt hat, durch die Geheimhaltung der Affäre zum ersten Mal einen solchen eigenen Raum. Das kann gut gehen, wenn, wie bei Bettina und Fritz, sich mit der Zeit daraus eine klare Botschaft an den Partner kristallisiert. Wenn jedoch aus einer solchen Notlösung eine chronische Lebenslüge wird, die der Neubalancierung von Intimität und Autonomie entgegensteht, ist das eine verpasste Chance für das Paar. Eine solche Geheimhaltung kann als Dauerlüge unglaublich viele Energien binden, beim Geheimniskrämer wie bei dem, der dadurch in die Detektivrolle gerät. Der Verrat an der gemeinsamen Geschichte ist das eine, die Schäbigkeit der Verwirrungstaktiken das andere. Wenn einem Menschen wesentliche Informationen vorenthalten werden, die er jedoch gleichzeitig aus tausend Kleinigkeiten abliest, zerstört das Geheimnis nicht nur den Respekt füreinander, sondern vor allem die Selbstsicherheit des Betrogenen. Und wenn sie oder er auf seine Fragen immer wieder hört „Du bildest dir das ein" oder „Du mit deinen Phantasien", stößt ihn das in Abgründe und Verwirrungen, die oft schlimmer sind als die Wirklichkeit. Je elender und verfolgter sich der verlassene Partner fühlt, je mehr er oder sie sich selber zum Verfolger macht und vielleicht einen Komplizen sucht in einem Privatdetektiv oder in einem Kind, desto aussichtsloser wird es, dass die eigentlichen Konflikte auf den Tisch kommen. Ein Ende mit Schrecken ist dann meist die einzige Möglichkeit für den Belogenen, aus dem fiesen Spiel auszusteigen. Im schlimmsten Fall geht dann ein Machtkampf zwischen den beiden los, wer den anderen zuerst verstoßen kann.

In meiner Erfahrung ist ein Beziehungsverrat in Verbindung mit fortgesetzter Geheimhaltung nicht selten der *Auslöser für dramatische Symptome bei der nächsten Generation*, für Selbstmord oder psychotische Verwirrungszustände.[10] Die Erfahrung des Belogenwerdens in Verbindung mit doppelbödigen Botschaften wie „ich habe zwar eine Geliebte, aber du bildest dir das bloß ein, du mit deiner krankhaften Eifersucht" wirkt manchmal als schleichendes Gift im Leben einer Familie. Wenn Menschen in solchen Lebenslagen ihre ganze Energie darauf verwenden, den Deckel auf ein Pulverfass zu drücken aus Angst, es könnte explodieren, rächt sich das früher oder später an ihnen selber und an der nächsten Generation.

Schuld und Unschuld in Paarbeziehungen

Nach meiner Erfahrung gibt es keine Möglichkeit für die Weiterentwicklung von menschlichen Beziehungen, wenn sie durch ein verstecktes Spiel von Schuld und Unschuld verbogen worden sind. Wenn ein solches „Spiel" gespielt wurde, ist die Voraussetzung für Wandlung, dass die *Machtquellen* von Verfolgern und Verfolgten, Opfern und Tätern aufgedeckt werden. Lösungen, die auf unerledigte Schuld aufgepfropft werden, sind meistens destruktiv. Wenn beim einen Partner das schlechte Gewissen zum Motor von Macht wird und beim anderen die versteckte Überzeugung, dass sie oder er durch die Macht der Opferrolle das Spiel kontrolliert, kann es lebensgefährlich werden. Eugene O'Neill stellt dieses Drama in einem Theaterstück dar:[11]

Hickey, der ungetreue Ehemann, nachdem er seine Frau Evelyn erschossen hat, zu seinen Kumpanen:

„Wenn ich von 'ner Tour zurückkam, merkte Evelyn gleich, ob ich was mit 'ner Nutte hatte. Sie gab mir einen Kuss, schaute mir in die Augen und wusste Bescheid … Ihr könnt euch gar nicht vorstellen, wieviel Kummer ich ihr gemacht habe und was für Schuldgefühle ich deswegen hatte. Wie ich mich gehasst habe! Wenn sie nur nicht so verdammt brav gewesen wäre! Warum konnte sie's nicht genau so machen wie ich? … Mein Gott, ich liebte sie so sehr, aber ich fing an, die Illusionen zu hassen, die sie sich machte. Ich war kurz davor durchzudrehen, weil ich ihr nicht verzeihen konnte, dass sie mir alles verzieh."

Lösungen durch Rituale [12]

Zwei Rituale, die Paaren geholfen haben, das gefährliche Spiel von Schuld und Unschuld zu beenden, will ich zum Schluss beschreiben.

1) Das Opfer steht auf und bleibt sich selber treu

Ich habe das entsprechende Ritual von einer jungen Frau, Helen (32), gelernt. Sie erzählte in der ersten Stunde der Paarberatung, wie sie in abgrundtiefe Verzweiflung gestürzt sei, als Georg (35) ihr gestand, er habe sich auf einem Bürofest verliebt in eine Kollegin und mit ihr eine sexuelle Beziehung begonnen, die im Geheimen schon viele Monate dauere. Nun wisse er nicht mehr, wohin er gehöre, und bitte seine Frau um Geduld. Helen war zur Zeit des Bürofestes mit dem Baby daheim geblieben und hatte Georg die Chance zum Feiern gegeben. Sie empfand sein Verschweigen der Affäre und seinen „schlechten Lohn für ihre gute Tat" als unglaubliches Unrecht.

Nach einigen durchweinten Tagen und Nächten habe sie eine kraftvolle Eigenposition eingenommen, erzählte sie im gemeinsamen Gespräch. Ihr Zorn wurde stärker als ihre Angst. Sie rief rundum ihre Freundinnen sowie ihre Schwester an und bat sie, am folgenden Abend zu ihr nach Hause zu kommen. Sie habe etwas Wichtiges mit ihnen zu besprechen. Georg forderte sie auf, dass er an jenem Abend zu seiner Freundin gehe und mit ihr die Zukunft ihrer Beziehung bespreche. Sie wolle dasselbe für sich selber tun und brauche dazu die Unterstützung ihrer Freundinnen. Georg, überrascht, konnte nicht anders, als Helens Entschiedenheit zu respektieren. Als er schließlich gegen Mitternacht nach Hause kam, waren die Gespräche noch im Gange. Die befreundeten Frauen begegneten ihm freundlich, ohne Vorwürfe, und Helen bat ihn nun ihrerseits um Zeit für ihre Entscheidung, ob sie bleiben oder gehen wolle.

Statt an der Position des unschuldigen Opfers festzuhalten, hat Helen ihre Freundinnen gefragt, welchen Anteil an der Krise sie bei ihr vermuteten. Sie hätte sich wirklich ausschließlich dem

Baby zugewendet, meinten einige und Georg im Stich gelassen, als er selber beruflich verunsichert war. Helen weigerte sich dennoch, die Schuld für das erlittene Unrecht allein auf sich zu nehmen. Anstelle des bisherigen Täter-Opfer-Spiels blieb sie bei ihrer Empörung, auch als sie Georgs Motive anerkennen konnte. „Ich habe seit jenem Abend Helen respektiert, wie nie zuvor", erzählt Georg im Rückblick auf die damalige Krise. Er machte darauf den Vorschlag für eine gemeinsame Therapie. Natürlich war Helens Verweigerung der Opferrolle nur der Anfang der Krisenbewältigung. Fünf Jahre später erzählt Georg von seinem damaligen Erstaunen und seiner Neugier auf die Wandlungen bei seiner Frau. Helen, versöhnt, aber noch im Kontakt mit ihrem damaligen Zorn, sagt im gemeinsamen Gespräch: „Ich finde noch immer, dass diese Geschichte unnötig war. Sie hätte auch anders herauskommen können. Aber wir haben gelernt, die unangenehmen Dinge heute rascher auf den Tisch zu bringen."

2) Entschuldigungs- und Versöhnungsrituale

Es gibt, wie Hickey und Evelyn im Theaterstück von O'Neill zeigen, keine tödlicheren Geheimnisse als die nachgetragenen Konten von Schuld und Unschuld durch Menschen, die sich einmal geliebt haben. Je diffuser sie sind, desto dramatischer wirken sie im Untergrund, rasseln als gefährliche Monster im „Paarspeicher". Wenn die Stimmung zwischen einer Frau und einem Mann dauernd vergiftet ist, ob sie reden oder schweigen, nehme ich an, dass solche verborgenen Konten vorhanden sind. Fast immer haben sie mit unerledigten Geschichten von Liebesverrat zu tun.

Der erste Schritt eines in solchen Situationen wirksamen Rituals besteht darin, dass ich beide bitte, bis zur nächsten Stunde zwei alte Geschichten ans Licht zu heben. Jeder soll in der Phantasie in den „Keller" des anderen hinabsteigen, wo die Erinnerungen an gute und böse Taten gelagert sind. Dort soll sich jeder die Geschichte zu etwas Gutem suchen, was der Partner oder die Partnerin im gemeinsamen Leben von ihm empfangen hat. Aber auch eine unerledigte böse Geschichte, die der eine dem anderen angetan hat, soll ans Licht geholt werden. In der nächsten Stunde bei mir erzählen sich beide, was sie gefunden haben. Meine Aufgabe besteht darin, sie beim Erinnerungskeller des *anderen* zu halten und für einmal nicht in den eigenen zu steigen. Nach den vorherigen Ermutigungen durch mich, „Ich" zu sagen und von Schätzen und Monstern im *eigenen* Keller zu reden, ist so ein Kurswechsel manchmal schwierig. Entlastend und tröstlich ist jeweils, wie genau jeder das Eingemachte ihrer Liebe, aber auch die Monster des Liebesverrats kennt und wie sehr sie wegen der heimlichen Schuldkonten miteinander verstrickt geblieben sind.

Das gemeinsame Erzählen in entspanntem Rahmen, bei dem es nicht um Wahrheit, sondern die Verbindung von Vergangenheit und Zukunft geht, ist eine gute Möglichkeit, das schmerzliche Erlebnis der Untreue nun einzubetten in das gemeinsame Leben. Dabei geschieht es oft ganz selbstverständlich, dass der oder die Dritte aus der Rolle des Bösewichts herauskommt. Mit dem Abschied kann Dankbarkeit verbunden werden für das, was durch diese Liebe in die Paarbeziehung eingeflossen ist. Die neue Nähe, welche auf diese Weise beim Paar entsteht, führt manchmal auch zur erschreckten Flucht jenes Partners, der die Außenbeziehung eingegangen ist. Das macht dann die Dinge klar: das Ende der primären Beziehung wird so signalisiert.

Wichtig ist mir als Begleiterin eines Paares, dass sie ihre Entschuldigung aneinander so formulieren, dass sie sich auf ihr Verhalten, nicht auf ihre Gefühle bezieht. Meine Botschaft an den Ungetreuen heißt dann vielleicht: „Für die Liebe zu einem anderen Menschen brauchen Sie sich nicht zu entschuldigen. Aber für Ihr Verhalten gegenüber Ihrem Partner/Ihrer Partnerin und gegenüber dem oder der Geliebten tragen Sie Verantwortung."

■ Anmerkungen

1 Sichtermann, Barbara, in: Burkart, Günter und Martin Kohli: Liebe, Ehe, Elternschaft. op. cit. S. 301.

2 Thompson, Anthony P.: Extramarital Sex. A Review of the Rescarch Literature. In: The Journal of Sex Research, 1983, S. 1–22.

3 Demosthenes, in: Schenk, Herrad: Die Befreiung des weiblichen Begehrens. op. cit., S. 43.

4 von Matt, Peter: Liebesverrat. 1979, op. cit., S. 73.

5 Beck-Gernsheim, Elisabeth und Ulrich Beck: Das ganz normale Chaos der Liebe. Frankfurt a. M. 1990.

6 Pittman, Frank: What Now, Camelot? In: Zs. Family Therapy Networker, Washington 1987.

7 Finzi, Sandra: Die Affäre. In: Zs. Familiendynamik 13/2, 1988.

8 Ford, Richard: Eine Vielzahl von Sünden, Berlin 2002.

9 Jellouschek, Hans: Semele, Zeus und Hera. Zürich 1987, op. cit.

10 Welter-Enderlin, Rosmarie: Secrets in Couples and Couples Therapy. In: Imber-Black, Evan (Hrsg.): Secrets in Families and Family Therapy. New York 1992.

11 O'Neill, Eugene: Der Eismann kommt. Frankfurt a. M. 1989.

12 Imber-Black, Evan, J. Roberts und R. Whiting: Rituale in Familien und Familientherapie. Heidelberg 1993, 4. Aufl. 2001.

Epilog. Die Kunst des Lebens zu zweit

Denn die Liebe ist nichts ohne Pflicht, ohne Opfermut,
ohne frühere Bindung ans Dasein. Sie ist nichts
ohne Beruf, ohne gemeinsame Sicht der Dinge, die öffnet
und birgt. Sie ist immer nur des geliebten Lebens
kleinere Schwester.
Botho Strauss (S. 129, Über Liebe)

Dies solle kein Rezeptbuch werden, habe ich am Anfang versprochen, und auch nicht eines über zu wenig oder zu viel Gefühl zwischen Frauen und Männern. Also will ich es auch so halten. Ich fasse dafür zusammen, was mir die Paare in meiner Studie über ihre damalige Krise und ihre seitherigen Entwicklungen erzählt haben und verbinde ihre Geschichten mit dem, was sich in den letzten 10 Jahren ergeben hat.

Meine Hauptfrage war:
Wie gelingt es Paaren, die lange Weile von Verbindlichkeit mit der Kurzweil von Lebensfreude und Leidenschaft immer wieder neu zu beleben? Was erleichtert den Balanceakt der Geschlechter zwischen den Polen von Bindung und Autonomie? Und was macht dieses ständige Balancieren bei allem guten Willen so schwierig in der Welt moderner Paare – mit ihren unterschiedlichen Beziehungswünschen, den unterschiedlichen Erfahrungen ihrer Herkunft, ihrer Arbeit und der weitgehend asymmetrischen Verteilung von Privilegien und Pflichten zwischen Mann und Frau?

Ich werde in dieser Neuausgabe im Jahre 2003 die Entwicklungen der Jahre seit der Erstausgabe des vorliegenden Buches zusammenfassen, wie ich sie in der täglichen Begegnung mit Paaren und in der neueren paarpsychologischen Forschung finde. Mich interessiert, was gleich geblieben ist und was sich verändert hat. Aus Erfahrung werde ich zuerst die Bedeutung der alten Sehnsüchte nach sicherer Geborgenheit und Autonomie jedes Partners im Rahmen moderner Lebensformen skizzieren. Ich nenne dies das „Wurzel-Flügel Dilemma". Dann will ich die wichtigsten Themen moderner Paare in Krise nennen und mit der Perspektive möglicher Lösungen verbinden. Für jene Leserinnen und Leser, die es gerne alltagspraktisch und konkret haben, folgen dann zwei Abschnitte zum Wie von Paarberatung und Paartherapie. Zum Schluss öffne ich meine Schatztruhe als langjährige Ehepartnerin und Begleiterin von Paaren in kritischen Lebensübergängen. Es geht also um

I)   Liebe als Leidenschaft, Partnerschaft und Bindung
II) Alte und neue Paarthemen und Lösungen
III) Paarberatung oder Paartherapie, wo und wie?:
     professionelle Weisheit und Erfahrung
IV) Die Kunst des Lebens zu zweit: Anregungen aus der
     Schatztruhe der Autorin

I) Liebe als Leidenschaft, Partnerschaft und Bindung

Wer die Paarporträts, die 1992 aufgeschrieben wurden, in der überarbeiteten Ausgabe dieses Buches studiert, wird feststellen, dass Liebe als Passion in Verbindung mit engagierter Partnerschaft damals wie heute das wichtigste Anliegen von Menschen ist, die in einer Zweierbeziehung leben. Es sind auch die Sehnsüchte von Alleinlebenden, die vielleicht eine Beziehung hinter sich haben und auf dem Weg zu einer neuen sind, mit Unsicherheit vielleicht, aber auch mit großen Hoffnungen.

In die verbreitete Sehnsucht nach Wurzeln und Flügeln sind Konflikte eingebaut. Einerseits liegen sie in den modernen Denkmustern, welche an Gleichberechtigung orientiert sind, und anderseits in den bestehenden konservativen Strukturen, die besonders beim Wendepunkt zum *Leben mit Kind* spürbar werden, wenn Frau und Mann sowie ihre Beziehung sich tief greifend verändern. Gerade die oft aufgeschobene Entscheidung für ein Kind gibt diesem eine Bedeutung, welche die Liebe eines Paares in den Schatten stellen kann. Sein oft während Jahren selbstverständlich praktiziertes Partnerschaftsmodell ist nicht einfach auf die neue Dreierkonstellation zu übersetzen, so sehr beide das anstreben. An dieser Schwierigkeit hat sich nach meiner Beobachtung in den letzten Jahren wenig geändert.

Zum Thema kritischer Übergänge in modernen Zweierbeziehungen gibt es neue wissenschaftliche Untersuchungen, welche das von vielen Menschen angestrebte Partnerschaftsmodell in Verbindung mit Liebe und Leidenschaft grundsätzlich als „Beziehungsfalle", als Illusion der Emanzipation bezeichnen .... Dazu Cornelia Koppetsch und Günter Burkart:[1] „Die Neudefinition der Geschlechterbeziehungen in der modernen Partnerschaft erweist sich also als Normvorschrift mit geringerem Einfluss auf die faktische Entwicklung der Paarbeziehung als bisher angenommen." Bedeutet dies das Ende von Hoffnungen und Visionen bezüglich gleichwertiger Partnerschaft?

Ich finde es wichtig, dass der Diskrepanz zwischen ersehnter und praktischer Gleichberechtigung in der Liebe eine Stimme gegeben wird, wie ich es auch im vorliegenden Buch tue – allerdings mit mehr Optimismus als die zitierten Autoren. Für mich ist die Erkenntnis, dass Partnerschaft, Verbindlichkeit und Liebe als Passion sich nicht ohne weiteres verbinden lassen, eine wesentliche Grundlage für das Verstehen von Paarkrisen. Das Gelingen des *Balanceaktes* zwischen den unterschiedlichen Wünschen und Anliegen verstehe ich als hohe Kunst, die immer wieder geübt werden muss. Dazu gehören selbstverständlich eine gewisse individuelle Reife bei jedem sowie das Eingehen des Risikos von Versuch und Irrtum mit gelegentlichen Abstürzen, die jeweils die Korrektur von Fehlern beim Balancieren auf hohem Seil ermöglichen. Zu erkennen, dass die „Normvorschrift moderner Partnerschaft" (Koppetsch und Burkart, op. cit) zur Beziehungsfalle werden kann, scheint mir tröstlich für jene, die den Balanceakt abbrechen zugunsten hergebrachter Lebensformen, aber besonders für die vielen Paare, welche die Kunst des Balancierens mit langem Atem immer wieder versuchen: wohl mit einer gewissen Anstrengung, aber auch mit Freude an ihren persönlichen und gemeinsamen Entwicklungen. Auch das wird aus den vorgestellten Paarporträts und meiner alltäglichen Erfahrung mit Paaren in Krise deutlich.

Interessant finde ich, dass die Kritik an den emanzipatorischen Vorstellungen im Verhältnis der Geschlechter heute – im Gegensatz zu der Zeit meiner Untersuchung – nicht nur aus soziologischer, sondern auch aus soziobiologischer Sicht einen zentralen Stellenwert bekommen hat. Ernüchterung darüber, dass sich mit dem besten Willen nicht alles verändern lässt, hat zu Beginn des zweiten Jahrtausends ja viele Lebensbereiche erfasst. Dennoch beobachte ich signifikante Unterschiede zu den Ideen der Trendsetter aus Wissenschaft und Populärpsychologie, sobald der Einzelfall ins Zentrum rückt. Nicht nur in den vorliegenden Paarporträts, auch in meiner Praxis der Paartherapie, die mir über die eigene Erfahrung hinaus durch die Supervision von Kolleginnen und Kollegen in reichem Maß zugänglich ist, erlebe ich die wunderbare Energie, mit welcher Paare um die Autonomie zweier „Ich" in der Verbindlichkeit im „Wir" ringen; also um Partnerschaft.

Eine stabile, langjährige Beziehung auf dem Fundament von Liebe und Vertrauen, welche die Wurzeln zuverlässiger Bindung mit den Flügeln individueller Entwicklung verknüpft, entspricht sowohl den Wünschen der hier erzählenden Menschen als auch den Paaren, die ich 10 Jahre nach meiner Untersuchung in der täglichen Praxis erlebe. Eigentlich verstehe ich darum nicht genau, wie die pessimistischen Szenarien entstanden sind, mit denen zeitgenössische Wissenschaftler die Epoche der Individualisierung und ihre Wirkung auf die Brüchigkeit moderner Paarbeziehungen charakterisieren. Aus Erfahrung bin ich nämlich der Meinung, dass Paare nicht deshalb in Krise geraten und vielleicht auseinander gehen, weil sie abgrundtief egoistisch oder naiv optimistisch sind, sondern weil sie soviel von Liebe als Leidenschaft und als Verbindlichkeit erwarten, dass sie nicht mit weniger als ihrem Ideal vorlieb nehmen wollen. Weil aber zwei Menschen nie den gleichen Massstab an die Qualität ihres Zusammenlebens legen, weil sie neben aller Gemeinsamkeit völlig unterschiedlich fühlen und denken, *muss* es in Bezug auf ihre Liebes- und Ehezufriedenheit Spannungen geben. Darin liegt eine wichtige Quelle ihrer Schmerzen, aber auch ein Anlass für Aufbrüche, die übrigens in meiner Untersuchung wie auch in größeren Untersuchungen häufiger von Frauen als von Männern angestrebt werden. Die wachsende Unabhängigkeit, besonders von jungen Frauen, bewegt ihre Männer jedoch dazu, rascher und mutiger eine Paarberatung zu beanspruchen, als ich das noch vor 10 Jahren erlebte. In meiner Praxis kommen zur Zeit mehr als die Hälfte der Anmeldungen von Männern!

Eine stabile, bewegliche und lang dauernde Beziehung ist also, was die meisten Befragten sich wünschen. Der Partner oder die Partnerin wird dabei als einzigartig und konkurrenzlos wahrgenommen, wie eine noch unveröffentlichte große Untersuchung des von mir geleiteten Ausbildungsinstitutes zur Frage zeigt, wie jüngere Paare heute leben. In anderen Worten: Dauerhafte, leidenschaftliche und gleichberechtigte Liebesbeziehungen gehören zu den wichtigsten Anliegen junger Erwachsener. Das war vor 10 Jahren so, das beobachte ich heute und das erwarte ich in Zukunft.

II) Alte und neue Paarthemen und Lösungen

Wenn ich die vorliegenden Paargeschichten betrachte, sind darin Themen angelegt, die weit über den jeweiligen Zeitgeist hinaus das Leben von Liebenden bewegen. Der Balanceakt zwischen

a) Sehnsucht nach Bindung und Bedürfnis nach Selbstbestimmung

ist ein altes Thema, das immer auch mit früherer *Bindung ans Dasein* (Botho Strauss im Motto zu diesem Kapitel) und mit individueller Entwicklung zu tun hat. Ich will das Thema Bindung kurz in den Rahmen neuerer theoretischer Perspektiven stellen.

Im letzten Jahrzehnt sind moderne, an Vernetzung orientierte systemische *Bindungstheorien* ins Zentrum der Aufmerksamkeit von Paartherapeuten und -therapeutinnen gerückt. Von der primären *Triade* Mutter/Vater/Kind, die unter dem Aspekt von Bindung und affektiver Kommunikation erforscht wird,[2] lässt sich ableiten, wie Paare sich in Dreiecken entwickeln: mit Kindern, mit ihren Herkunftsfamilien, mit ihrem Engagement für die Arbeit und für persönliche Interessen. Wie konstruktiv oder destruktiv sie ihre Muster von Bindung und affektiver Kommunikation gestalten, hat mit dem Balancieren dieser Dreiecke zu tun. Auch die Beziehung Paar, Therapeutin oder Therapeut ist eine dieser Triaden, die sich abwechselnd als „2 plus 1"-Verbindungen gestaltet, im besten Fall in einem Fließgleichgewicht, das wesentlich zu Wandel beiträgt. Ich werde darauf noch näher eingehen.

Für mich ist es immer wieder erstaunlich zu erleben, wie oft auch bei heftigsten Paarkonflikten eine tiefe Bindung zwischen zwei Menschen spürbar wird, die über Jahre zusammen sind. Das Gemeinsame von schwierigen früheren Zeiten zum Beispiel, die sie gemeistert haben, mit kleinen Kindern, Geldsorgen und Existenzängsten, und auch die Hilfsbereitschaft, mit der beide einander damals unterstützt haben, geht als kostbare Quelle von Liebe in der momentanen Hektik zwar manchmal unter, lässt sich aber durch das Erzählen wieder hervorholen und den Boden nähren, auf dem das Paar sich jetzt bewegt. Durch die Begegnung mit einer Therapeutin, die sowohl die Ressourcen eines Paares erschließt als auch Blicke in seinen gemeinsamen Abgrund wagt, kann der Mut zu Entwicklungen wachsen, die vorher eingefroren schienen.

Nachdem in der Paartherapie und besonders in Einzeltherapien die Entwicklung der *persönlichen Autonomie* jedes Partners lange Zeit wichtiger war als das, was die beiden trotz aller Mängel verbindet, ist die Wichtigkeit von Bindung als wesentliche Grundlage für das Gedeihen von Selbstbestimmung und Autonomie nun auch theoretisch untermauert. Das ist für Menschen wie mich, die persönlich über alle Wechselfälle des Lebens hinaus seit Jahrzehnten mit dem gleichen Partner zusammen sind und mit ihm beides gefunden haben, Bindung und Selbstbestimmung, eine erfreuliche Bestätigung.

Die „frühere Bindung ans Dasein", wie sie im Motto zu diesem Kapitel anklingt, kann eine liebevolle zu den eigenen Eltern sein, die gelockert, aber nicht zerrissen wurde, als es Zeit wurde für die eigenständige Entwicklung. Es kann bei einer vielleicht unsicheren Eltern-Bindung auch eine persönliche Bindung an das Dasein entstanden sein, welche einem Menschen trotz aller Einschränkungen einen sicheren Platz in der Welt ermöglicht.

Die neuere Bindungsforschung, welche menschliche Biegsamkeit (Resilienz) zum Fokus hat, verweist auf solche Möglichkeiten. Es gibt aber auch Folgen von unsicheren oder ambivalenten Beziehungen zu Mutter oder Vater, die sich in Paarbeziehungen in Form widersprüchlicher Botschaften ausdrücken: „Komm zu mir, aber komm mir nicht zu nahe": Das sind Bindungsmuster von anziehender Verführung und oft brutaler Zurückweisung. Ich habe gelernt, dass solche ambivalenten Bindungsmuster schwer zu lösen sind. Sie können manchmal in Hass kippen, wenn einer nicht bereit ist, sich mit dem Heiß-Kalt-Spiel abzufinden und in die Rolle des Verfolgers gerät, was den anderen umso heftiger in die Flucht treibt. Wenn beide Partner das Spiel beenden wollen, weil sie eine erwachsenere Beziehung anstreben, die nicht aus ängstlichem Anklammern des einen und panischer Flucht des anderen besteht, ist das nach meiner Erfahrung am ehesten möglich, wenn eine frühe Bindungsstörung dort korrigiert wird, wo sie entstanden ist, in der Entflechtung von den Eltern und von kindlichen Forderungen. Wenn das nicht möglich ist, eine häufige Erfahrung in meiner Praxis, scheint mir eine gute Trennung zwischen den Liebespartnern menschlicher als das chronische Heiß-Kalt-Spiel von Verführung und Zurückweisung.

b) *Intimität und Sexualität*

Auch dieses Thema ist alt und neu zugleich, ein Dauerbrenner für jedes Paar. Im Licht der erwähnten Bindungstheorien ist es durchaus normal, dass in einer vertrauten, langjährigen Paarbeziehung Anziehungsverluste und eine gewisse Monotonie auftreten. Im Titel dieses Buches habe ich die eingebaute Schwierigkeit der Vernetzung von Leidenschaft und Bindung in den Rahmen von Normalität gestellt. Dass die ganz gewöhnliche Alltagsroutine das Begehren eines Liebespaares ab und zu mit kaltem Wasser übergießt, muss dieses aber nicht gänzlich zum Erlöschen bringen! Unter der Asche von enttäuschten Erwartungen und abgenützten Gefühlen lebt die Leidenschaft als Glut oft weiter und kann durch einen frischen Luftzug wieder zum Feuer werden. Das habe ich bei vielen Paaren beobachtet und dafür den Begriff *Glut unter der Asche*[3] geprägt.

Was ich inzwischen noch schärfer wahrnehme ist, dass Sexualität weit weniger in der Ganzheit einer Paarbeziehung aufgehoben ist als emotionale Intimität. Sexualität kann besser verstanden werden, wenn sie über die Beziehung hinaus als das Einmalige eines Individuums verstanden wird. Das bedeutet schlicht, dass sexuelle Probleme und ganz besonders sexuelle Grenzüberschreitungen in Form von Außenbeziehungen immer auch unter dem Aspekt *unterschiedlicher individueller Entwicklungen* der Partner verstanden und nicht ausschließlich auf das Paar beschränkt werden sollten. Sexuelle Phantasien und sexuelle Erregung sind ja in jedem Menschen und in seinem Körper einmalig und unverwechselbar angelegt. Die damit verbundenen Gefühle und Sehnsüchte sind darum nicht selbstverständlich aufgehoben in der Beziehung eines Paares. „Erotische Gemeinsamkeit wird also nicht als etwas Gegebenes angesehen, sondern als etwas, das in einem teilweise paradoxen Prozess immer wieder hergestellt werden muss".[4]

Die Motive für sexuelle Störungen und Unzufriedenheit wie auch für sexuelle Grenzüberschreitungen sind also immer auch im Einzelnen, in seiner früheren Bindung ans Dasein, seinen Lebensthemen und unabgeschlossenen Geschichten, zu verstehen und vielleicht zu lösen. Der Mann, welcher nicht nur in der Kindheit, sondern auch später in der Ehe den ewig guten und hilfsbereiten Jungen verkörperte, mag mit seiner sexuellen Grenzüberschreitung eine Korrektur dieses Lebensthemas versuchen. Oder die Frau, früh in die Rolle der Tochter-Geliebten geraten, versucht vielleicht mit einer Affäre die Erwachsenenrolle zu proben. Solche Grenzüberschreitungen sind darum nicht generell die Folge einer schlechten Paarbeziehung. Hilfreich für ein Paar, das solche schmerzhaften Erfahrungen macht, kann darum das Erschließen solch individueller Lebensthemen als Vorboten von Wandel sein. Auch das Erkennen der ganz normalen Erschöpfung und Leere, wenn die Balance zwischen Ich und Du beeinträchtigt ist und Sinnlichkeit und Sexualität mit kaltem Wasser überschüttet sind, mag besonders beim so genannten Opfer eines Liebesverrates gnädiges Verstehen (das hätte auch mir passieren können) auslösen.

Eine sexuelle Außenbeziehung ist in meiner Erfahrung manchmal unbewusst eine merkwürdige Art eines Ausgleichsversuchs, wenn die Verbindung von Ich und Wir aus dem Lot geraten ist. Wenn sich zum Beispiel eine oder einer mit einer Außenbeziehung rächt für bisher nicht verziehene Verletzungen, mag die Geschichte der bisherigen Paarentwicklung eine Rolle spielen. Häufig kommen zwei Partner in der Auseinandersetzung mit einem Beziehungsdreieck mit der Erfahrung in Kontakt, dass sie durch die Grenzüberschreitung ungelöste Bindungen oder Verstrickungen aus den Herkunftsfamilien „reinszenieren".

Was sexuelle Probleme im Sinne sexueller Leere oder Langeweile (im Fachjargon „Appetenzstörungen") betrifft, meine ich, dass wir als Allgemeinpraktiker/innen der Paartherapie dafür keine Spezialausbildung in Sexualtherapie haben müssen, uns aber kundig machen sollten über deren Konzepte und Handlungsmöglichkeiten. Wir müssen wissen, dass Einzeltherapien, vielleicht mit medizinischer Orientierung, in Verbindung mit einer Paarberatung dann sinnvoll sind, wenn individuelle Störungen wie Impotenz oder vorzeitiger Samenerguss bei Männern oder Anorgasmie bei Frauen als Problem genannt werden.

Wir sollten auch nicht vergessen, dass Heterosexualität einer unter anderen sexuellen Lebensstilen ist und dass auch bei verheirateten Paaren beim einen oder anderen gleichgeschlechtliche Liebe ein heimliches, aber bedeutsames Thema sein kann.

c) Modernes Leben: Auswirkungen auf das Leben als Paar

In der Arbeit von Kolleginnen (Imber-Black in R. Welter-Enderlin und H. Jellouschek)[5] ist deutlich geworden, wie sehr moderne Technologien und der Umgang mit Zeit und Rhythmus sich auswirken auf die Intimität moderner Paare.

Zeit und Rhythmus

Wer mehr als eine Stunde mit einem zeitgenössischen Paar verbringt weiß, wie schwierig es ist, ein so simples Problem wie das Finden eines gemeinsamen Termins zu lösen. Widersprüche im Lebensrhythmus und in den alltäglichen Zeitanforderungen von Liebe, Familie, Arbeit wie auch das Finden eigener und gemeinsamer „Inseln" scheinen für viele Paare ein Schlüsselproblem zu sein. Ich sehe dieses Dilemma heute schärfer als bei meiner Befragung vor 10 Jahren, vor allem auch, weil die gestiegene Arbeitslosigkeit Schwierigkeiten in der Balance von privater Zeit und Arbeitszeit bewirkt. Die emotionale Distanz eines Partners wird ihm oder ihr oft als Unwilligkeit zum gemeinsamen Beisammensein angekreidet. Dass ihre Belastung durch Arbeitsengagement oder den Druck von fragmentierten Ansprüchen der Kinder dafür verantwortlich sein können, wird leicht übersehen.

Es scheint, dass die meisten westlichen Menschen von Jahr zu Jahr mehr Zeit außerhalb der Familie verbringen, bei der Arbeit, beim Sport und bei anderen Hobbys. Dass darunter das Leben als Paar und die erholsame gemeinsame Entspannung leidet, ist klar. Die traditionelle Rollenverteilung der Geschlechter gibt vor, dass das „Zeitmanagement" primär Sache der Frau sei. Das ist im Wesentlichen auch heute so. Umso wichtiger finde ich, dass das Thema Zeit (zum Beispiel neben dem Thema Geld) im geschützten Raum des Paares oder einer Paartherapie verhandelt wird.

Moderne Technologien, ein neues Dreieck
Durch die Arbeit der erwähnten amerikanischen Forscherinnen (Imber-Black, op. cit.) ist deutlich geworden, wie sehr moderne Technologien die Intimität von Paaren verändern können. Auch das ist ein Thema, welches vor 10 Jahren noch kaum eine Rolle spielte. Ich reagiere heute sensibel auf entsprechende Andeutungen, die immer noch mit moralistischen Vorurteilen besetzt sind – ähnlich wie das bei der seinerzeitigen Popularisierung des Fernsehens der Fall war, als Kinder heimlich ins Nachbarhaus schlichen, weil zu Hause Fernsehen als „Volksverdummung" verachtet wurde.

Offenbar gehört ein guter, höflicher Umgang mit den neuen Technologien wie Internet, E-Mail, Handy und Telefonbeantworter noch nicht zum Repertoire der meisten Menschen. Da gibt es die Klage der Frau, dass ihr Mann bei der Rückkehr stracks an seinen Schreibtisch geht, um seine E-Mails oder seine Fax- und Telefonbotschaften abzurufen und dann mit ihrer Beantwortung dort „hängen" bleibt. Oder die Klage eines Mannes über seine Partnerin, die den großen Teil des Abends damit verbringt, über Internet das internationale Börsengeschehen zu verfolgen, um am nächsten Morgen an ihrem Arbeitsplatz einen Vorsprung zu haben.

Eine neuere Statistik verweist darauf, dass zur Zeit 65 % der amerikanischen Paare und Familien keine einzige gemeinsame Mahlzeit im Alltag einnehmen. Daran sind nicht die modernen Technologien schuld, sondern die Fluchtwege, die sie ermöglichen bzw. die Unfähigkeit, Nähe und die damit verbundenen Auseinandersetzungen zu gestalten. Das Internet erlaubt ja, mit unzähligen gesichtslosen anderen zu kommunizieren und Nähe zu simulieren. Internet-Affären erzeugen einen virtuellen Kontext von Privatsphäre und Geheimnissen, für die keine Verantwortung zu tragen ist. Unter dem Stichwort Sex seien übrigens die meisten Websites zu finden, die von Männern benutzt werden, während Frauen eher Chat-Rooms benützen (Imber-Black, op. cit.). Zeitgenössische Paarberatung kann ein sicheres Gefäß sein, um die schmerzlichen Folgen ungezügelten Technologiegebrauchs zu mildern. Handfeste Vereinbarungen unter den Partnern geben es in ihre Verantwortung, wie sie ihr Leben mit den modernen Technologien gestalten: transparent und bezogen, oder als heimliche Grenzüberschreitungen, die den Partner oder die Partnerin ausklammern.

d) Im zweiten Anlauf: Partnerschaft nach Trennung oder Scheidung

In den vorliegenden Paarporträts kam dieses Thema nur am Rand vor. Inzwischen habe ich häufiger mit neuen Partnerschaften nach Trennung oder Scheidung zu tun. Es gibt vorzügliche Literatur zum Thema, die ich Interessierten empfehle[6].

Wesentlich scheint mir, dass ein „neues Paar" die folgenden Themen bedenkt:

1) Die Modifikation der irrational hohen Erwartungen an eine Zweitehe, die „ganz anders" als die erste sein sollte.
2) Die Einrichtung von sicheren Raum- und Zeitinseln für die neue Partnerschaft, die sich im Rahmen einer Familie mit Kindern aus früheren Beziehungen entwickelt.

3) Der lange Atem, mit dem das Paar eine eigene Wirklichkeit erzeugt, welche nicht einfach einer „möglichst normalen Familie" ähnlich sein soll, sondern nach dem Prinzip „Nicht zu bald zu nah zusammen" gestaltet wird (Krähenbühl und Jellouschek, op. cit.).

4) Dass der Platz des Stiefelternteils so vereinbart wird, dass er oder sie sich nicht in Konkurrenz zum leiblichen Elternteil befindet, z. B. durch den Druck, der bessere Erzieher der Stiefkinder sein zu wollen, sondern diese Arbeit vorläufig dem anwesenden leiblichen Elternteil sowie dem abwesenden Elternteil überlässt. Im besten Fall entsteht durch solche Gelassenheit des Stiefelternteils mit der Zeit eine Beziehung zu den Kindern, die trägt.

5) Die Aussöhnung mit dem getrennten Partner oder der Partnerin als Voraussetzung für das Gelingen der Zweitbeziehung. Dieser Prozess braucht oft viel Zeit und guten Willen, was sich besonders für die Kinder lohnt, welche auf diese Weise weniger mit Loyalitätskonflikten belastet werden.

III) Paarberatung oder Paartherapie, wie und wo?

Oft gestellte Fragen sind: Brauchen wir eine Beratung oder Therapie? Wie finden wir eine Fachfrau oder einen Fachmann, der oder dem wir vertrauen können?

Die Unterscheidung von Therapie und Beratung ist eine künstliche, von politischen Anliegen geleitete und bedeutet meines Erachtens nichts, was die Qualität der professionellen Angebote betrifft. Aus diesem Grunde habe ich im vorliegenden Buch durchgängig die Begriffe Therapie und Beratung austauschbar verwendet. In den letzten Jahren wurde auf dem Gebiet der therapeutisch-beraterischen Professionen eine verhängnisvolle Spaltung aufgemacht. Das legitime Anliegen des Gemeinwesens, die Qualität der Dienstleistung von Therapeutinnen und Therapeuten zu sichern bzw. zu zertifizieren, hat als ihre Interessenvertreter die Berufsverbände auf den Plan gerufen und diesen gewaltige Definitionsmacht verliehen. Ein Verwaltungsapparat mit Kolleginnen und Kollegen, die fleißig ihre Hochschulabschlüsse gemacht, aber oft wenig Berufserfahrung haben, entscheidet, wer den Anerkennungskriterien entspricht oder nicht. Diese Situation bezieht sich vor allem auf die Fachverbände von Psychologen mit einem Hochschulabschluss, während Mediziner traditionell über Krankenkassen abrechnen können, wenn sie als Hauptgebiet in der Psychiatrie oder als Ergänzung anderer Fachgebiete (zum Beispiel Psychosomatik oder Hausarztmedizin) therapeutische Arbeit leisten. Wer über die entsprechende Zulassung zu einem ärztlichen Berufsverband verfügt und nicht auf die Gnade einer weiteren Zertifizierung angewiesen ist, kann zumindest in der Schweiz mit der Erteilung einer Praxisbewilligung rechnen. Psychologen hingegen verbringen oft Wochen und Monate mit dem Nachweisen ihrer Kompetenz in Form von „Scheinen" darüber, was für Aus- und Weiterbildungen sie wo und wann abgeschlossen haben.

Aus für mich fachlich uneinsichtigen Gründen – außer der Kenntnis bestehender Machtstrukturen – werden durch die Fachverbände zur Zeit bloß zwei Psychotherapierichtungen anerkannt: Psychoanalyse und Verhaltenstherapie. Meine eigene vorzügliche Ausbildung und meine 30-jährige Erfahrung, systemische Therapie und Beratung auf Paare, Familien und Organisationen anzuwenden und an Generationen von Studierenden weiterzugeben, ist damit neuerdings nicht legitim. Für Klienten und Klientinnen und Lernende ist das aber eher unwichtig.

Durch die neuen Zertifizierungskriterien werden aber Kollegen/ Kolleginnen aus dem Bereich von Sozialarbeit und Sozialpädagogik ausgeschlossen, welche zum Teil über weit spezifischere Ausbildungen sowie kontrollierte Arbeit in Paar- und Familienberatung verfügen als die „akzeptierten" Berufsgruppen. Für potentielle Klienten, Paare oder Individuen müsste das heißen: Kümmern Sie sich um den Ruf dieser Kolleginnen und Kollegen im Feld von Ausbildung und Fortbildung, fragen Sie nach und fragen Sie spezifisch nach ihren Erfahrungen mit der Beratung von Paaren und Familien und ihrer Supervision. Und trauen Sie

Ihrem eigenen Urteilsvermögen in der Begegnung mit gut ausgebildeten Paarberaterinnen und -beratern mehr als der Definitionsmacht von Berufsverbänden und politischen Zertifizierungsgremien.

Meine eigenen therapeutischen Erfahrungen

Was ich in den 30 Jahren meiner Tätigkeit als Paartherapeutin einerseits und als Organisationsberaterin andererseits gelernt habe, ist, dass das Leben als Paar wesentlich geheimnisvoller, spannungsvoller undurchsichtiger ist als jenes von Teams in der Arbeitswelt. Es mag sich sogar um die gleiche Person handeln, die ich im Kontext einer Paarbeziehung oder der Arbeit erlebe. Aber siehe da: In den beiden Welten zeigt sie völlig unterschiedliche Facetten ihrer selbst, wie übrigens wir alle, weil unsere „Persönlichkeit" keine feste Größe, sondern abhängig ist vom jeweiligen Lebenskontext. In der Arbeitswelt ist der Mensch zwar theoretisch in seiner Ganzheit gefragt, aber diese Ganzheit dient als Basis dafür, wie er mit dem fachlichen und unternehmerischen Teil seiner Aufgabe umgeht. Sie ist also nicht Selbstzweck. Die Bewertung seines „Funktionierens" geschieht darum über sein fachliches Können und eher allgemein über seine „Menschlichkeit" (oder deren Fehlen). Das macht die Beratungsarbeit in Arbeitsteams zwar nicht unbedingt einfacher, weil ich mich in Organisationen im Zwischenraum von Strukturen und Anliegen an Fachlichkeit eher am Rand von Emotionalität bewege. Es gibt dort jedoch, anders als in der Liebe, eindeutig definierte Aufgaben, die zu lösen sind, und es gibt eine Relation zwischen Zielen und Mitteln. In diesem Feld bewegt sich Beratung, und an der Erreichung der vereinbarten Ziele lässt sich beurteilen, wie gut ein Mensch sein Fachwissen und seine emotionale Intelligenz einsetzt. Das gilt auch für die Beraterin oder den Berater. Der Begriff des „klaren Auftrages" passt hier gut.

Ganz anders der Umgang mit Paaren in Therapie. Ich muss jeweils schmunzeln, wenn jemand mich im Ton eines Oberschulmeisters fragt, wie ich bei Paaren zu meinem „Auftrag" und zu den Zielen des therapeutischen Prozesses komme und wie ich sicherstelle, dass ich diese erfülle. Die Begegnung mit einem Paar im Konflikt ist wesentlich diffuser als die Beratung einer Unternehmung, weil die Dreh- und Angelpunkte eines Paares an die Nieren der eigenen Existenz (auch der meinen) gehen, und sie sich oft als abgrundtiefe Enttäuschung und bittere Vorwürfe äußern.

Vor 30 Jahren habe ich im Rahmen eines Forschungsprojektes in einer amerikanischen Universitätsstadt als Verhaltenstherapeutin mit Paartherapie begonnen. Kontrolliert durch die Supervision hervorragender Lehrer lernte ich, die Verhaltensmuster, in denen Paare ihr Leben organisieren, präzise zu beobachten und eine Sitzung klar zu strukturieren, indem ich mit den beiden kleine, aber bedeutsame Ziele vereinbarte und ihnen von Mal zu Mal präzise Anregungen („Hausaufgaben") für die Lösung ihrer Probleme mitgab. Es war eine wunderbare Übung für die Strukturierung therapeutischen Handelns und die Eingrenzung von so genannt abweichenden Verhaltensweisen von Klienten. Ich bekam etliche positive Rückmeldungen für mein pädagogisches Vorgehen, das ihnen in turbulenten Zeiten vermutlich Vorhersehbarkeit vermitttelte.

Noch heute zehre ich von der Möglichkeit der sicheren Strukturierung einer Paartherapiesitzung. Aber irgendwann ist mir aufgefallen, dass diese Art von „problem- und lösungs-orientierter" Paartherapie mich zu langweilen begann. Ich nahm über affektive Kanäle hundertmal mehr wahr, als mein theoretisches Modell als Basis von Wandel beschrieb oder was meine anteilnehmende Neugier mir zu fragen vorgab. Und ich konnte nicht anders, als diesen Zwischentönen Raum zu geben. Dabei stellte ich fest, dass mein Fokus auf Paarprobleme und ihre Lösungen in vielen Fällen die grimmige, freudlose Eingrenzung auf Leistung verstärkte, die bereits im Alltag dieser Menschen bestand im Sinne von „wir haben noch immer nicht genug an unserer Beziehung gearbeitet": Entsetzlich puritanische Liebestöter!

Ich hatte also ein gutes Instrumentarium für die Beobachtung und Änderung von kleinen Schritten des „Tanzes" erworben, den Paare mir in unendlichen Wiederholungen vorführten. Aber ich hatte keine Ahnung, zu was für „Melodien" sie ihn tanzten, und wie sich diese auf konstruktive Weise würden ändern lassen.

Oder anders: was für individuelle und gemeinsame *Geschichten* den Paartanz lenkten und auf was für Sinnstrukturen oder Lebensthemen ihre „Melodien" verwiesen. Die Frage nach dem *woher* und dem *wohin* wurde mir damit wichtig[7]. Wer die vorliegenden Paarporträts gelesen hat, weiss, dass ich mit der Frage meine, was das Leben aus Menschen gemacht hat, und wie sie jetzt damit umgehen.

Durch den therapeutischen Prozess mit Paaren, bei dem meine Einstimmung auf ihre Befindlichkeit sowie durch die affektive Begegnung als Basis für das „Erschließen" ihrer Lebensthemen dient, tauchte ich aus der Monotonie eines pädagogisch-lösungsorientierten Vorgehens auf. Die Vielfalt und Lebendigkeit der Zwischentöne, die auf diese Art wahrnehmbar werden, macht meine Arbeit zwar komplexer. Sie ermöglicht Paaren aber tief greifende Entwicklungen (Lösungen 2. Ordnung) im Rahmen einer therapeutischen Beziehung, die über *Intimität*, also Erkennen und Erkanntwerden, neue Optionen erzeugt. Die Entwicklung eines Paares geschieht dabei im Rahmen eines freundlich-herausfordernden Bündnisses, das sie und mich im Denken, Fühlen und Handeln anrührt. Dem destruktiven Spiel vieler Menschen, die eigene Seele besitzen zu wollen, indem sie Menschen und Dinge *außerhalb* von ihr in Besitz bringen, wird die Alternative der Begegnung mit sich selber und dem Gegenüber entgegengesetzt. Das nennen wir „Therapie als Begegnung"[8].

Worauf ist bei der Wahl einer Therapeutin oder eines Therapeuten zu achten?

Die Forschung zeigt: Paartherapie ist eine der wirksamsten Möglichkeiten im Rahmen der allgemeinen Psychotherapie, wenn sie durch Professionelle erbracht wird, die der Komplexität von Paarbeziehungen gewachsen sind. Ein „schmutziges kleines Geheimnis" sei, so ein Kollege[9], dass Paartherapie eine der anstrengendsten Formen von Therapie sei und dass die meisten Therapeuten sie nicht beherrschen. Während ich mit seiner Einschätzung der Schwierigkeit dieser Arbeit einverstanden bin, habe ich eine gnädigere Einstellung gegenüber Kolleginnen und

Kollegen, vorausgesetzt, dass sie eine gute Ausbildung und laufende Supervision in der Kunst der Paartherapie/Paarberatung haben. In anderen Worten: Einem Paar, das Hilfe sucht, würde ich empfehlen, sich über den Stand der Aus- und Fortbildung ihrer Therapeutin oder ihres Therapeuten kundig zu machen und sich nicht auf eine allgemeine Zertifizierung durch einen Berufsverband oder eine Praxisbewilligung zu verlassen. Dafür kann direkt eine auf Paartherapie spezialisierte Ausbildungsstätte angefragt werden. Eine gute Möglichkeit ist auch, sich bei Bekannten zu erkundigen, die selber eine Paarberatung gemacht haben, sowie bei Ärztinnen und Ärzten, die über ihre Spezialität hinaus einen weiten Horizont im Verstehen menschlicher Probleme haben. Oft weiß auch ein Pfarrer oder eine Pfarrerin Bescheid über bewährte und gut ausgebildete Paartherapeutinnen in ihrer Region.

Konkrete Anforderungen an die Kunst der Paartherapie:

Achten Sie als Paar auf folgende Merkmale bei Ihrer Therapeutin, Ihrem Berater:

1) Die Fähigkeit zur Aufnahme einer guten Beziehung, die getragen ist von Empathie und Respekt für die aktive Partizipation von Klient/innen am therapeutischen Prozess. Die Verwendung von Gesprächsleitfäden oder Fragebögen zu Ihrer aktiven Einbeziehung ist ein positives Zeichen in diese Richtung. Es gibt viele Hinweise aus der Forschung, wonach die emotionale Begegnung zwischen Paar und Therapeut das wichtigste Merkmal für das Gelingen eines therapeutischen Prozesses ist. Wenn Sie den Eindruck haben, ein angesprochener Therapeut wirke überfordert oder tendiere zu Zynismus, indem er/sie sich hinter hundert distanzierenden Fragen versteckt, welche für irgend jemanden gemeint sein könnten, gehen Sie eine Tür weiter.

2) Massgeschneidertes Vorgehen merken Sie daran, dass Ihr Therapeut/Ihre Therapeutin Sie und ihre Beziehung in ihrer Einmaligkeit und ihrem Gewordensein zu verstehen sucht und an Ihre speziellen Lebensthemen anknüpft. Das heißt, interessiert ist an Ihrer Biographie, Ihren Lebensumständen und

an Ihren Geschichten („Sinnstrukturen"). Und Biographie nicht als Anlass nimmt, Sie darin als Opfer versinken zu lassen, sondern das Gewordene zu verstehen und daraus mit Ihnen beiden individuell *und* gemeinsam Zukunft zu entwickeln.

3) Dass eine Paarberaterin/ein Paarberater mit wacher Aufmerksamkeit nach Ihrem Alltag fragt, nach Ihren Kindern, Ihrem Beruf, Ihrem Freundeskreis, und keiner kitschigen Psychologie der Liebe aufsitzt, die sich einseitig auf das Reden über Gefühle bezieht. Also davon ausgeht, dass Sie sogar in der Krise „eine gemeinsame Sicht der Dinge haben", die Geborgenheit und Aufbruch ermöglicht, wie es im Motto von Botho Strauss heißt. Und dass Liebe keine Sonderaufführung, sondern immer nur des geliebten Lebens kleine Schwester ist.

4) Dass ein Paarberater den Mut hat zu fragen, wann Sie es zum Beispiel das letzte Mal sexuell gut hatten miteinander und das Thema Sexualität so selbstverständlich in die Beratung einbezieht wie das Thema einer Außenbeziehung oder Ihres Umgangs mit Kindern, Geld oder Ihrer Schwiegerfamilie.

5) Dass ein Paartherapeut/eine -therapeutin sich nicht einer einzigen Idee verschreibt und damit von einer therapeutischen Einrichtung zur nächsten reist (z. B. „Verhandelnde Paare lieben länger" oder „Kurzzeit-Lösungstherapie ist die beste"), sondern mit Ihnen aus der Fülle Ihres einmaligen Lebens einmalige Lösungen schöpft.

6) Dass Ihre Therapeutin oder Ihr Therapeut Blicke in die Abgründe Ihres Lebens wagt, aber besonders interessiert ist an Ihren Kompetenzen und Ihrem Selbsthilfe-Potential. Das heißt an Ihren Fertigkeiten, das Leben zu meistern, in dem Sie sich da und dort wie die Weide im Sturm biegen statt zu brechen.

7) Dass ein Berater/eine Beraterin bereit ist, Ihren gemeinsamen Entwicklungsprozess mit langem Atem zu begleiten – was nicht dasselbe ist wie eine lange dauernde Therapie – und nicht beim ersten Hagelwetter auf Scheidung drängt.

8) Dass Sie die Weisheit einer Therapeutin/eines Therapeuten erfahren, wenn er oder sie offen bleibt für die Idee, dass Symptome Vorboten von Wandel sind und Symptone nicht

strafend in moralistische Kategorien fasst, sobald Sie einmal die Hoffnung aufgeben.

9) Dass eine weise Beraterin oder ein Berater bereit ist, von Ihnen respektvolles Benehmen gegenüber Ihrer Partnerin oder Ihrem Partner (und auch Beraterin/Berater gegenüber) zu fordern, selbst an Tagen, wo es Ihnen nicht so gut geht.

10) Dass professionelle Weisheit auch daran spürbar ist, dass jemand den Mut hat, Sie freundlich, aber direkt zu konfrontieren mit eigenen Beobachtungen. Zum Beispiel, dass einer von Ihnen sich chronisch so verhält, dass die Signale in Richtung Trennung deutlicher sind als jene in Richtung gemeinsamer Entwicklung und dass es sich wohl eher um eine Trennungs- als um eine Paarberatung handelt.

IV. Die Kunst des Lebens zu zweit:
Anregungen aus der Schatztruhe der Autorin

Zum Schluss greife ich in die Schatztruhe meiner Erfahrungen und nehme an, dass jene Anregungen, die für Sie nützlich sind, sicher auf Ihren geistigen Landkarten ankommen.

1) Positive Zeichen in der Begegnung mit Partnerin/Partner überwiegen die negativen.

Es gibt eindrückliche Forschungsergebnisse zu dieser Beobachtung, allen voran durch John Gottman aus Seattle[10]. Gottman hat festgestellt, dass mit einer zuverlässigen Verbindung von vier positiven zu einer negativen Interaktionen Paare glücklich zusammenleben können, selbst wenn das negative Geschehen ab und zu aus heftigem Streit besteht, aber einem Streit mit Spielregeln. Dazu gehört das Fehlen verächtlicher Kritik und böser Beschuldigung, von Nörgeln, von Gewalt, Sarkasmus, emotionalem Mauern und Ausschluss des anderen durch Nicht-Zuhören. Das Verhältnis von 4 zu 1 mag ab und zu variiert werden. Wichtig scheint mir, dass mit der Erfahrung eines positiven „emotionalen Polsters" alltägliche Nadelstiche nicht sofort als tiefe Verletzung erlebt werden.

2) Sich schlecht fühlen ist kein Grund für schlechtes Benehmen.
Durch die Psychologisierung des Alltags der letzten Jahrzehnte hat sich ein verhängnisvolles Missverständnis ergeben: dass wir nämlich unsere Gefühle immer sofort äußern sollten – vor allem, wenn sie negativ sind –, damit wir jederzeit „authentisch" seien. Nach meiner Erfahrung lohnt es sich, zu trennen zwischen Gefühlen und Verhalten. Während Gefühle in Wellen kommen und gehen, sind wir als Erwachsene – außer wir seien psychisch schwer gestört – zuständig, wie wir Gefühle auf Handeln, besonders sprachliches Handeln, übersetzen.

3) Rasche Reparatur von schlechtem Benehmen.
Es gehört zur Liebe, dass einem Toleranz und Höflichkeit nicht immer im gleichen Mass zur Verfügung stehen und man sich dem anderen gegenüber unfreundlich verhält, ganz besonders aus Angst vor Strafe oder aus schlechtem Gewissen. Paare, die gut zusammenleben, rechnen mit solchen Enttäuschungen und entwickeln einen Habitus, diese rasch zu reparieren statt als böse, stinkende Skelette im Liebeskeller zu versenken.

4) Die Kunst des Vergebens.
Aber natürlich geschieht uns Unrecht, das nicht leicht zu vergeben ist – nicht nur im Leben als Paar, sondern oft schon in der Kindheit oder in anderen Lebenswelten. Wenn zu den Gefühlen von Verletzungen Gefühle von Hass (dir will ich`s zeigen) oder von Selbsthass (das passiert natürlich wieder mir) kommen, kann die Beschäftigung mit dem erlittenen Unrecht zu einer Obsession werden, neben der sonst nichts Platz hat.

Vergeben heißt wörtlich „aufgeben" von altem Unrecht, das einem angetan wurde, von unbezahlten Rechnungen und von Selbsthass. Manchmal müssen solche Verletzungen viel zu schnell weggesteckt werden (so dreh doch nicht immer im selben Saft) und führen statt zu einer Erweiterung der eigenen Möglichkeiten zu ewiger Wiederholung.

Ich bin der Meinung, dass bei dieser Art von Teufelskreis die Begleitung durch einen Dritten sicherstellen kann, dass es Raum gibt für die unabgeschlossenen Geschichten und dafür, dass die Menschlichkeit beider, von „Opfer" und von „Täter", in die Mitte gerückt wird. Der Mensch, der Unrecht getan hat, wird dabei nicht sofort und preisgünstig seinen alten Platz in der Beziehung wieder bekommen, sondern sich kräftig einsetzen dafür, was seine bisherigen Möglichkeiten zu Menschlichkeit erweitert. Aber auch das so genannte Opfer kann über sich selber hinauswachsen und sich neu erfahren. Ein Mann zum Beispiel, der nach der Rückkehr seiner untreuen Frau die Arme aufmacht und ihr bedeutet, dass sie der liebste Mensch ist in seinem Leben, statt in Selbstmitleid zu zerfließen oder sie mit bösartigen Drohungen zu quälen, hat gute Chancen, dass beide aus dieser Krise eine neue Zukunft machen können.

5) Rituale des Heilens und des Neuanfangs.
In den vorliegenden Paarporträts, und besonders in Kapitel 11, wo das Thema Untreue dargestellt wird, gehört zur „Erziehung des Herzens" immer der Umgang mit Schuld und Versöhnung. Ich will darum nur skizzieren, woraus solche Versöhnungsrituale im besten Fall bestehen. Es geht einerseits um „Ent-Schuldigung" durch den, der Unrecht getan hat, um die Auseindersetzung mit seinen persönlichen Motiven und um die Bitte, dass der Partner/die Partnerin ihm vergebe. Und es geht darum, dass die oder der Verlassene aufsteht und sich weigert, am Boden liegend die Opferrolle zu zementieren.

Gut ist, sich Zeit zu nehmen für das Erzählen eigener Erfahrungen von Zorn, Demütigung und schlechtem Gewissen, um dann gemeinsam auf das „Eingemachte" ihrer Liebe zurückzugreifen, bevor ein Paar sich trennt oder einen Neuanfang gestaltet. Heilend ist nach meiner Erfahrung immer, wenn die Dankbarkeit für das, was jeder vom anderen bekommen hat, mit dem Abschied von der Krise oder von der Beziehung verbunden wird.

6) Unverdienter Fisch
Einer der Großen im Feld systemtheoretischer Entwicklung, Gregory Bateson, hat eine Zeit lang als teilnehmender Beobachter Delphine trainiert. In Abweichung alter lerntheoretischer

Ideen, wonach Belohnung und Strafe gewünschtes Verhalten fördern oder löschen, fand Bateson, dass die von ihm beobachteten Tiere es müde wurden, auf seine vorhersehbaren Reaktionen einzugehen. Hingegen lebten sie auf, wenn er ihnen ab und zu Fische zuwarf, für die sie nicht hatten arbeiten müssen. Für mich ist diese Geschichte zu einer Metapher für Paare geworden, die quasi als Buchhalter pingelig ausrechnen, was jeder für den anderen getan hat, statt einander unvorhersehbar und mit vollen Händen Gutes zu tun.

7) Das warme Tuch der kleinen Zärtlichkeiten.
Es gibt bei den vorliegenden Paarporträts immer wieder Episoden, die auf sexuelle Trockenzeiten verweisen, die Liebe aber trotz fehlender Leidenschaft weiterlebt. Als ich im Zoologischen Garten Basel mit dem Ethologen Jörg Hess und Kollegen stundenlang Gorillas beobachten konnte, ist mir aufgefallen, wie oft und selbstverständlich diese Tiere sich beim Vorübergehen kurz berühren. Nicht als große Aufführung oder Vorspiel zu Sexualität, sondern als Zeichen „ich seh dich, ich mag dich". Wenn Primaten solche kleinen Rituale leben, warum sollten nicht wir, als ihre Verwandten, ihnen diese Art von wunderbaren Begegnungsmöglichkeiten abgucken? Wenn ein Paar im Konflikt vor mir sitzt, beide streng auf Abstand bedacht und möglichst ohne Blickkontakt, versuche ich sie „aufzuweichen", indem ich ihnen von den Gorillas erzähle und von der Feinheit, mit der diese großen Tiere einander warme Tücher von Zärtlichkeit umlegen und trotzdem laut und kräftig streiten können, wenn es um Territorien und um ihren Platz im Beziehungsgefüge geht.

8) Ein Raum für sich allein und Inseln für das Paar.
Wahrscheinlich ist genau dies der rote Faden, der sich durch alle erzählten positiven Entwicklungen bei den vorliegenden Paarporträts zieht: Jeder Partner hat einen psychischen und physischen Ort für sich allein, an dem er oder sie ungestört und ungestraft sein Eigenes tun kann. Und gemeinsam findet das Paar Inseln, auf denen sie im Strudel des Alltags wieder ganz beieinander sein können. Weder Kinder oder Herkunftsfamilien und

Freunde noch die Arbeit dringen hier ein. Oft gedeiht auf solchen Nährböden wieder die verlorene Lust und entsteht als Erinnerung an die erste Zeit der Liebe eine Passion, die das Paar verloren geglaubt hat. Dass solche Räume nicht vom Himmel fallen, sondern verhandelt und mit Versuch und Irrtum erprobt werden müssen, gehört zu den Erfahrungen der hier Befragten.

9) Schmutzschleusen für das Zusammenkommen.
Auch diese Möglichkeit gehört zum Thema Gestaltung von Raum.Wenn ein Paar jeweils wieder zusammenkommt am Abend, sind Konflikte durch enttäuschte Erwartungen oft absehbar, besonders wenn einer berufstätig ist und der andere sehnsüchtig auf ihn wartet. Die beiden könnten eine „Schmutzschleuse" einrichten wie in den Bauernhäusern, wo der Bauer die Stiefel abstellt und das Werkgewand aufhängt. Ein Ritual, eine halbe Stunde für jeden allein, bevor sie zusammenkommen – abwechslungsweise, wenn Kinder da sind –, hilft Abstand schaffen zwischen der einen und der anderen Welt. Das hat große Bedeutung für die Art, wie anschließend Nähe möglich ist.

10) Liebe ist immer nur des geliebten Lebens kleine Schwester.
Zum Ausklang zitiere ich Botho Strauss mit dem Begriff „Liebe als kleine Schwester des Lebens" aus dem Motto über diesem Kapitel. Wenn ich im therapeutischen Alltag beobachte, wie überwältigend irrational die Erwartungen an die Liebe sein können, finde ich seine Vorstellung der Liebe als kleine Schwester des Lebens wunderbar. Im erzählten Porträt von Theres und Paul (Kapitel 7), die sich inzwischen seit 45 Jahren gut begleiten, ist die Idee angeklungen, dass sie die Liebe nicht mehr als das Gelbe vom Ei sehen und an ihre Stelle ein „Leben in Fülle" getreten ist. Wenn zwei Menschen jedoch wie Kaninchen vor der Schlange gebannt auf das schauen, was ihnen aneinander fehlt, öffne ich das Fenster meiner Praxis und lasse die Welt herein – nicht weil ich sie nacherziehen will, sondern weil ich selber diese Weite brauche.

■ *Anmerkungen*

[1] Koppetsch, Cornelia und Günter Burkart: Die Illusion der Emanzipation. Zur Wirksamkeit latenter Geschlechtsnormen im Milieuvergleich. Konstanz, UVK, 1999.

[2] Fivaz-Depeursinge, Elisabeth und Antoinette Corboz-Warnery: Das primäre Dreieck. Heidelberg, 2001.

[3] Welter-Enderlin, Rosmarie: „Glut unter der Asche" in Zsch Familiendynamik. Stuttgart, 19. Jg. Heft 3 Juli 1994.

[4] Clement Ulrich: „Systemische Sexualtherapie", in Zsch Sexualforsch. Stuttgart, New York, 14: 95–112 2001.

[5] Welter-Enderlin, Rosmarie und Hans Jellouscheck: Systemische Paartherapie – Ein integratives Konzept in Paar- und Familientherapie. Heidelberg 2002.

[6] Krähenbühl, Verena und Hans Jellouschek: Stieffamilien. Struktur – Entwicklung – Therapie. Freiburg, 2001.

[7] Welter-Enderlin, Rosmarie: Wie aus Familiengeschichten Zukunft entsteht. Freiburg, 1999.

[8] Welter-Enderlin, Rosmarie und Bruno Hildenbrand: Systemische Therapie als Begegnung. Stuttgart, 1996.

[9] Doherty, William: Zsch Psychotherapy Networker. Washington DC, Vol 26 No 6 2002, S. 26–34.

[10] Gottman, John: Why Marriages Succeed or Fail. The Gottman Institute Inc. Seattle, 1995.

Weiterführende Literatur

zu Kapitel 2

Bichsel, Peter: Aus Geschichten lernen. In: Irgendwo anderswo. Frankfurt a. M. 1987.

Bischof, Norbert: Das Rätsel Ödipus. Die biologischen Wurzeln von Intimität und Autonomie. München 1985.

Rücker-Embden-Jonasch, Ingeborg und Andrea Ebbecke-Nohlen (Hrsg.): Balanceakte. Heidelberg 1992, erweiterte Aufl. 2000.

Gilligan, Carol: Die andere Stimme – Lebenskonflikte und Moral der Frau. München 1984.

Chodorow, Nancy: Das Erbe der Mütter. Stuttgart 1985.

Ungerer, Tomy: Kein Kuss für Mutter. Zürich 1979.

De Beauvoir, Simone: Das Zweite Geschlecht. Hamburg 1951.

Fausto-Sterling, Anne: Gefangene des Geschlechts? München 1988.

Trömel-Plötz, Senta: Gewalt durch Sprache. Frankfurt 1984.

Welter-Enderlin, Rosmarie: Der Mensch ist seines Glückes Schmied. In: Frauenleben heute. Weinheim, Basel 1990.

Welter-Enderlin, Rosmarie: Tragödie oder Chance zum Neuanfang? In: Krabbe, H. (Hrsg.): Scheidung ohne Richter. Neue Lösungen für Trennungskonflikte, Hamburg 1991.

zu Kapitel 3

Welter-Enderlin, Rosmarie: Familiengeschichten als Geschichte der Familie und im Beratungsprozess. In: Lohse, T. (Hrsg.): Vom Heilen in Familien. Bremen 1992.

Welter-Enderlin, Rosmarie: Wie aus Familiengeschichten Zukunft entsteht. Freiburg i. Br.

zu Kapitel 5

Laub, Dagmar-Tatjana: Aspekte des Mutter-Seins. In: Zs. System Familie, 1/1992.

Lorenzer, Alfred: Der Weg in die moderne Intimität im Zeitalter der instrumentellen Vernunft. In: Buchholz, M. B. (Hrsg.): Intimität. Über die Veränderung des Privaten. Weinheim 1989.

zu Kapitel 6

Hildenbrand, Bruno: Geschichtenerzählen als Prozess der Wirklichkeitskonstruktion. In: Zs. System Familie, 3/4/1990, S. 227-237

Welter-Enderlin, Rosmarie: Skelette im Keller und Schätze auf dem Dachboden. Ebd., S. 196–206.

Wolf, Christa: Kindheitsmuster. Darmstadt 1979.

zu Kapitel 7

Willi, Jürg: Was hält Paare zusammen? Hamburg 1991.

zum Epilog

Welter-Enderlin, Rosmarie und Bruno Hildenbrand: Systemische Therapie als Begegnung. Stuttgart, 1996.

Welter-Enderlin, Rosmarie: Deine Liebe ist nicht meine Liebe – Partnerprobleme und Lösungsmodelle aus systemischer Sicht. Freiburg, 1996.

Welter-Enderlin, Rosmarie und Bruno Hildenbrand: Gefühle und Systeme – Die emotionale Rahmung beraterischer und therapeutischer Prozesse. Heidelberg, 1998.

Welter-Enderlin, Rosmarie und Bruno Hildenbrand: Rituale – Vielfalt in Alltag und Therapie. Heidelberg, 2002.

Wie Partnerschaft gelingt

Rosmarie Welter-Enderlin
Deine Liebe ist nicht meine Liebe
Partnerprobleme und Lösungsmodelle aus systemischer Sicht
Band 4836
Die bekannte Paar- und Familientherapeutin zeigt, dass Krisen in der
Partnerschaft auch Chancen sein können.

Otto Brink
Spielregeln der Partnerschaft
Vorwort von Bert Hellinger
Band 5109
Für eine gelingende Partnerschaft sind bestimmte Grundhaltungen
wichtig. Erkenntnisse, damit es gar nicht erst zu Krisen kommt.

Roswitha Defersdorf
Frischer Wind für die Partnerschaft
Besser miteinander reden
Band 5354
Die Sprache ist Spiegel unserer Wünsche, Ängste und Sehnsüchte.
Wir können uns voreinander verbergen oder öffnen. Erhellend und mit
vielen Beispielen.

Joachim Engl/Franz Thurmaier
Wie redest du mit mir?
Fehler und Möglichkeiten in der Paarkommunikation
Band 4887
Wie man – statt in Vorwürfen steckenzubleiben – richtig spricht und
zuhört, Gefühle und Wünsche ausdrückt, Probleme in konstruktiver
Weise löst.

Hans Jellouschek
Wie Partnerschaft gelingt – Spielregeln der Liebe
Beziehungskrisen sind Entwicklungschancen
Band 5134
Was jeder tun kann, um die eigene Partnerschaft auf Dauer lebendig zu
halten und Krisen als Chance zur Vertiefung der Beziehung zu erleben.

HERDER spektrum

Wolf Jordan
Aus Eifersucht kann Liebe werden
Wie Partner zu neuem Vertrauen finden
Vorwort von Hans Jellouschek
Band 4776

Warum ist jemand eifersüchtig? Und wie kann sich ein Paar aus dieser Verstrickung befreien? Wolf Jordan zeigt Wege, die zu neuem partnerschaftlichen Vertrauen führen.

Franziska Pfeiffer
Zwei Karrieren – eine Liebe
Wenn Paare, die sich lieben, getrennt leben
Band 5180

Zwischen Single-Leben und Partnerschaft: Erfahrungen und Tipps zu einer aktuellen Lebensform.

Lukas Richterich
Glücklich – auch nach sieben Jahren
Das Geheimnis einer guten Partnerschaft
Band 5066

Wirksame und praktische Regeln für Paare, die es auch nach vielen Jahren noch ernst miteinander meinen.

Christine Schmid-Fahrner
Vertrauen und sich anvertrauen
Geborgensein in der Partnerschaft
Band 5114

Die erfahrene Ehetherapeutin zeigt, wie Paare mehr Geborgenheit beieinander finden, so dass jeder wieder das Gefühl hat: Es ist gut, auf der Welt nicht allein zu sein, sondern zusammen zu gehören und füreinander da zu sein.

Erich H. Witte/Helga Wallschlag
Die fünf Säulen der Liebe
Wie Paare glücklich bleiben
Band 5517

Die Autoren haben langjährige Paare befragt und zeigen, was man tun kann, um das Glück stabil zu halten.

HERDER spektrum